MW00748393

MÉMOIRES

SECRETS ET INÉDITS

SUR LES COURS DE FRANCE

AUX

XVe, XVIe, XVIIe ET XVIIIe SIÈCLES.

DE L'IMPRIMERIE DE LACHEVARDIERE,

RUE DU COLOMBIER, N° 30, A PARIS.

MÉMOIRES

DE

MADAME LA COMTESSE

DU BARRI.

TOME PREMIER.

PARIS,

MAME ET DELAUNAY-VALLÉE, LIBRAIRES,

RUE GUÉNÉGAUD, N° 25.

1829.

AVANT-PROPOS

DE L'ÉDITEUR.

————

Quelques critiques ont cru devoir contester au *Roman historique* la légitimité de ses succès dans la littérature moderne ; mais personne ne niera que les *Mémoires* n'aient toujours été d'utiles auxiliaires de l'Histoire.

Les étrangers conviennent eux-mêmes que les Français, auxquels on refuse si ridiculement la *tête épique*, ont une aptitude singulière à écrire ces sortes d'histoires familières où le *moi* de l'écrivain joue un si grand rôle, mais qui nous initient souvent mieux que de graves annales à la connaissance des siècles passés, ou des évènements politiques de notre temps.

Pour mériter le titre de Mémoires, il faut peut-être que le tableau historique d'une époque soit l'œuvre d'un des acteurs principaux, ou qu'au moins le narrateur, attaché à l'un de ces personnages éminents, ait partagé sa fortune, bonne ou mauvaise, confident de ses pensées les plus intimes, ou placé de manière à connaître les motifs secrets de ses actions.

Plusieurs différences essentielles distinguent les Mémoires de l'Histoire proprement dite. Nous n'en signalerons que quelques unes qui tiennent à l'importance plus ou moins grande que s'arroge l'écrivain. L'historien exerce une sorte de magistrature ; il parle au nom de la raison générale. L'auteur de Mémoires ne juge que d'après son opinion individuelle. On est en droit d'exiger qu'avant tout l'historien soit impartial et désintéressé ; l'auteur de Mémoires a presque le privilége d'être impunément partial jusqu'à la passion. Il plaide continuellement pour une cause particulière ; il subordonne tout aux vues égoïstes d'un parti ou d'un héros, et ce parti c'est le sien ; ce héros c'est souvent lui-même.

L'attaque et la défense entrent dans ses attribu-
tions. Laissant quelquefois de côté les grands intérêts d'un peuple ou d'une cour, il se met volontiers sur le premier plan du tableau, et se
complaît à nous montrer pourquoi il a dû agir
de telle façon dans telle circonstance, ou à se
justifier de la conduite qu'il a tenue dans telle
autre.

L'époque la plus féconde en Mémoires sera
celle où un plus grand nombre d'individus aura
été mis en activité pour la chose publique. Aussi
dans les trois derniers siècles ce sont trois grandes crises politiques qui nous ont fourni les plus
intéressantes *autobiographies* · la Ligue, la Fronde, la Révolution. Nous ne parlerons ni de la
première ni de la dernière, parcequ'elles n'ont
aucun rapport avec notre sujet, l'une comme
trop ancienne, l'autre comme trop récente.

Elles sont riches en détails bien curieux, ces
guerres civiles où les parlements, soutenus
par les princes du sang, se liguèrent contre

l'autorité de Louis XIV enfant ; lutte commencée dans les salons de Paris, et terminée à
la Bastille. De là, les Mémoires de madame de
Motteville, et tant d'autres ; de là surtout les Mémoires du fameux cardinal de Retz. Pouvait-il
avoir d'autre historien que lui-même cet homme
qui déploya sous sa robe ecclésiastique autant
de courage et de génie que le grand Condé sur
les champs de bataille? Aussi quel intérêt anime
cette admirable narration !.

Après la Fronde, les Mémoires deviennent plus
rares, et changent de physionomie. La *courtisan-
nerie* pacifique a remplacé la féodalité turbu-
lente ; les parlements vaincus se sont prosternés
devant la Majesté de Louis XIV : tout doit se taire
en présence de ce brillant despotisme. La Bastille
s'ouvre pour les écrivains dont la censure ne sait
pas se déguiser assez bien sous l'apologue ; la
louange d'ailleurs est bien récompensée. Aussi
bientôt la louange se trouve partout, depuis les
oraisons funèbres de Bossuet, jusqu'aux lettres

familières de madame de Sévigné. L'orateur, en parlant de la vie du prince qui n'est plus, n'ose point nommer les guerres de la Fronde. Il se contente de dire que le grand Condé *a gémi sur ses fautes*. D'un autre côté, dans les lettres de madame de Sévigné à sa fille, à peine si la noble marquise se permet en tremblant la plus innocente épigramme, et elle la corrige bientôt en faisant l'éloge de la belle jambe du grand roi.

Ne cherchons donc pas de Mémoires naïfs après la Fronde. A qui pourrions-nous en demander? A Dangeau? Mais malgré le titre que porte le recueil de ce courtisan, ce ne sont point des Mémoires qu'il a écrits. L'ouvrage de Dangeau est un journal, et pas autre chose (1). Le rédacteur dit : « *Nous avons appris ce matin, à la cour, la mort du bon-homme Corneille.* » Voilà bien le ton et la forme d'une gazette officielle. Ce ne

(1) Sous cette forme de journal, les *Mémoires de Dangeau* nous donnent d'ailleurs des détails curieux sur l'intérieur de la cour de Louis XIV. Madame de Genlis les a jésuitiquement mutilés.

sont pas précisément non plus des Mémoires que
nous a laissés Saint-Simon. Cet écrivain spirituel
n'avait pris aucune part aux évènements qu'il
raconte. Son rôle actif se borne à quelques démarches sans importance faites lors de l'affaire
des princes légitimes et des princes légitimés.
Après cela il s'efface complètement. Il nous
transmet des souvenirs sur toute la cour, hormis
sur lui. Ses Mémoires ne sont donc pas des Mémoires.

Les Mémoires du maréchal de Richelieu ne
sont qu'un recueil d'anecdotes scandaleuses qui
amusent quelquefois , et qui dégoûtent le plus
souvent ; d'ailleurs ils rentrent dans la classe des
Mémoires apocryphes : on les attribue à Soula-
vie. Nous ne pourrions guère avoir un plus grand
nombre de Mémoires sur le règne de Louis XV que
sur la régence, ou que sur le règne de Louis XIV.
Des valets, occupés au grand soin de faire la
cour à leur maître , sont peu désireux de faire
connaître leur nullité. Ils vivent au jour le

, jour, sans veille comme sans lendemain ; ils se taisent parcequ'ils croient n'avoir rien à dire.

On a bien publié certains Mémoires sous le nom de quelques personnages célèbres de cette époque; mais on sait que ces récits sont la plupart apocryphes. On dirait qu'il n'y a guère, dans cet heureux temps, que les favorites du prince qui aient pu écrire leurs Mémoires. Elles savaient tout ; les ministres venaient travailler dans leur boudoir. Tout se faisait pour elles ou par elles ; c'était autour d'elles que folâtraient ou intriguaient tous les écervelés de l'œil-de-bœuf. De là sont venus les Mémoires sur la marquise de Pompadour, et ceux de la comtesse du Barri. Nous ne nous occuperons que de ces derniers.

Ce fut vers 1788 que la comtesse du Barri rédigea ses Mémoires en forme de lettres adressées à son ami M. de V....... Elle les écrivit, moins pour se justifier des calomnies que l'on débitait sur son compte depuis près de vingt ans, que pour revivre en quelque sorte, par le souvenir, dans ce passé qu'elle regrettait malgré elle.

Ici une objection se présente. Madame du Barri dit-elle toujours la vérité, ainsi qu'elle le promet dans sa première lettre? Voilà une question un peu embarrassante pour un éditeur. Néanmoins nous allons y répondre sans détour.

Non; madame du Barri nous trompe, par exemple, lorsqu'elle se prétend née de légitime mariage. Un arrêt récent de la cour royale de Paris nous apprend qu'elle était fille naturelle. Elle prétend encore être née le 28 août 1744; et d'après ce même arrêt, dont nous venons de parler, il appert qu'elle est née le 19 août 1746. Elle prétend encore être venue à Paris à l'âge de sept ou huit ans, et il est constant que sa mère s'y était mariée avec le sieur Rançon dès le 18 juillet 1749. Au reste, convenons que madame du Barri peut avoir ignoré sa naissance illégitime, et oublié volontairement l'époque de sa naissance comme la date de son arrivée à Paris.

Mais une chose qu'elle n'a point ignorée, c'est la dissipation de sa jeunesse. Ici, elle ne s'exécute pas franchement. On voit qu'elle a honte de cette époque de sa vie, où elle abandonnait au premier venu cette beauté qui, quelques années après, était encore un morceau de roi. Cependant si elle ne dit point la vérité, elle la laisse deviner ; et, pour nous servir de ses expressions, elle glisse sur cette époque aussi vite qu'elle peut.

Quoi qu'il en soit, aussitôt qu'elle a paru à la cour, madame du Barri méprise les réticences et les mensonges de position. C'est alors qu'elle rapporte avec une complète sincérité tout ce qu'elle a vu, tout ce qu'elle a dit, tout ce qu'elle a fait. Il lui semble que le choix du monarque a purifié sa vie passée, et absous par anticipation tous ses écarts subséquents : désormais elle n'a plus rien à cacher. Aussi, dès ce moment, elle laisse prendre à son récit une allure libre et franche, qu'aucune considération ne retient, qu'aucune crainte ne gêne. Combien les anecdotes qu'elle raconte sont piquantes, depuis l'aventure de la comtesse d'Egmont jusqu'à celle de la perruque du chancelier ! Comme ses portraits sont frappants de vérité, depuis celui de la maréchale de Mirepoix jusqu'à celui du grand Morand.

Nous avons dit plus haut que la partialité distinguait les auteurs de Mémoires. Il y a plus de partialité chez la comtesse du Barri que chez aucun autre. Non qu'elle soit partiale contre ses ennemis ; mais elle l'est toujours pour ceux qu'elle a aimés ou qui l'ont servie.

Par exemple, il nous semble qu'elle conçoit une trop haute opinion des talents de M. de Maupeou, parceque ce personnage a opéré la destruction de l'ancien parlement. Il ne fallait point du génie pour ce grand œuvre ; et la comtesse ne doit pas se dissimuler que l'attachement qu'elle portait au duc d'Aiguillon a merveilleusement servi le chancelier dans sa haine contre Messieurs.

Elle accorde aussi trop d'admiration à la capacité financière de l'abbé Terray. L'abbé était
tout bonnement un agioteur spirituel et d'une
impudence révoltante, comme on en a vu un
dans ces derniers temps au ministère des finances. Dieu nous préserve d'un troisième abbé
Terray !

Mais celui de ses amis que la comtesse du
Barri a le plus favorablement traité, est le duc
d'Aiguillon. A-t-elle ignoré l'infâme conduite de
ce seigneur, ou les liaisons qu'elle a eues avec
lui l'ont-elles abusée sur son compte? C'est ce
que nous n'oserions décider ; mais nous croyons
que la comtesse, qui avait un bon naturel, nous
dit-elle, n'aurait jamais aimé le duc d'Aiguillon,
si elle eût connu le génie atroce de cet homme.
On lui cacha sans doute les persécutions de son
ami contre MM. de La Chalotais et la Bretagne
entière ; persécutions qui ne finirent qu'avec sa
disgrâce. On sait que, dans le temps où le duc
d'Aiguillon commandait en Bretagne, en 1758,

les Anglais descendirent à Saint-Cast. On leur livra bataille, et ils furent obligés de se rembarquer avec perte. Pendant le combat, le duc d'Aiguillon s'était tenu prudemment dans un moulin. De retour à Rennes, un de ses partisans s'avisa de vanter sa bravoure en présence de La Chalotais, et de dire qu'il s'était couvert de gloire. « *Dites de farine*, »répliqua le procureur-général. Ce bon mot attira à M. de La Chalotais l'implacable haine du duc d'Aiguillon, et il fut renfermé comme criminel dans le château de Loches. La comtesse du Barri, dans ses Mémoires, garde le silence sur tous ces faits; mais nous ne les avons point ignorés : les éloquentes pages que La Chalotais écrivit dans sa prison, *avec un curedent*, ont flétri à jamais le Verrès de la Bretagne.

Un autre personnage que la comtesse du Barri traite peut-être avec non moins d'indulgence, c'est Louis XV. Elle en fait d'abord un portrait qui n'est point trop flatté; elle l'appelle *un égoïste sentimental.* Mais elle semble ramenée bientôt à une autre opinion sur le monarque, comme si les bienfaits dont il ne cessait de la combler l'eussent changé à ses yeux. Elle nous vante continuellement la bonté du roi, tandis que l'on pourrait citer quelques traits de Louis XV qui prouveraient sa froide insensibilité : nous nous contenterons de deux qui sont assez ignorés.

Louis XV avait, parmi les officiers de sa maison; un gentilhomme que l'idée seule de la mort faisait frémir. Eh bien! c'était un plaisir pour le roi de parler de la mort à cet homme, et surtout de lui donner des commissions qui devaient la lui rappeler. C'est ainsi qu'il l'envoyait continuellement, sous le plus frivole prétexte, aux caveaux de Saint-Denis.

Le jour où l'on enterrait madame la marquise de Pompadour, que Louis XV avait aimée si tendrement, le roi se trouvant sur un balcon du château avec quelques courtisans, regarda sa montre

b

avec indifférence : « Ah ! c'est l'heure, dit-il, où l'on va enterrer la marquise. Elle aura beau temps. »

La comtesse du Barri nous cite elle-même l'histoire du portefeuille de madame de Pompadour, qui n'annonce guère que Louis XV eût la *mémoire du cœur*. Sans partager sa confiance en la bonté de son royal amant, avouons cependant avec elle que Louis XV n'était pas sans vertus. Mais ce prince passa sa jeunesse au milieu des orgies du régent, et fut enivré par des voluptés sans grandeur et sans délicatesse. Quand la vieillesse fut venue, son égoïsme fut celui de tout homme blasé; méprisant l'opinion publique, il en fut méprisé. Il mourut, et le dégoût qu'avaient inspiré les dernières années de sa vie ne cessa point à sa mort. Le peuple laissa aller son cercueil solitaire à Saint-Denis, comme s'il eût voulu protester, par cette absence solennelle, contre le titre de bien-aimé, dont il avait jadis honoré son roi.

Revenons aux Mémoires de la comtesse du Barri.

Ainsi que nous l'avons dit plus haut, elle les écrivit en forme de journal épistolaire : nous nous sommes permis d'y substituer la division par chapitres, afin d'y ajouter des sommaires. On ne saurait fixer précisément l'époque de cette curieuse correspondance; mais comme parfois madame du Barri parle des évènements qui se passent au moment où elle tient la plume, on peut croire que la première lettre est de l'époque de l'entrée de M. de Briennc, archevêque de Toulouse, au ministère. Sa dernière lettre est du mois d'octobre 1789; elle est remplie de la terreur que lui ont inspiré les évènements des 2 et 3 de ce mois, et la comtesse y raconte une nouvelle apparition du personnage mystérieux qui, dix ans auparavant, lui avait prédit son élé-vation.

Celui à qui ces lettres étaient adressées se garda de les corriger en rien. Il aima mieux les

b.

laisser avec quelques fautes contre la grammaire,
que de gâter, par un purisme hors de propos,
ce style quelquefois si pittoresque et toujours
spirituel.

    Madame du Barri avait reçu une bonne éduca-
tion, et se perfectionna dans la société de la
maréchale de Mirepoix. Qu'on ne s'étonne point
de la pétulance de ses manières et de la verdeur
de ses propos (1). Comme elle le dit elle-même,
elle se conduisait ainsi d'après un plan arrêté.
Louis XV était rassasié du plaisir en grands
paniers et à robes à queue; il voulait de l'a-
mour sans façon. La comtesse du Barri le servit à souhait. On voit, du reste, qu'elle savait
prendre un autre ton quand cela lui plaisait, et
que, dans l'occasion, elle savait faire la grande
dame tout comme une autre : ses ennemis eux-
mêmes en conviennent. Ils avouent que le jour

---

(1) L'Éditeur s'est permis cependant de modifier certains termes un
peu crapuleux, qui n'ont pas survécu dans notre langue aux désordres
qu'ils rappellent.

de sa présentation, elle eut autant de dignité et d'aisance que si elle avait passé toute sa vie au château.

Nous relèverons ici, en passant, une distraction singulière de madame la comtesse de Genlis. Cette dame dit, dans ses Mémoires, tome II, pages 108 et 109, que sa tante, madame de Montesson, fut présentée dans les premiers jours de novembre 1770, et le même soir que la comtesse du Barri. Nous ferons observer à la comtesse de Genlis que madame du Barri fut présentée, non en novembre 1770, mais le 22 avril 1769, c'est-à-dire dix-huit mois avant madame de Montesson. On sait, d'ailleurs, que sa présentation fut la seule qui eut lieu dans cette journée, et on le sait de la manière la plus positive par le propos que le roi tint à ce sujet la veille au soir, en présence de toute la cour, propos soigneusement consigné, même dans les pamphlets contre madame du Barri, et qu'elle-même enregistre dans ses Mémoires. C'est donc par une étrange erreur que la

comtesse de Genlis prétend avoir vu les dames
de la Cour s'écarter avec effroi de la comtesse du
Barri, etc... Pour donner quelque apparence de
vérité à la fable qu'elle a inventée, madame de
Genlis aurait dû faire un peu plus d'attention
aux dates..... les dates, les inexorables dates!

M. de V..... ne soupçonnait guère la fin affreuse que la fortune lui réservait, ainsi qu'à la
comtesse du Barri. Mais, dès le commencement
de 1793, voyant la tournure que prenaient les
choses, et craignant que ces Mémoires ne pussent compromettre la sûreté de son amie et la
sienne propre, il les renferma au fond d'une ar-
moire pratiquée dans le mur et cachée derrière
une boiserie. Peut-être les eût-il détruits, s'il eût
pensé qu'il ne pourrait pas en disposer à son gré.
Arrêté par les ordres du comité de salut public,
et conduit en prison, il ne tarda pas à suivre
son amie sur l'échafaud.

Ses héritiers n'ont pu se décider à détruire des
écrits si précieux pour l'histoire du siècle passé.

D'un autre côté, ils n'avaient pas voulu publier, jusqu'à ce jour, un ouvrage où plusieurs personnes encore vivantes pourraient être jugées défavorablement. Maintenant la plupart des contemporains de madame du Barri sont morts comme elle. Le petit nombre de ceux qui lui ont survécu ne peut porter à la lecture de ces Mémoires qu'un simple intérêt de curiosité. Madame du Barri ne parle du plus auguste d'entre eux qu'avec les expressions du plus profond respect.

Il a paru, en 1803, des Mémoires sur la comtesse du Barri en 4 volumes in-12, par M. de Faverolles. Cet écrivain, connu par de frivoles romans, en assez mauvais style, avait extrait mot à mot ces prétendus Mémoires de l'ouvrage intitulé : *Anecdotes sur la comtesse du Barri, depuis l'époque de la naissance de la comtesse jusqu'à la mort de Louis XV.* Il les a complétés avec des pièces qui sont toutes sans intérêt, excepté celles qui ont rapport au procès de la comtesse.

On a publié également la *Correspondance de*

madame du Barri. Nous avons de fortes raisons
pour croire que ce recueil est controuvé : peu
importe après tout ; car il paraît qu'il est tombé
dans un discrédit complet.

Nous espérons que le public appréciera la différence qui existe entre ces productions men-
songères et les mémoires authentiques que nous
lui donnons aujourd'hui. Ceux-ci sont d'autant
plus intéressants, qu'ils nous montrent les personnages illustres figurant familièrement dans
les petits appartements de la favorite. On les reconnaît seulement à les entendre parler, tant leur
langage est plein d'individualité. Le duc de Richelieu ne ressemble pas au chancelier Maupeou,
le duc d'Aiguillon au duc de Choiseul ; la maréchale de Mirepoix à mademoiselle du Barri ;
et, quoique le comte Jean, vrai personnage de
Walter Scott sous le rapport dramatique, ressemble, à quelques égards, au prince de Soubise, il a une bien autre physionomie.

Madame du Barri, dans ses Mémoires, ne se

montre ni haineuse ni vindicative. Elle rend justice au duc de Choiseul ainsi qu'à la duchesse
de Grammont, qui tous deux se conduisirent si
mal envers elle. Elle ne les accuse pas; elle raconte sans aigreur ce qui s'est passé entre elle et
eux : cependant il eût semblé tout simple qu'elle
traitât ses adversaires comme ils l'avaient trai-
tée. Elle leur reproche leurs satires, leurs pamphlets, leurs libelles, et se contente, pour toute
vengeance, de faire une petite mystification à la
duchesse.

D'où vient donc que, malgré la bonté qu'elle
montra dans tous les temps, on a représenté la
comtesse du Barri sous des couleurs si odieuses?
Il faut penser que la haine que l'on portait à
Louis XV avait rejailli sur la favorite; car, per-
sonnellement, que pourrait-on lui reprocher? ses
énormes dépenses? mais le roi pouvait donner à
sa maîtresse, sur sa cassette particulière, ce qu'il
lui plaisait. D'ailleurs, six millions de plus ou
de moins dans le trésor de l'État n'étaient rien

à une époque où chaque intrigant de cour y puisait à pleines mains.

Reprochera-t-on à la comtesse d'avoir aidé à la destruction des parlements? Mais qui pourra dire qu'elle ait eu tort? Nous qui sommes les partisans de l'ancienne magistrature, en tant qu'institution, nous convenons qu'elle mérita sa chute. Les meilleurs esprits de ce temps-là, les esprits les plus indépendants, Voltaire et Rousseau, furent les ennemis des parlements.

Accusera-t-on la comtesse du Barri d'avoir usé de son pouvoir pour faire des malheureux? Non, jamais. Lorsqu'elle devint reine *à la façon de madame de Pompadour*, non seulement elle ne demanda aucune lettre de cachet, mais encore elle sollicita la grâce de quelques imprudents que l'on avait été forcé de punir. Dans son cœur ouvert aux sentiments généreux, il n'y avait point de place pour la haine.

On verra dans ces *Mémoires* la preuve de ce que nous avançons. Souvent elle s'y plaint d'une personne dont quelques pages plus loin elle fait l'éloge. C'est ce qui arrive pour M. de Roquelaure (1) ; c'est ce qui arrive pour MM. de Soubise, de La Vrillière et plusieurs autres. On reconnaît qu'aucun plan n'a présidé à la rédaction de ses lettres. Sa plume courait au hasard conduite par la seule fidélité de ses souvenirs ou les impressions de ses notes quotidiennes.

Nous pourrions indiquer aussi des fautes de chronologie, des transpositions de date, des contradictions, des oublis. Il nous eût été facile de corriger tout cela. Mais nous avons craint de mettre notre travail à la place de celui de la comtesse. Nous avons préféré laisser ses Mémoires avec leurs défauts et leur originalité, plutôt que d'y substituer une exactitude académique sans vérité.

Maintenant, on sera peut-être curieux de

---

(1) Nous remarquerons ici que dans les *Mémoires de madame du Barri*, tom. Ier, ce prélat est qualifié de *vieux*. Il ne l'était pas à l'époque dont parle la comtesse. C'est une faute de copiste, il y a *beau* dans le manuscrit original.

savoir ce qu'est devenue cette famille du Barri
qui avait fait tant de bruit pendant un temps.
Nous allons.le raconter en peu de mots.

Le comte Jean , que sa belle-sœur peint d'une
manière si pittoresque , et qui , comme Figaro ,
valait mieux que sa réputation, quitta la France
au moment de la mort de Louis XV. Il y rentra
peu après , habita d'abord Paris , et puis alla
se fixer à Toulouse. Voici comme on parle de
lui dans la *Biographie Toulousaine*, ouvrage
publié récemment :

« Le comte Jean fit bâtir un hôtel magnifique
sur la place Saint-Sernin.... Ce fut là qu'il réu-
nit tous les enchantements du luxe. Un jardin
à l'anglaise , le premier que l'on eût dessiné
dans le pays, une collection précieuse de tableaux
et de statues des grands maîtres attiraient la
foule dans cette habitation. Les gens du plus haut
rang ne firent aucune difficulté de visiter le comte
Jean, de s'asseoir à sa table, et d'assister aux fêtes
qu'il donnait. Il sut, par ses manières franches,

et les bienfaits qu'il répandit sur la classe indigente, se gagner l'amitié de la populace, et se faire de chaleureux partisans.

» Lorsqu'en 1787 le ministère conçut et exécuta une réforme parlementaire, du Barri, par adresse ou par inclination, se montra dévoué à la cause des cours souveraines. Il embrassa avec tant de vivacité le parti des magistrats, qu'il fut obligé d'aller rendre compte à Paris, avec MM. Jamme et Lafage, avocats célèbres de Toulouse, qui avaient, eux aussi, donné des marques éclatante de leur attachement aux parlements. Lorsque les cours furent rappelées, en octobre 1788, du Barri, Jamme et Lafage revinrent à Toulouse : leur rentrée fut une espèce de triomphe. On leur décerna des couronnes à tous trois, et leurs noms furent proclamés dans des couplets que nous possédons encore.

» Lors de la formation de la garde nationale de Toulouse, en 1789, le comte Jean, nommé colonel en second de la légion de Saint-Sernin, habílla et arma sa troupe, se montrant tout dévoué aux nouvelles institutions. On ne le vit pas cependant, au commencement de la révolution, chercher, comme tant d'autres, à se venger des prétendues injustices qu'il pouvait reprocher à la cour. Il ne s'était point fait illusion sur sa conduite passée, et il demeura sujet fidèle et respectueux du malheureux Louis XVI.

» Après le 10 août, du Barri fut arrêté comme suspect par les mêmes hommes qu'il avait habillés et à qui il avait donné du pain. A peine le tribunal révolutionnaire était créé à Toulouse, qu'il y fut traduit. Ses excès du temps de Louis XV furent les motifs de sa condamnation. Durant les débats, le 17 janvier 1794, il montra beaucoup de fermeté. Il ne répondit aux questions insidieuses de l'accusateur public Capelle, que par ces mots : *A quoi me servirait de vous disputer le peu de jours qui me restent à vivre!* On avait dressé l'échafaud sur la place Royale. En allant au supplice, le comte Jean parut un instant troublé. Il semblait près de pleurer; mais il surmonta bientôt cette faiblesse, et, reprenant son assurance, il salua la foule qui se pressait autour de lui. *Adieu mes amis, adieu mes chers concitoyens*, disait-il. Il harangua ensuite le peuple, et reçut la mort. Il était né en 1722. Marié deux fois, il n'eut de son premier mariage qu'un fils, qui fut connu dans le monde sous le nom de vicomte Adolphe du Barri. Ce jeune homme, après avoir épousé mademoiselle de Tournon, l'abandonna, s'enfuit en Angleterre, et y fut tué en duel à la suite d'une querelle de jeu. Il ne laissa point de postérité.

» Le comte Guillaume du Barri, né à Lévignac, en 1732, ne vint à Paris que pour épouser mademoiselle Lange. Il retourna à Toulouse, et y vécut fort aimé de ses concitoyens. Il est mort le 28 novembre 1811, laissant d'un autre mariage un fils colonel en non-activité, chevalier des ordres de Saint-Louis et de la Légion d'honneur.

» Elie du Barri, comte d'Hargicourt, dut d'a-
bord au crédit de sa famille l'avancement rapide
que plus tard il justifia par son mérite. Il fut
nommé successivement officier aux régiments de
Beauce et de Champagne, colonel en second du
régiment de Corse ; lieutenant-colonel du régiment de la reine, cavalerie, capitaine des cent-
suisses de M. le comte d'Artois, et maréchal-de-
camp par rang d'ancienneté ; chevalier de Notre-
Dame-du-Mont-Carmel et de Saint-Louis. Il se
maria deux fois, d'abord avec mademoiselle de
Famel, et, en secondes noces, avec mademoiselle
de Chalret. Lors de la première rentrée du roi,
en 1814, le comte d'Hargicourt devint colonel
de la garde nationale de Toulouse. Il mourut en
1820, âgé de soixante-dix-neuf ans. Durant sa
longue carrière, il mérita constamment l'estime
publique. On se plaisait à l'appeler du surnom
le plus honorable, celui d'honnête homme. Il n'a
laissé qu'une fille issue de son second mariage,
et qui a épousé le comte de Narbonne-Lara.

» Mesdemoiselles du Barri ne se marièrent pas,
quoiqu'on leur eût offert des partis bien illustres.
Elles sentirent tout ce que leur position aurait
de pénible après la disgrâce de leur belle-sœur,
qui arriverait tôt ou tard. Elles préférèrent garder leur indépendance. A la mort de Louis XV,
elles se retirèrent à Toulouse, et y vécurent jusqu'à la chute de l'Empire. »

Il nous reste maintenant à parler des dernières
années de la comtesse du Barri, à partir du mois
d'octobre 1789, où elle a laissé ses Mémoires.

Nous avons dit qu'au mois d'octobre 1789, la
comtesse du Barri commença à avoir les plus
tristes prévisions sur sa destinée. En effet, dès
ce moment jusqu'à sa funeste mort, toute sa
vie ne fut qu'un enchaînement de désagréments
et de malheurs.

Au mois de novembre 1789, des escrocs, en
menaçant la comtesse du Barri d'un libelle qui
pourrait la compromettre, arrachèrent à sa cré-
dulité les plus fortes sommes.

Deux ans après, au mois de janvier 1791, des voleurs profitèrent de son absence pour pénétrer dans son château de Lucienne, et y enlevèrent ses bijoux et ses diamants.

Cela n'était rien encore. L'année suivante, M. de Brissac, son amant, mourut sur l'échafaud. On raconte que les monstres qui devaient la perdre bientôt elle-même lui portèrent la tête coupée du nouveau chevalier sans peur et sans reproche, et la jetèrent devant elle sur une table de son salon, en lui disant : « Tiens, voilà la tête de ton amant ! »

Le 22 septembre 1793, la comtesse du Barri fut arrêtée. Elle eut la douleur de voir au nombre de ses plus implacables ennemis un serviteur qu'elle avait comblé de ses bienfaits, qu'elle avait traité comme son fils.

Elle avait été obligée de faire quatre voyages à Londres pour y suivre un procès relatif au vol de ses diamants. Elle fut accusée d'être allée dans cette ville pour conspirer avec les ennemis de la république, d'avoir prêté de l'argent aux émigrés, et surtout, crime irrémissible, d'avoir porté le deuil de l'infortunée Marie-Antoinette. Elle fut accusée, c'est-à-dire, condamnée à mort.

Madame du Barri conserva beaucoup de fermeté jusqu'à son dernier jour; mais, le 9 décembre 1793, aussitôt qu'elle vit la fatale charrette, son courage l'abandonna. Pendant le trajet, à sa pâleur extrême, on l'aurait crue morte, si ses gémissements continuels n'eussent annoncé qu'elle vivait encore.

Quand, arrivée sur la place de la Révolution, elle eut été livrée aux mains du bourreau, elle poussa des cris, en disant : «A moi! à moi!» soit que ces mots lui fussent inspirés par l'horreur de la mort, soit qu'elle espérât que la multitude se soulèverait, et l'arracherait au supplice. Cependant le bourreau se prépare à la frapper.

« Encore un moment, dit-elle, encore un moment, monsieur, je vous en prie. » Au même
instant elle avait cessé de vivre.

———

MÉMOIRES

DE

MADAME LA COMTESSE

DU BARRI.

~~~~~~

CHAPITRE I.

A quelle occasion ces Mémoires ont été écrits. — Mot de Louis XV sur M. de Brienne. — Naissance de madame du Barri. — Sa famille. — Le duc de Richelieu mystifié. — M. Billard du Monceau, parrain de madame du Barri. — Enfance de madame du Barri. — Sa coquetterie. — Mort de son père. — Vient à Paris avec sa mère. — Arrivée à Paris. — Le père Ange Gomart. — La pension bourgeoise. — Madame de Renage. — Mademoiselle Frédéric. — Le couvent de Sainte-Aure. — Vie du couvent.

———————

Vous voulez donc absolument, mon ami, que j'écrive le journal de ma vie. Mes refus continuels de satisfaire votre curiosité ne l'ont point découragée. «Vous avez vu tant de choses! me di-
» tes-vous sans cesse : vos aventures sont si nom-
» breuses et si piquantes, les évènements dont
» vous avez été témoin sont si extraordinaires et
» si importants, que vos souvenirs me semblent

» ce qu'il peut y avoir de mieux au monde pour
» bien faire connaître notre siècle. » Peut-être
avez-vous raison, mon ami. Mais m'est-il permis
de tout dire? La position dans laquelle je me suis
trouvée ne me commande-t-elle pas des ménagements, des réticences? Et cependant si j'écris,
je ne veux rien ménager, je ne veux rien cacher,
je ne veux point mentir, en un mot. D'ailleurs,
ce qui m'enhardit, c'est la pensée que j'écrirai
pour vous, pour vous seul, vous entendez. Que
ces cahiers, ainsi que vous me l'avez promis, ne
sortent jamais de votre secrétaire. Songez à tout
ce qu'ont de délicat les confidences que je vais
vous faire; songez à toutes les petites inimitiés, à
toutes les puissantes haines que votre indiscrétion pourrait soulever contre moi. Si jamais un
temps arrivait où la possession de ces griffonnages vous devînt périlleuse, à vous ou à moi,
jetez-les au feu, et qu'il n'en soit plus question.

Vous voyez, à ce préambule, que j'ai peur, et
en effet j'ai peur sans trop savoir de quoi cependant. Mais l'avenir ne m'apparaît qu'en laid. Il
se prépare quelque grand évènement qui ne me
rassure pas du tout pour ma part. D'un côté,
les querelles avec les parlements m'inquiètent
toujours; et si on avait voulu m'en croire en 1771,
on n'aurait pas poussé les choses aussi loin. D'un
autre côté, M. de Brienne ne me semble justifier

que trop par sa conduite, la prédiction du feu roi. Louis XV me disait un jour en parlant de lui: « C'est un ambitieux sans talents ; il croit être en état de gouverner les affaires, et avant quinze jours il serait noyé dans le premier portefeuille qu'on lui abandonnerait. » Ne répétez point ce mot à M. de Brienne, je vous prie, il m'en voudrait à la mort.

Quoi qu'il en soit de M. de Brienne, qui va conduire la monarchie je ne sais où, et des parlements qui vont la mener Dieu sait comme, il faut écrire le journal de ma vie, c'est-à-dire une longue confession. Savez-vous que l'engagement que vous m'avez fait contracter est bien grand ; néanmoins je le remplirai, je vous dirai la vérité, toute la vérité, qu'elle me soit flatteuse ou non. Je ne veux point faire comme cette demoiselle de Staal, de qui l'on a dit qu'elle ne s'était peinte qu'en buste. Je veux me représenter en pied, et si mon amour-propre ne m'abuse pas, vous aimerez mieux ce portrait que l'autre. Ainsi, mon ami, je ne vous cacherai rien, non, rien. Vous allez connaître toutes mes étourderies et toutes mes fautes. Au reste, de quoi me servirait de vous tromper ? J'ai le malheur ou le bonheur d'être trop bien connue de vous pour croire que je puisse vous échapper complètement Ainsi, puisque je ne peux pas vous tromper en

1.

tout, je me trouve obligée de ne vous tromper
en rien. Encore une petite prière, et je commence. Ne riez pas trop, s'il est possible, de
mon style un peu bizarre et de mon orthographe
un peu ancienne ; j'écris en français à peu près
comme M. le maréchal de Saxe, qu'on voulait
pourtant faire entrer à l'Académie (1). Ne vous
étonnez pas non plus si je ne me trouve pas toujours d'accord dans ce journal avec ce que l'on a
déjà publié sur moi, ou, pour mieux parler,
contre moi. Ce que j'écris est la vérité; tout le
reste n'est que calomnie. Cela dit, et vous bien
averti, j'entre en matière.

Je suis née le 28 août 1744, à Vaucouleurs.
On a beaucoup plaisanté, un certain temps, de
ce que j'ai reçu le jour dans le même village qui
vit naître Jeanne d'Arc. Ce rapprochement ne
signifie pas grand'chose. Les plaisants auraient
eu plus beau jeu s'ils avaient su que ma mère
comptait parmi ses aïeux féminins l'illustre
héroïne d'Orléans. Je ne prétends pas insinuer
pour cela que je descends de Jeanne d'Arc en
droite ligne. Dieu m'en préserve ! J'ai trop de

---

(1) Ce fut le maréchal lui-même qui refusa modestement le fauteuil
par ce billet bien connu, dont l'orthographe ne serait pas cependant un
titre d'exclusion aux yeux de certains académiciens d'aujourd'hui : « Il
» veule me fere de la cademie sela miret come une bage a un chas. »

(Note de l'Éditeur.)

confiance au chaste surnom qu'on lui a donné,
et qui fait partie de mes titres de noblesse, quoique si j'eusse vécu comme elle du temps de
Charles VII, j'eusse été probablement plus
jalouse, direz-vous, du rôle d'Agnès Sorel que
du sien. Voilà du côté de ma mère. Quant à mon
père sa famille n'était pas non plus à mépriser,
quoi qu'en aient dit de méprisables folliculaires.
La famille Vaubernier, à laquelle mon père appartenait, venait de très bonne bourgeoisie et
même de petite noblesse. Je dis petite noblesse,
parceque depuis que j'ai connu celle de la cour,
je n'ose pas me vanter d'appartenir à celle-là.
Elle est si fière et si dédaigneuse, retranchée
derrière ses vieux parchemins! J'ai eu cependant
un beau jour le plaisir de voir un de ces nobles
à longues généalogies bien humilié en la personne
de M. le duc de Richelieu. C'était chez moi, un
premier de l'an. Le personnage en question me
rendait visite avec ces airs que vous savez. Tout-
à-coup entre un de mes valets que l'on avait instruit; il va droit à M. le duc de Richelieu, un
livre broché à la main, et lui remet devinez quoi,
le fameux Mémoire du parlement de Paris contre la noblesse ducale. M. de Richelieu pâlit;
jamais je n'ai vu une fureur comme la sienne.
Je crus un moment qu'il en mourrait; et moi je
jouissais; car je n'étais pas tout-à-fait innocente

de cette mystification. Mais c'est assez parler de ducs et de noblesse, revenons un peu à nous.

Mon père n'ayant aucune fortune avait été obligé d'accepter une chétive place de commis aux barrières. Il épousa ma mère, qui n'était pas plus riche que lui, par amour. De plusieurs enfants qui naquirent de ce mariage, le seul qui ait survécu est celle qui vous écrit. Lorsque je vins au monde, madame Dubreuil, femme du directeur des aides à Vaucouleurs, qui aimait mes parents, et les voyait avec peine malheureux, voulant les soulager en quelque chose, s'offrit d'elle-même pour être ma marraine. On me choisit pour parrain un bon religieux, frère de mon père, et connu dans le pays sous le nom du père l'Ange. Mais la fortune qui, sans doute, me favorisait déjà, voulut me donner un parrain plus illustre. La guerre de 1744 amena dans notre village M. Billard du Monceau, financier, homme riche et bienfaisant. Il était arrivé à Vaucouleurs le jour de ma naissance. Madame Dubreuil, n'envisageant que l'intérêt de ma famille, résolut de lui transporter l'honneur coûteux que l'on avait destiné à mon pauvre oncle. Il accepta. J'eus donc pour parrain M. Billard du Monceau, qui fit les choses grandement, comme on pouvait l'attendre d'un homme de finances. Je ne

dois pas oublier de vous marquer que je fus bap-
tisée sous les noms de Marie-Jeanne.

Cependant je grandissais chaque jour plus
jolie, à ce que l'on m'a dit du moins. Après tout,
je ne refuse pas de le croire. C'est à ma figure
seule, je le sais, que je dois mon élévation, et
aujourd'hui que ma beauté s'efface peu à peu,
aujourd'hui que des taches de rousseur commen-
cent à jaunir la peau de mon visage, qui était si
blanche, ce n'est pas sans regret que je me rappelle ce que j'ai été : la décrépitude me fait horreur. Il me semble que j'aimerais quasi mieux
être morte que laide. Laissons là ces vilaines
idées.

J'étais donc jolie ; j'avais une petite mine charmante ; mais surtout il aurait fallu me voir lorsque l'on m'habillait de mes beaux habits du dimanche. La joie que me donnait cette parure
m'embellissait encore ; car j'avais déjà je ne sais
quel instinct précoce de coquetterie : il faut qu'elle
soit bien naturelle à notre sexe. Je voulais plaire ;
je voulais me plaire à moi-même. Je courais
après les miroirs chez ma mère, chez nos voisines, partout. Que de moments j'ai passés
ainsi dans l'admiration naïve de ma beauté nais-
sante ! D'abord je me regardais moi, et puis je
regardais ma robe bien simple, mais bien propre ; ma robe, parceque c'était encore moi,

parcequ'elle faisait partie de ma petite personne. Et quand je quittais mes chers miroirs,
aussi long-temps que je pouvais, je me regardais m'en aller.

Par bonheur pour ma vanité, je n'étais pas la
seule à me trouver gentille, et ma gentillesse me
gagnait tous les cœurs. C'était à qui m'aurait de
nos voisines, à qui me caresserait, à qui me ferait
fête. Partout j'étais aimée, choyée. Combien j'é-
tais heureuse! Quinze ans plus tard, ma beauté
n'obtint pas les mêmes succès; quand je parus à
la cour, ce fut à qui des courtisans me ferait la
plus mauvaise mine. Il semblait que ma faveur
eût déjoué les prétentions de chacun, et, à voir
le soulèvement général, on eût dit que je n'étais
venue là que pour supplanter toutes les femmes
de grands seigneurs.

Pour en revenir à mon goût pour la parure,
il n'était pas toujours aussi bien contenté que je
l'aurais désiré. Mon père gagnait de quoi nous
faire vivre et pas au-delà. Ma marraine était
morte. Quant à mon parrain, il semblait avoir
oublié sa jolie petite filleule. On lui écrivait, il
ne répondait pas; on lui écrivait encore, et alors
arrivaient quelques phrases bien sonnantes, bien
prometteuses, et au bout de tout cela, rien. Le
temps s'écoulait, et notre position restait la
même, c'est-à-dire fort triste et fort gênée. Ce

n'est pas tout, un plus grand malheur nous menaçait. Mon père, qui soutenait la famille, mourut. J'avais huit ans : je pleurai beaucoup. Malgré ma légèreté naturelle, j'ai toujours vivement regretté ceux qui m'aimaient, ceux que j'avais aimés. Je crois entendre encore le cri déchirant, terrible, que poussa ma mère au moment où mon pauvre père rendit le dernier soupir. Au regret amer de sa perte se joignit le chagrin de l'affreuse situation où il nous laissait. Un chétif mobilier, quelques bijoux de peu de valeur : voilà désormais tout ce qui nous restait de mon père.

Après les moments donnés à la douleur, les personnes qui s'intéressaient à nous, ou qui en faisaient le semblant, nous conseillèrent de partir pour Paris. Là, nous trouverions, à les entendre, des ressources infaillibles. D'un côté, mon oncle Ange Gomart, qui était depuis quelque temps au couvent de Picpus, et de l'autre, M. Billard du Monceau, mon parrain, devaient immanquablement nous tirer d'affaire. D'ailleurs notre ambition devait être bornée, et par conséquent facile à contenter. On ne prit pas conseil de moi, comme bien vous pensez. On me dit seulement que j'allais à Paris : or Paris était pour moi, comme pour tous les enfants de province, un vrai paradis. Je me figurais une ville toute de perles et d'or; j'étais enchantée d'aller à Paris.

Nous partîmes : un voiturin nous conduisait à petites journées, petites journées est bien le mot. Cependant la route ne m'ennuya point. Seulement, si ma mère versait par moments quelques larmes, je les essuyais, ou je pleurais de la voir pleurer. Du reste, ma gaieté revenait bientôt : à mon âge, à huit ans, on a devant soi un si vaste horizon, l'avenir est si beau ! Et puis j'étais si heureuse de voyager, d'être en voiture !

Enfin, après deux semaines de petites journées, nous arrivons à Paris. Je me rappellerai toujours l'effet que fit sur moi le premier aspect de cette ville. La longueur de ses rues, la hauteur et la tristesse des maisons m'effrayèrent; bientôt la foule qui circulait donna un autre cours à mes idées : « Maman, maman, m'écriai-je tout-à-coup » en battant des mains, c'est un jour de foire ! » c'était parcequ'à Vaucouleurs je n'avais vu qu'aux époques solennelles tant de marchands et tant de monde. Nous allâmes loger aux environs de la place Royale, dans une rue dont j'ai oublié le nom, triste, sombre, silencieuse. Les chambres y étaient à bon marché, et nous n'étions pas loin du couvent de Picpus, où restait, comme je crois vous l'avoir dit, le père Ange Gomart de Vaubernier. Ma mère lui fit savoir notre arrivée : il vint nous voir le lendemain. Je me souviens que ma mère pleura beaucoup.

Quant au moine, il garda un calme dévot : la
piété, dit-il, lui défendait de mani fester sa douleur. Je crois, moi, qu'il regrettait fort peu son
frère et qu'il était très embarrassé de sa belle-
sœur et de sa nièce. Cependant il n'en fit rien paraître, il m'embrassa, me dit que j'avais une
figure de chérubin, et recommanda à ma mère
de ne point rester plus long-temps sans solliciter
la protection de M. Billard du Monceau. Il s'offrit
héroïquement à nous accompagner dans cette première visite qui devait être décisive pour nous.

Mon joli visage, mes cheveux qui bouclaient à
ravir sur des yeux doux, brillants, et fendus en
amandes, ma bouche petite et vermeille comme
une cerise, mon joli nez, ma peau bien blanche,
l'élégance et la finesse de ma taille, toute ma
beauté enfin, faisaient concevoir à ma mère le
plus grand espoir de succès. « Elle est si gentille,
» disait-elle, que son parrain ne peut l'abandon-
» ner. » De son côté, mon oncle ne comptait pas
moins sur moi. Pour ma part, je craignais de ne
pas remplir leur attente ; je leur confiai naïvement ma crainte. Ils me rassurèrent, me firent
la leçon, et, après que ma mère m'eut parée du
mieux possible, nous partîmes magnifiquement
dans un fiacre qui fut payé par mon oncle. Nous
arrivons, nous montons. Grand Dieu ! que je
fus éblouie en entrant dans ce riche apparte-

ment! Je n'avais rien vu de pareil à Vaucouleurs, pas même chez madame Dubreuil, ma marraine. Les belles dorures! les beaux tapis! Je n'osais marcher. Que de glaces! que de meubles! que de porcelaines! Je regardais tout, j'admirais tout, j'étais tout yeux, comme l'on dit.

Nous voilà dans le cabinet de M. Billard du Monceau. Le père Ange, qui était plus éloquent que nous, prit la parole. Après avoir dit qui nous étions, il commença un assez long sermon sur la charité ; lequel long sermon il conclut en disant que M. Billard du Monceau devait être notre Providence, et que la qualité de mon père spirituel qu'il avait acceptée lors de mon baptême l'obligeait à remplir les charges de mon père temporel. Ma mère appuya cette harangue de ses larmes. J'allais pleurer à mon tour ; mais un beau chien de chasse s'étant approché de nous, arrêta tout court ma sensibilité, et je me mis à jouer avec lui sans façon aucune.

Quand le père Ange eut fini de parler, M. Billard du Monceau glissa à ma mère quelques paroles de consolation, et dix louis, ajoutant avec beaucoup de délicatesse, que c'était pour m'acheter des bonbons. Il s'engagea en outre à fournir aux frais de ma première éducation, et promit à ma mère de la placer dans une grosse maison en qualité de femme de charge ; il prit notre

adresse, et nous congédia en priant le père Ange
de venir le voir.

Ma mère avait quitté M. Billard du Monceau
un peu rassurée sur mon sort et sur le sien. Dès
la semaine suivante le père Ange vint nous annoncer que notre Providence avait trouvé à ma
mère une place chez une dame de Renage, veuve
d'un matador de la finance. Mais je ne pouvais
accompagner ma mère chez cette dame, parcequ'elle n'aimait pas les enfants. Nouvel embarras, nouvelle visite de mon oncle à M. Billard,
nouvelle bonté de ce dernier. Je fus placée par
ses soins dans une pension bourgeoise, située rue
des Lions-Saint-Paul. C'est dans cette pension
bourgeoise que l'on commença mon éducation ·
aussi ne me la rappelé-je pas sans plaisir. C'est
là que j'appris à coudre, ce que je savais fort
peu auparavant, ainsi qu'à marquer et à broder.
On m'apprit à lire, et à écrire tant bien que mal;
on m'enseigna le catéchisme de Fleury, la Bible,
et par-dessus tout cela mon arithmétique. Voilà
bien des choses, mon ami. Eh bien! mon instruction, mon logement et ma nourriture ne
coûtaient par mois que 5o liv.

Je passai dans cette maison deux ou trois années. Ma mère était toujours chez madame de
Renage, qui, par une dureté de vieille femme, ne
voulut jamais consentir à ce que je misse les

pieds chez elle. Tant que les mauvaises façons de
cette dame furent supportables ma mère les sup-
porta; mais à la fin sa méchante humeur désola
ma mère à tel point, qu'elle se vit forcée de renoncer à rester plus long-temps dans cette maison. Elle alla trouver mon parrain et le supplia
de la retirer de cet enfer. M. Billard du Monceau
plaça ma mère chez mademoiselle Frédéric, célèbre alors à Paris par sa beauté. Cette personne
n'était autre que la maîtresse de mon parrain.
Certainement ma mère eût voulu refuser une
pareille place; elle balança quelque temps, mais
elle n'osait déplaire à l'homme qui seul nous
protégeait. Que serait-elle devenue, et moi aussi?
Ces raisons, ou pour mieux dire ces craintes, la
déterminèrent à accepter. Si ma mère n'était pas
très flattée d'entrer chez mademoiselle Frédéric,
celle-ci de son côté ne la reçut pas avec beaucoup
de joie. Elle se figura que ma mère était une
espèce d'argus chargé de rendre compte de sa
conduite à son amant. Elle ne montra pas cependant tout d'abord son mécontentement; cela eût
été maladroit.

Que faisais-je pendant ce temps? Mon parrain,
qui s'attachait à moi quoiqu'il ne me vît que de
loin en loin, m'avait retirée de la pension bourgeoise où j'étais restée jusque là, pour me mettre
au couvent de Sainte-Aure. Ce couvent était di-

rigé au temporel et au spirituel par l'abbé Grisel,
celui-là même que Voltaire a tant turlupiné. Je
gagnai à ce changement. Mon éducation fut un
peu mieux soignée au couvent de Sainte-Aure
qu'elle ne l'avait été rue des Lions-Saint-Paul.
On m'y donna des maîtres d'arts d'agrément. Je
m'appliquai surtout au dessin, pour lequel j'avais
beaucoup de goût.

J'avais quinze ans et j'étais toujours fort jolie,
la plus jolie de toutes les demoiselles de Sainte-
Aure ; mais j'étais en même temps si franche,
si gaie, si communicative, si aimante, qu'en faveur
de mon bon cœur elles me pardonnaient volontiers ma figure. D'ailleurs nous étions toutes unies
par l'ennui que nous éprouvions au couvent. Nos
vœux communs appelaient le moment où nous
pourrions quitter cette sainte prison. En attendant, notre consolation était de nous entretenir
des affaires du dehors. Mes compagnes n'étaient
pas des demoiselles de noble maison, elles ne
connaissaient rien de ce qui se passait à la cour ;
mais en revanche elles étaient instruites d'une
foule d'anecdotes qui ne laissaient pas d'être
scandaleuses quoique un peu bourgeoises. Ces
anecdotes qu'elles rapportaient de chez leurs
parents, avec quelle bonne foi nous les com-
mentions, avec quelle curiosité nous cherchions
à les comprendre ! Comme j'enviais le sort de

celles qui avaient ouï raconter ces belles choses hors du couvent! Sous quelles brillantes couleurs je me représentais cette vie du monde! ma pauvre tête s'y perdait ; mon imagination lancée, parcourait à bride abattue la grand'route des châteaux en Espagne. Que de fêtes on me donnait dans ces lieux charmants!! Plus tard j'ai retrouvé en réalité ces superbes châteaux que j'avais habités si souvent dans les rêves de ma jeunesse. Hommages, plaisirs, adorateurs illustres, j'y retrouvai tout ce que j'avais désiré autrefois, tout, hormis le vrai bonheur... que j'avais peut-être oublié de désirer.

Je me liai à Sainte-Aure, avec une pensionnaire de mon âge, grande et belle brune, appelée Geneviève Mathon. Son père était le plus fameux traiteur-pâtissier de la rue Saint-Martin. Comme elle était bonne, Geneviève! comme elle me parlait des bons repas que l'on faisait chez son père! Comme elle m'invitait d'avance à venir les goûter quand nous serions rendues à notre chère liberté! J'y suis allée en effet, et mal m'en a pris. Pourquoi? ce n'est pas le moment de vous le dire.

Une autre de mes compagnes me témoignait aussi de l'attachement, mais avec plus de mesure et de dignité. Brigitte Rubert, ainsi se nommait cette pensionnaire, assez aimable fille au demeurant, faisait là fière avec moi parceque ma mère était au service. J'avais beau lui dire que c'était en qualité de femme de charge, mademoiselle Brigitte, fille d'un huissier, tranchait toujours de la grande dame, et moi, comme une sotte, je la préférais à tout le monde. L'excellente Geneviève Mathon était un peu jalouse de cette préférence. Néanmoins, si Geneviève n'était pas ma meilleure amie, j'étais toujours la meilleure amie de Geneviève.

Je vous amuserais peut-être si je vous racontais toutes les espiègleries par lesquelles nous abrégions le temps de retraite de notre première communion. Nous étions de francs mauvais sujets en jupe, et qui pis est, de vraies hypocrites. Du reste, nous le sommes toutes, nous le sommes toujours, nous autres femmes. Grâces à l'éducation que vous nous donnez, Messieurs, nous apprenons à vous tromper quand il nous plaît, il n'y en a pas de si sotte parmi nous qui ne puisse vous faire voir blanc ce qui est noir.

Cependant je vous dirai, et cela avec une franchise non jouée, que j'étais encore *innocente*. Il se passait bien en moi quelque chose qui me disait que je n'étais pas faite pour vivre seule, mais je n'en savais pas davantage. Avec ces vagues désirs de mon âge, j'avais toujours la candeur d'un enfant. Je n'entrevoyais dans le mariage que des caresses bien tendres, des baisers tout fraternels. J'insiste sur ce point, parceque de vils pamphletaires dont je n'ai pas voulu acheter le silence m'ont horriblement calomniée. Mon enfance même, cet âge si pur que l'on doit respecter dans chacun, mon enfance n'a pas été à l'abri de leurs dégoûtants mensonges. Ils ont fait de moi un monstre ; mes meilleurs amis ont lu ces affreux libelles, et vous, peut-être, tout le premier. Ai-je tort de vous soupçonner ? pardonnez-moi; mais j'ai tant vécu à Versailles, et parmi les courtisans, qu'il m'est bien permis d'être un peu méfiante. Je ne doutais de l'amitié de personne le jour où je sortis de Sainte-Aure: depuis !.... Non, mon ami, je ne doute pas de la vôtre.

~~~~~~

CHAPITRE II.

Encore mademoiselle Frédéric. — Madame du Barri entre chez une
marchande de modes. — Elle quitte son nom de famille. — Visite
au couvent. — Visite à Geneviève Mathon. — Nicolas Mathon. —
Premier amour. — Le marquis d'Aubuisson. — Seconde passion. —
Le mousquetaire. — Troisième passion. — Les regrets.

Si je n'étais pas heureuse à Sainte-Aure, du
moins j'étais tranquille. Ma vie s'écoulait sans
grandes peines, comme sans grands plaisirs.
Geneviève Mathon et Brigitte Rubert suffisaient
à mon cœur. J'aimais, j'étais aimée, ou du moins
je croyais l'être : c'est la même chose. J'avais fait
depuis quelque temps ma première communion,
lorsqu'un jour je vois arriver à la grille ma mère
tout en larmes, qui m'annonce qu'elle va sortir
de chez mademoiselle Frédéric. Les mauvais procédés de cette dame la forçaient de la quitter. Ma
mère ne m'en apprit pas davantage. Ce n'est que
plus tard que j'ai su la cause de cette rupture
méchamment expliquée par l'auteur de l'ouvrage intitulé *Anecdotes sur la comtesse du
Barri.* Dans cet ouvrage, qui n'est d'un bout à

2.

l'autre qu'un long tissu de calomnies, il est dit
que mademoiselle Frédéric devant M. Billard du
Monceau accusa madame Gomart de vivre avec
le père Ange son beau-frère: c'est faux, c'est
un mensonge atroce. Mademoiselle Frédéric se
plaignit seulement que sa prétendue femme de
charge ne lui avait été donnée que pour espionner sa conduite. Voilà ce que dit mademoiselle Frédéric, en demandant impérieusement
le renvoi de ma mère. M. Billard du Monceau
vit bien ce que cela signifiait, mais il était vieux,
il aimait: il céda. Ma mère sortit donc de chez
mademoiselle Frédéric, pour entrer dans une
autre maison, et moi, quoi qu'en aient dit mes
ennemis, je restai à Sainte-Aure jusqu'à ma
seizième année.

A cette époque, mon parrain, qui ne m'avait
pas abandonnée, et dont je n'ai jamais eu qu'à me
louer, m'ayant retirée du couvent, m'interrogea
sur mes goûts et sur l'état que je préférais prendre. D'après mes réponses, je fus placée en ap-
prentissage chez la dame Labille, marchande de
modes, rue Saint-Honoré, tout près de l'Oratoire
et de la barrière des Sergents. Ce fut une nouvelle vie que je commençai. Combien elle était
différente de celle que j'avais menée à Sainte-
Aure! Là tout était ennui, tout était gêne ; là
nos moindres mouvements, une parole, un éclat

de rire, étaient amèrement réprimandés, et quelquefois sévèrement punis. Chez madame Labille, on veillait sans doute à ce que la maison fût sur un pied régulier; mais qu'il y avait loin de cette surveillance à celle du couvent! Ici, nous étions à peu près maîtresses de nos actions, pourvu que le travail n'en souffrît pas. S'il nous passait quelque chose par la tête, nous pouvions le raconter; nous pouvions rire si l'occasion s'en présentait; nous pouvions chanter à notre fantaisie, et Dieu sait comme on bavardait, comme on riait, comme on chantait. Hors de la boutique, le dimanche, pleine liberté; pleine liberté encore dans nos chambres situées au plus haut de la maison. Chacune de nous avait la sienne, petite, mais propre. Mon parrain fit décorer la mienne d'une toile peinte; il me donna une belle commode en noyer, un trumeau, une petite table, quatre chaises et un vieux fauteuil de velours, dont le bois était doré magnifiquement. Tout cela était du luxe. Aussi quand mes voisines de la mansarde vinrent voir ma chambre, la richesse avec laquelle elle était meublée excita une surprise et une admiration générales. Pendant vingt-quatre heures au moins on ne parla chez madame Labille que de la chambre de mademoiselle Lançon; c'était le nom sous lequel j'étais entrée dans ma nouvelle demeure. Vous aviez donc quitté le vôtre? me

direz-vous. Oui. Et pourquoi? Le voici. Le père
Ange Gomart, qui avait sa vanité, tout moine
qu'il était, ne voulant point qu'on sût qu'il avait
une nièce dans les modes, m'avait fait renoncer
au nom paternel. Il espérait que de cette façon
on découvrirait plus difficilement notre parenté;
peut-être aussi prétendait-il éteindre par là no-
-tre nom de famille au moment où il voyait sa
belle-sœur prête à convoler en secondes noces.
En effet, peu après mon entrée chez la dame
Labille, ma mère se remaria avec M. Roulon.
Cet homme était dur et brutal, et ses mauvais
traitements hâtèrent sans doute la mort de ma
mère, car j'eus le malheur de la perdre quelque
temps avant mon entrée au Château. Je reprends
la suite de mon récit.

Me voici donc installée chez une marchande
de modes, sous le nom de mademoiselle Lançon, me voilà presque émancipée, presque libre. Outre le dimanche, que nous avions tout
entier à notre disposition lorsque nous n'étions
pas de garde à la boutique, nous sortions assez
souvent pour aller porter les chiffons qu'on nous
avait demandés. Mes premiers pas dans Paris n'y
furent pas faits sans terreur. Cependant, dès le
second dimanche de ma nouvelle existence, je
formai le hardi projet d'aller voir mes anciennes
amies de Sainte-Aure. L'une, Brigitte Rubert,

était encore au couvent; l'autre, ma bonne Geneviève Mathon, en était sortie huit jours avant moi pour rentrer dans la maison paternelle.

Je me rends d'abord au couvent, où ma venue cause une espèce de rumeur. Ma parure mondaine, mon air évaporé, mon aplomb de fille de modes, scandalisent tout le monde depuis la plus grande jusqu'à la plus petite, depuis la tourière jusqu'à la supérieure. Il me fallut promettre de me bien conduire, de renoncer à Satan, à ses pompes et à ses œuvres; il me fallut écouter de longs et ennuyeux sermons. Et moi, j'étais impatiente de voir Brigitte. Enfin Brigitte arrive, mais plus froide, plus compassée, plus digne encore qu'à l'ordinaire. N'importe, je cours à elle, je me jette à son cou, je l'embrasse en pleurant, en l'appelant ma chère amie. Brigitte me rendit à peine un baiser glacé, puis se débarrassant de mes bras, elle me demanda avec dignité ce que l'on avait fait de moi, ce que j'étais devenue depuis ma sortie de Sainte-Aure. Je ne crus pas devoir rien cacher à Brigitte; mais elle, quand j'eus parlé : « Ah ! mademoiselle, vous êtes ouvrière maintenant. C'est bien, vous pourrez faire votre chemin ; je vous promets de l'ouvrage quand vous vous établirez pour votre compte. » Ces paroles, ce *vous*, qui remplaçait notre ancien *tu* et *toi*, me confondirent

De grosses larmes coulaient de mes beaux yeux le long de mes joues ; j'étais suffoquée. « Ah ! Brigitte, répliquai-je à la fin avec douceur, que t'ai-je fait pour que tu me traites ainsi ? ne suis-je plus ton amie ? — Mademoiselle, me dit-elle alors en renchérissant de fierté, je vous porterai toujours de l'intérêt; mais, près de m'u-nir à un avocat au Châtelet, je ne puis rester amie avec une petite ouvrière. — Eh ! vous avez raison ! m'écriai-je avec colère. Il n'y a rien de commun entre l'ouvrière honnête et la fille insolente d'un huissier. Adieu, mademoi-selle. » A ces mots je la laisse, et je sors du cou-vent pour n'y plus rentrer.

J'étais dans la rue, je versais des larmes, des larmes de rage. Cette première visite m'avait presque ôté l'envie de faire la seconde. Je ne me sentais pas la force d'aller trouver Geneviève Mathon. « Qui sait, me disais-je, si les traiteurs n'ont pas leur orgueil comme les huissiers? Ge-neviève aussi va me recevoir du haut de sa gran-deur, me témoigner tout son dédain! » Néan-moins, le besoin d'oublier mon affront et le souvenir du bon cœur de Geneviève m'enhar-dirent; je me dirigeai non sans crainte, il est vrai, du côté de sa maison. J'arrive, j'entre, j'aperçois Geneviève occupée dans la cuisine de son père. Elle me voit : sauter, courir à moi,

me couvrir de baisers, telle fut sa réception tant
redoutée. Elle me présente à sa famille, on
m'invite à dîner, nous dînons. Vis-à-vis de moi,
à table, était placé un grand et beau jeune
homme aux yeux noirs, aux cheveux bruns
comme Geneviève. C'était son frère. Peut-être
parceque j'aimais sa sœur, il me plaisait déjà.
Je lui plaisais aussi, peut-être à cause de sa
sœur. Si je le regardais du coin de l'œil, à la
dérobée, je trouvais ses regards fixés sur moi.
Il devinait mes moindres désirs, il m'offrait par
avance ce que j'allais demander ; je pensais à
boire, et soudain il me servait ; je convoitais un
morceau, et au même instant il me l'avait mis sur
mon assiette. Ses attentions me gênaient ; je craignais que sa famille ne les trouvât étranges. Mais
on ne s'en apercevait pas, ou plutôt on n'y voyait
qu'une galanterie bien naturelle. Vers la fin du
dîner, Geneviève, qui n'avait songé jusque-là
qu'au plaisir de me voir, me demanda tout-à-
coup avec vivacité ce que je faisais. Cette question me troubla, et j'y répondis en tremblant et
d'un air embarrassé, tant je redoutais une répé-
tition de ma scène avec Brigitte ; mais mon aveu
ne produisit aucun mauvais effet ; ces braves
gens trouvèrent tout simple que je fusse ouvrière
en modes, puisque je n'étais pas autre chose.
La famille me garda aussi long-temps qu'elle

put. On me mena promener sur les boulevards, et après la promenade, nous entrâmes au théâtre. C'était la première fois qu'un pareil plaisir m'était offert; il occupa mon esprit à tel point que j'oubliai presque la présence du frère de Geneviève. Celui-ci, qui était plus accoutumé que moi aux jeux de la scène, ne regardait que moi, ne voyait que moi. Assis à mes côtés, il ne songeait qu'à m'exprimer son amour. Il me parlait avec passion une langue que je ne connaissais pas encore, mais qui me semblait douce et qui plaisait à mon oreille et à mon cœur. Un moment même (personne ne prenait garde à nous dans ce moment) il essaya de me presser la main, et moi, sans y penser, sans le vouloir, je vous assure, je pressai légèrement sa main dans la mienne. Il tremblait. Soudain toute sa figure s'anima, ses grands yeux noirs brillèrent comme le feu, un sourire céleste passa sur ses lèvres.

Cette journée d'enchantement, cette soirée délicieuse devaient finir. Mon amie et son frère voulurent me ramener chez madame Labille. Geneviève, en me quittant, m'embrassa; Nicolas Mathon, timide encore, se contenta de baiser ma main. Ce baiser pénétra jusqu'à mon cœur.

Cependant je montais à pas lents mon escalier; une fois dans ma chambre, je me sentis toute pensive... j'aimais! Il me semble, mon ami,

vous voir froncer le sourcil, prendre une physionomie dédaigneuse et me dire : «Quoi! vous,
Madame, aimer Nicolas Mathon, un apprenti
cuisinier! Fi donc! vous, comtesse!» Excusez-
moi, beau sire, mais vous ne savez ce que vous
dites. Quand j'ai été la comtesse du Barri, j'ai su
me choisir un amant de haut parage; mais alors
je n'étais qu'une très modeste ouvrière en modes,
je ne m'appelais que Jenny Lançon. Eh bien!
aujourd'hui, telle que la fortune m'a faite, quand
je retrouve par le souvenir tous ceux qui m'ont
adorée, vous le dirai-je, ce n'est pas le pauvre
Nicolas qui me plaît le moins peut-être,.... moi
aussi j'ai connu le premier amour!

L'image du frère de Geneviève me suivait partout. La moitié de la nuit s'écoula dans une
longue insomnie; à la fin, je m'endormis, et
cette image adorée m'apparut encore dans mon
sommeil. Il me semble, en écrivant ces lignes,
que mes souvenirs me rendent une autre fois
mon innocence et mon bonheur. Laissez-moi
raconter bien longuement.

Le lendemain, il fallut descendre à la boutique, mais j'avais perdu ma gaieté; ma folle
joie avait disparu : j'étois toute triste, toute
rêveuse. Ce changement étonna mes compagnes,
elles m'en demandèrent la cause. Je rougis, je
battis la campagne, enfin je m'expliquai si mal,

que les demoiselles de la boutique, qui avaient
une grande expérience en mon fait, décidèrent
à l'unanimité que j'étais amoureuse. Je me dé-
fendais néanmoins, et tenant mon secret à deux
mains, je me promettais de ne pas le laisser
échapper. En ce moment, je lève les yeux, et à
travers la devanture de la boutique, je vois Nicolas Mathon qui se promenait mélancolique-
ment dans la rue Saint-Honoré.

· Ce fut bien alors que mon pauvre cœur commença à palpiter de plus belle. Il se passa en
moi quelque chose d'extraordinaire; tout mon
être se troubla : je demeurai stupide, comme dit
je ne sais quel poète, les yeux attachés fixement
sur le jeune homme qui se promenait, et cherchant à lui sourire. Il me voit, son visage se co-
lore, et sa main me montre rapidement un papier. C'est une lettre, j'en suis sûre, une lettre à
mon adresse, une première lettre d'amour! Que
j'étais impatiente de la posséder! Ma vertu ne
lutta pas un seul instant contre ce désir de jeune
fille. On m'avait bien recommandé à Sainte-
Aure de renoncer à Satan; mais Nicolas était un
ange, et une correspondance avec lui me semblait la plus douce chose du monde. De son côté,
le frère de Geneviève était toujours dans la rue,
ayant l'air presque étonné lui-même de son audace. Je lui fis signe de s'approcher de la mu-

raille; il me comprit. Une dame entre dans la boutique, et moi, profitant du dérangement qu'elle occasione, je me glisse dans l'allée de la maison, et de là m'élance sur la porte de la rue. Nicolas tressaillit en me voyant aussi près de lui. « Est-ce une lettre de Geneviève ?» lui dis-je avec assez d'aplomb. — « Oui, mademoiselle, » me répond-il d'une voix émue, et il me donne la lettre en rougissant. Je le regarde, je le quitte, je cache dans mon corset ce précieux trésor, et me voilà dans la boutique sans qu'on se soit peut-être aperçu de mon absence.

Mais ce n'était pas tout que d'avoir la lettre, il fallait la lire, et comment? Je ne pouvais monter dans ma chambre; cela n'était point l'usage, et cette nouvelle disparition aurait pu donner des soupçons. Enfin, après le dîner, un moment favorable se présente. Je monte, je prends la lettre, je cherche à lire, je lis. Il me disait qu'il m'aimait, je le savais déjà; n'importe, j'étais heureuse. Le pauvre jeune homme ! Il faut lui répondre. Au même instant je prends une plume, je ne puis écrire. Je remets au lendemain. Le lendemain, au point du jour, me voilà à l'ouvrage. Je commence et recommence dix lettres, toutes plus sottes l'une que l'autre. A la fin je m'en tiens à celle-ci, qui me contente faute de mieux, et que je me rappelle assez exactement,

car elle était courte : « Monsieur, vous m'aimez,
» dites-vous, et souhaitez que je vous aime.
» J'aime tant Geneviève qu'il me sera facile d'ai-
» mer son frère. Vous promettez de ne vivre que
» pour moi ; je vous avouerai que je trouve du
» plaisir à cette promesse. Mais que je serais mal-
» heureuse si je vous crois, et que vous ne la te-
» niez pas! C'est vous en dire trop, trop peut-être.
» Adieu, Monsieur, je suis toute honteuse; mais
» je suis franche et confiante : vous n'en abu-
» serez pas contre l'amie de votre sœur. » J'a-
joute ma signature à cette lettre, je la cache
dans mon sein, et je me hâte de descendre à
la boutique.

J'étais certaine que M. Nicolas ne tarderait pas
à venir rôder autour de la maison. Il n'y manqua
pas. Vers dix heures il était à son poste. Aussitôt
qu'il put croire que je l'avais vu, il traversa la
rue, vint de notre côté, et, comme la veille,
se plaça devant la porte de l'allée. Cette fois,
sans sortir entièrement de la boutique, je sus
lui jeter la lettre. Il la vit, la ramassa et partit
triomphant. Depuis lors, chaque matin et chaque soir, il passait devant la boutique. Les choses
demeurèrent en cet état jusqu'au dimanche suivant. Avec quelle impatience j'attendais cet heureux jour ! quelque chose me disait que ce jour
là je verrais Nicolas avant Geneviève.

Enfin ce dimanche, si impatiemment attendu,
arriva. Je m'habillai de mon mieux, je consul-
tai long-temps mon miroir pour m'assurer que
je plairais : j'étais jolie, très jolie. L'heure vint
où nous étions libres. Madame Labille était partie dès le matin pour aller voir avec sa famille
je ne sais quelle fête à Versailles. Je laissai sortir
avant moi mes compagnes qui étaient toutes at-
tendues dans la rue, l'une par un frère, l'autre
par un oncle, la troisième par un cousin. Je
sors la dernière. A peine suis-je dehors que je
regarde de tous côtés. Personne. Je m'acheminais au hasard et tristement vers la rue de la
Ferronnerie, lorsque tout-à-coup j'entendis derrière moi quelqu'un qui marchait, qui soupirait.
Je m'arrête, je me retourne : c'était Nicolas! Il
m'aborde, il me parle. Je passe avec lui ou
chez lui toute cette heureuse et innocente journée : depuis je trouvai le moyen de lui donner
plusieurs rendez-vous. Nos entrevues étaient
courtes, mais délicieuses. Je croyais de bonne
foi que j'étais la plus heureuse des femmes, et
Nicolas obtint tout de moi ; il ne le devait qu'à
un sentiment vrai : je suis certaine qu'il n'en
était pas moins prêt à m'épouser.

Mes compagnes et moi étant devenues plus familières, à mesure que nous nous connaissions
davantage, nous avions fini par nous confier ré-

ciproquement nos amours et les titres de nos
amoureux respectifs. Je rougis encore quand je
pense aux éclats de rire qui accompagnèrent le
nom de Nicolas Mathon, apprenti cuisinier chez
son père, rue Saint-Martin, à l'enseigne de la
Bonne Foi. Le mépris de ces demoiselles éclata
hautement. Elles avaient toutes d'illustres adorateurs. C'étaient des clercs de notaire, d'avocat, ou
de procureur, des étudiants, des militaires. Elles
se récrièrent sur la bassesse de mes inclinations.
J'avais beau défendre mon cher Nicolas, vanter
sa bonne tournure, ses manières élégantes, rien
n'arrêta leurs plaisanteries. Elles me représen-
tèrent que si, dans le carnaval, l'occasion se présentait d'aller toutes ensemble au bal, mon
amant ne pourrait prétendre à l'honneur de
marcher à côté de leurs messieurs, et que je me
verrais forcée de garder honteusement la maison.

Ces propos, je l'avoue, m'humiliaient ; moi
qui étais entrée avec des idées si modestes chez
mon amie Geneviève! Dans ma sottise, j'en voulais à Nicolas de ce qu'il n'était pas un homme
du bel air. Je crois que j'aurais donné la moitié
de ma vie pour qu'il eût été seulement clerc de
procureur. Comme j'étais dans ces pensées, un
mousquetaire entra dans la boutique avec grand
fracas. Jamais je n'ai rien vu de plus fier, de

plus turbulent que le comte d'Aubuisson ; c'est
ainsi que s'appelait ce beau héros qui, à lui tout
seul, faisait autant de bruit qu'un régiment.
Son insolence, que je prenais pour de la grandeur, fit sur moi un effet prodigieux. Il venait
commander la prompte expédition d'un chapeau pour la duchesse de Villeroi. Le comte
d'Aubuisson était petit, mais bien pris dans sa
taille, et fort joli de figure; peu spirituel, mais
ne doutant de rien, et se croyant le plus noble,
le plus aimable et le plus bel homme de l'é-
poque.

Il n'en était pas une parmi les ouvrières de
madame Labille qui ne désirât dans son âme de
fixer les regards du mousquetaire. J'eus l'honneur d'obtenir la préférence. Il me le dit, et cela
d'un ton si avantageux, d'un air si supérieur,
que je n'osai pas lui répondre que mon cœur ne
m'appartenait plus. Mes compagnes, irritées de
ma victoire, la relevèrent à mes yeux par leurs
moqueries maladroites; elles me témoignèrent
leurs craintes d'un duel entre le mousquetaire
et l'apprenti cuisinier. J'aurais dû ne faire que
rire de leur jalousie; je résolus de les faire en-
rager. D'ailleurs, comment résister à un mousquetaire qui me sacrifiait peut-être une duchesse,
peut-être dix, et autant de comtesses et de mar-
quises? Le pauvre Nicolas fut donc délaissé. J'ou-

bliai qu'avec lui un mariage honnête couronne-
rait nos amours. Si j'eusse écouté mon cœur, il
m'aurait conduite sagement, mais je m'abandonnai à ma vanité, et ma vanité me perdit.

Autant mon premier amant s'était appliqué
à conserver ma réputation, autant le second
s'efforça de la compromettre. Il n'eut paix ni
trève qu'il ne m'eût complètement affichée. Je
me prêtais à tous ses caprices ; j'allais le voir
dans l'hôtel des mousquetaires, et là il me montrait à ses camarades qui le félicitaient d'avoir
à sa disposition une jolie grisette. Je ne savais
plus ce que je faisais, ma tête n'était plus à moi.
C'est en vain que madame Labille, qui m'aimait
sincèrement, me donnait les plus sages conseils;
je ne voulais rien entendre, et je n'écoutais pas
davantage ma bonne et prudente mère que mes
calomniateurs ont encore accusée dans cette circonstance. Mes calomniateurs en ont menti.

Le comte d'Aubuisson ne m'aimait point ; je
m'en aperçus lorsqu'il n'était plus temps d'en
faire mon profit. Je résolus du moins de lui bien
montrer que je n'avais pas plus d'attachement
pour lui qu'il n'en avait pour moi. Je le quittai
comme je l'avais pris, par vanité. Il venait d'arriver aux mousquetaires un jeune Basque. Ce
jeune homme, grand et bien fait d'ailleurs, aux
beaux yeux, au teint pâle, était si timide, si

simple, que tous ses camarades le traitaient avec
un souverain mépris. Eh bien! ce fut sur lui que
je jetai les yeux pour satisfaire ma vengeance.
Il n'est pire eau, dit le proverbe, que l'eau qui
dort. Le proverbe a raison. Ce mousquetaire, si
froid en apparence, était ardent, intrépide. Il
vit que je cherchais un vengeur, il s'offrit à moi,
et j'eus tout lieu d'être contente. Notre liaison ne
dura pas long-temps. Mon nouvel ami ayant appris la mort de son père, fut obligé de partir. Et
de trois!

Je sais, mon ami, que vous êtes curieux surtout de connaître l'histoire de ma présentation à
Versailles; aussi je me hâte d'y arriver. Cependant, je ne puis tout-à-fait passer sous silence le
temps qui s'est écoulé entre cette époque de ma
jeunesse et celle de mon entrée au château. Il
faut que vous sachiez par quel abaissement je
suis arrivée à tant de grandeur; vous pouvez vous
fier à moi; je glisserai vite sur cette époque,
aussi vite que je pourrai.

Mais avant que je continue mon récit, permettez-moi, mon ami, de m'arrêter encore un moment, pour jeter un coup d'œil sur le passé et
ne pas laisser là sans un dernier regret ce pauvre ami qui ne se doutait pas qu'il aurait un roi
pour successeur. Hélas! avec lui m'attendait le
titre d'épouse, les douceurs du bonheur domes-

tique, dans une condition obscure sans doute,
mais avec un titre honorable, avec un bonheur
pur et sans remords. Mon infidélité me conduisit de faute en faute, jusque sur les premiers
degrés du trône : j'ai vu à mes pieds un roi et
un peuple de courtisans. Que de gloire! me direz-
vous. J'en fus rassasiée; mais quoique j'en aie
été vaine quelquefois, je ne sais pourquoi il me
semble que si je redevenais la petite grisette de
jadis et la maitresse de recommencer ma destinée, je n'aurais plus la même ambition, la
même vanité. Ne vous étonnez pas de ces espèces
de contradictions dans ma manière de voir et de
sentir ; elles ne sont pas seulement le résultat du
dégoût et de la satiété; je les ai jadis trouvées en
moi à la veille de mal faire ; mais j'étais jeune et
folle, je n'écoutais pas long-temps les bons conseils et les bonnes inspirations. Je laisse là mon
inutile morale, et je reviens à mes fautes et à
ma légèreté de cœur et de tête, pour vous en
continuer la confidence.

CHAPITRE III.

Madame du Barri entre chez madame de Lagarde. — Société de la
maison. — Les deux fils de cette dame. — Leur portrait. — Double
intrigue. — Marmontel. — Grimm. — Diderot. — D'Alembert. —
Un mot sur Voltaire. — Suite de la double intrigue. — Noël. — Scène
nocturne. — Jalousie. — Catastrophe. — Madame du Barri sort de
la maison de madame de Lagarde.

J'avais atteint ma dix-huitième année ; le père
Ange Gomart n'était pas content de moi, il aurait souhaité que je menasse une vie plus régu-
lière, et lui non plus ne m'épargnait pas les re-
montrances et les conseils. Il avait depuis peu
quitté son couvent pour rentrer dans la catégo-
rie des prêtres séculiers ; sa mauvaise santé l'y
avait forcé. Mes ennemis, calomniant à leur ordinaire, ont prétendu que cette mauvaise santé
était la conséquence de ses débauches. Cela n'est
pas vrai, je le répète ; le père Ange était un
ecclésiastique honnête et bien pénétré des devoirs
de son état. En sortant du couvent, il était entré
dans une grande maison en qualité d'aumônier.
Madame de Lagarde, veuve d'un fermier général, possédait à la Cour-Neuve une superbe

maison de campagne. C'est de cette dame que
mon oncle était l'aumônier, et à ce titre il avait
sur son esprit beaucoup de crédit. Le père Ange
imagina, pour me retirer de ma vie dissipée, de
me placer auprès de madame de Lagarde, en
qualité de demoiselle de compagnie. Il arrangea
si bien les choses, il me présenta dans un moment si opportun à cette dame, qui était toujours
quinteuse et bizarre, que je lui plus, je ne sais
comment; elle voulut bien me prendre chez
elle. Il est bon de vous dire que je n'y entrai pas
sans avoir été préalablement bien endoctrinée,
bien sermonnée par mon oncle et par ma mère.

Me voilà donc admise dans une maison honorable où la richesse de la maîtresse attirait une
nombreuse et brillante société. Je me trouvai
d'abord très gênée; je sentais que je n'étais pas
là à ma place. Cela devait être; le changement
était trop brusque pour une jeune personne de
mon âge de passer en quelques heures du comp-
toir d'une boutique dans un salon où se réunissait la meilleure compagnie. J'eus assez de raison, en cette circonstance, pour m'imposer un
profond silence, et m'étudier de façon à perdre
bientôt les habitudes communes que j'avais con-
tractées auparavant. Ceux qui m'aiment le moins
m'ont rendu la justice de convenir que je ne parus pas trop embarrassée lors de ma présentation

à Versailles; et que si je n'étais pas un enfant du lieu, cela ne pouvait être reconnu à mes manières. On s'en est étonné, et l'on m'a fait trop d'honneur. Une femme jeune, jolie et bien faite, pour peu qu'elle veuille s'en donner la peine, prend aisément, selon moi, les usages et les formes de la société qu'elle fréquente. D'ailleurs les hommes, qui font notre réputation à nous, sont tout disposés à l'indulgence pour une jolie femme. Ses grâces leur paraissent de belles manières, et sa beauté de l'aisance.

A ne le considérer que sous le point de vue de mon éducation, mon séjour chez madame de Lagarde me fut très avantageux. Cette dame recevait en hommes et en femmes, ce qu'il y avait de plus distingué à la ville et à la cour. La haute noblesse, qui savait au besoin puiser dans sa bourse, venait assez souvent chez nous. Je regardais, j'écoutais, et si bien qu'avant peu de temps je pus parler et agir sans paraître ridicule. J'avais, au demeurant, une de ces figures et une de ces tailles que l'on remarque partout. Aussi les deux sexes rassemblés chez ma protectrice m'examinaient-ils attentivement : le mien avec l'envie de me trouver en faute, et le vôtre, mon ami, avec le désir non moins vif de m'en faire commettre, et de me tirer de cette maison à la suite de quelque éclat.

Je voyais tout cela, je n'étais point novice, comme vous le savez. Mais ce qui m'aidait à le paraître, c'est une réserve, une hypocrisie qui m'allaient à ravir. A mon air bien calme et bien froid, à mes yeux constamment baissés à terre, on m'aurait prise pour une sainte, pour une vierge tout au moins. Ma vertu ne devait point tarder d'être mise à l'épreuve.

Madame de Lagarde avait deux fils, l'aîné avait succédé à son père dans la place de fermier général. C'était un véritable Turcaret, jeune encore, insolent comme un page, sot à faire plaisir, généreux sans noblesse, prodigue sans honneur. Tout le monde l'accusait d'être ladre et avare, et cela parcequ'il ne savait ni dépenser ni donner à propos. Il avait pour la noblesse, à laquelle néanmoins il faisait bonne mine, une haine profonde qui dans l'intérieur de la maison se trahissait à chaque instant, à chaque parole. Du reste, il était véritablement bon, et il y aurait eu en lui d'excellentes qualités, s'il n'avait pas été gâté dans son enfance par sa mère, et plus tard par les flatteurs de sa fortune.

Son frère, le maître des requêtes, qu'on appelait M. Dudelay, était le bel esprit de la famille ; toujours poudré, frisé, tiré à quatre épingles ; toujours compassé dans ses actions, dans ses discours, dans ses gestes. Dévoré d'une

ambition extrême, aspirant aux plus hautes
charges de l'État, il déployait déjà un art singulier de courtisanerie et d'astuce : on aurait
pu dire de lui qu'il était né diplomate. Jamais
je ne lui ai entendu lancer un mot, une syllabe au hasard. Il mettait la plus grande attention à s'écouter parler, un soin extrême à ne
pas commettre la moindre imprudence; et, avec
un caractère naturellement raide et revêche, il
nous surprenait par l'aménité de ses formes, la
douceur de sa voix, le poli de ses manières. Tout
en lui était le résultat de la réflexion et du calcul. Il n'a jamais été sincère de sa vie, si ce n'est
une seule fois dans l'amour qu'il ressentit pour
une jolie femme que vous connaissez.

Les deux frères me virent sans peine admise
dans la familiarité de la maison. Ma figure ne
leur fit pas peur; au contraire, je m'aperçus bientôt que je leur plaisais beaucoup. Néanmoins,
dans les premiers temps, ils se contentèrent de
se montrer légèrement polis pour ne pas éveiller
les soupçons de leur mère. Mais en l'absence de
celle-ci, ils se dédommageaient bien du respect
forcé qu'ils s'étaient imposé en sa présence. Dès
que l'un d'eux pouvait me rencontrer seule,
soit au jardin, soit ailleurs, il commençait à me
peindre du mieux possible la flamme dont il
disait brûler pour moi. J'écoutais leurs propos

d'un air innocent; et autant qu'il m'en souvient,
je reçus leur double déclaration dans la même
journée et seulement à quelques heures d'inter-
valle. Je ne sentais aucune préférence pour l'un
ou pour l'autre; aussi me fut-il facile de les traiter
de manière à ne pas les désespérer. D'ailleurs
j'étais charmée de les voir soupirer pour moi :
leur amour me vengeait en quelque sorte des
façons hautaines de leur mère, qui, vieille et
laide, paraissait jalouse de ma jeunesse et de ma
beauté.

J'étais donc aimée des deux frères. Pour ne
pas les brouiller ensemble, je tâchai qu'ils ne
se doutassent pas réciproquement de l'inclination l'un de l'autre. Cela me rendit plus co-
quette que je ne l'étais encore, ne vous en étonnez pas, les dames de la finance et de la cour
qui venaient chez nous étaient pour moi d'excel-
lents modèles. Je me formai sur elles, et je conduisis si bien ma barque, que jusqu'à la catastrophe, nul des intéressés ne put soupçonner ce
que j'avais voulu qu'il ignorât.

Cette catastrophe arrivera assez tôt. Souffrez,
mon ami, que je fasse ici une petite digression
pour vous parler de quelques hommes célèbres
qui fréquentaient la maison de madame de Lagarde.

Le premier dont le nom se trouve au bout de

ma plume parceque je le rencontrai hier, est
M. de Marmontel. Cet homme-là ne m'a jamais
plu. Toujours pédant, toujours enfoncé dans sa
dignité littéraire, toujours ayant l'air de penser
pour qu'on le crût penseur. Figurez-vous une
statue, mais une statue de glace : on gelait rien
qu'à l'approcher. Cependant il s'animait, il devenait de feu lorsqu'il voulait réciter quelque
morceau de ses ouvrages. Il y avait dans la maison une pauvre infortunée à l'approbation de
laquelle il prétendait surtout. Hélas ! c'était moi.
Point de pitié, point de grâce. Je ne pouvais lui
échapper. Il me poursuivait jusque dans les coins
du salon pour me régaler de ses vers dont je
n'avais que faire, et de sa prose qui me faisait
bâiller. Quel homme c'était que M. de Marmontel ! Depuis j'ai entendu, dans la plus haute société de France, rire beaucoup du mauvais ton
de ses *Contes moraux*, dans lesquels il prétendait avoir peint de main de maître les mœurs de
la bonne compagnie. A ce propos le duc d'Aiguillon nous disait un jour que la rage des gens
de lettres nés ordinairement dans la classe bourgeoise était de vouloir parler des usages et des
manières qu'ils ne pouvaient pas connaître. Il
faut, ajoutait-il, les avoir sucés avec le lait pour
en sentir toute la délicatesse. C'est la première
chose qu'acquièrent les grands seigneurs, et la

dernière que la plus complète dégradation puisse
leur faire perdre. Leur ton excellent est en eux
tout naturellement sans qu'ils s'en doutent. Il
est de fait qu'ils entrent dans un salon, qu'ils
offrent une chaise, qu'ils prennent du tabac
d'une façon particulière. Le duc d'Aiguillon
nous disait encore que Voltaire, alors notre dieu
à tous, n'avait jamais pu se dépouiller de sa
bourgeoisie originelle ; et il faisait vingt citations
pour nous prouver qu'un homme qui avait vécu
chez les rois et parmi la plus haute noblesse
était du plus mauvais ton dans ses ouvrages. Je
crois que le duc d'Aiguillon n'avait pas tort.
Moi, peut-être, ai-je tort dans mon opinion tou-
chant M. de Marmontel ; mais je n'y persiste pas
moins, dussiez-vous me déclarer cent fois in-
grate ; car il n'est sorte de cajoleries qu'il ne
m'ait prodiguées durant ma faveur, et je suis
encore tout étourdie de l'encens qu'il a brûlé sur
mes autels.

Connaissez-vous M. de Grimm ? Lui aussi, il venait aux soirées de madame de Lagarde. C'était
un rusé compère, spirituel quoique Allemand,
fort laid, fort maigre. Il y avait dans ses gros
yeux, qui lui sortaient à moitié de la tête, je ne
sais quel éclat sinistre, je ne sais quoi de faux
qui aurait dû prévenir contre lui ; mais son titre
de philosophe obligeait de le supporter. M. de

Grimm faisait l'homme à grands sentiments, et depuis son aventure avec mademoiselle Fel, sa sensibilité était passée en proverbe. Quant à moi, je suis sûre qu'il n'a jamais rien aimé au monde, ni ses amis, ni sa maîtresse ; il s'aimait trop lui-même pour cela. C'était un despote petit-maître. Il couvrait de blanc la peau de son visage, tannée et ridée ; et cela était si visible, que dans sa société on l'avait surnommé Tyran-le-Blanc. Jamais surnom ne fut mieux trouvé.

Diderot était encore l'un des courtisans de ma protectrice. Je dis courtisan, et je ne mets pas ce mot au hasard ou mal à propos. Mon Dieu ! qu'il y avait de l'adresse dans sa brusquerie et du calcul dans son enthousiasme ! Comme il visait à l'effet, et combien il y avait d'art dans sa simplicité ! Au fond, excellent homme, pourvu qu'on n'irritât point son amour-propre, et malheureusement son amour-propre s'irritait pour la moindre chose.

D'Alembert, en apparence très lié avec lui, ne l'était guère au fond. Ils ne pouvaient se souffrir l'un l'autre ; ils s'importunaient mutuellement de leur renommée, qui était à peu près égale ; chez eux la vanité d'auteur chassait bien loin la modestie philosophique. M. d'Alembert était de la nature du chat ; il avait une jolie petite grâce, de jolies petites manières. Il exerçait

sa malice tout en jouant; il caressait et déchi-
rait; il faisait patte de velours aux grands qu'il
n'aimait pas. Du reste, il parlait bien, quoiqu'il
prêchât un peu. On le craignait presque autant
que Voltaire, dont il était le lieutenant-général.
Malheur à l'homme qui lui avait déplu; il était
sûr d'avoir bientôt à ses trousses toute la meute
des écrivailleurs en sous-ordre : le pauvre homme
était perdu.

Ne vous étonnez pas, mon ami, si je vous
peins ces messieurs sous d'autres couleurs que
celles sous lesquelles on les représente ordinairement. Pour que je sois vraie, il faut que je
vous donne mon opinion à moi, et non pas celle
d'un autre : d'ailleurs, vous savez que je suis une
franche ignorante.

Il y avait alors un homme qui n'était pas à Paris; son nom se trouvait dans toutes les bouches:
on parlait de lui à Sainte-Aure, chez madame
Labille, chez madame de Lagarde, partout.
Cet homme dont on parlait tant était Voltaire.
Quelle réputation il a eue de son vivant! de
quelle gloire il a joui! Ce grand génie tenait
ouverts sur lui les yeux de la France et de l'Europe. Pour ma part, j'en suis tellement enthou-
siaste que je n'ai jamais voulu voir ses défauts.
Plus tard, j'aurai à vous entretenir de lui, et je
compte transcrire dans ce journal les lettres qu'il

m'a écrites et que je conserve précieusement. Je
vous assure que si j'eusse voulu les céder à Beau-
marchais, il les eût acquises avec grand plaisir. Je ne m'en suis pas souciée, aussi Beau-
marchais n'a-t-il imprimé que ce que tout le
monde connaît. Au moyen de ces lettres, j'aurais
pu brouiller M. de Voltaire avec les Choiseul ;
je ne l'ai pas fait, je n'y ai pas même songé.
Avouez, mon ami, que je ne suis pas méchante.

Outre les gens de lettres ci-dessus, venaient
encore chez madame de Lagarde des seigneurs
de la cour : le maréchal de Richelieu, le prince
de Soubise, le duc de la Trimouille, le duc de
Brissac. Je ne vous parle point d'eux aujour-
d'hui, non plus que du comte de Lauraguais et
du marquis de Chimène, son rival en littérature ;
ils reparaîtront plus tard dans ce journal, ainsi
que plusieurs autres personnages. Savez-vous
une particularité remarquable ? c'est que le duc
de Richelieu me déplut du premier jour où je le
vis, et jamais je n'ai pu me défaire de cette répugnance qu'il m'avait d'abord inspirée. La force
des choses nous a rapprochés, et l'a mis, pour
ainsi dire, à la tête de mon conseil. Alors, je pa-
raissais l'aimer ; il n'en était rien. C'est le seul
acte de dissimulation que l'on puisse me reprocher dans ma carrière politique, où je me suis
conduite, j'ose le croire, avec une franchise peu

commune. Chez madame de Lagarde, M. de
Richelieu coqueta autour de moi, mais comme
par manière d'acquit, pour soutenir son antique
réputation. Dans la suite, à Versailles, il se fit
un titre de ces galanteries pour se réclamer de
ce qu'il appela notre ancienne amitié.

Voilà une petite digression un peu longue.
Revenons maintenant à ma double intrigue avec
les frères Lagarde.

L'aîné, un beau matin, fit trouver sur ma toilette une boîte de laque de Japon dans laquelle
était une parure de perles magnifique. Le cadet
essaya de me mettre dans ses intérêts en me
donnant devant sa mère une fort belle montre.
Quelques jours après, je reçus presque en même
temps de mes deux adorateurs une lettre que des
mains invisibles jetèrent dans ma chambre.
C'étaient des protestations d'amour sans fin, des
offres de service à perte de vue; enfin, l'*el Do-
rado* de Candide, qui, je crois, n'avait pas encore
paru. Tout cela m'aurait bien tentée, mais il
aurait fallu faire un coup de tête dont je ne me
sentais pas capable. On me demandait surtout
une réponse; on m'indiquait l'endroit où je devais la déposer : l'aîné, sous un vase de bronze
placé dans un coin du jardin ; le second, dans
un coffre à bois de la première antichambre.

J'étais trop polie pour me refuser à répondre :

je n'avais aucune envie de varier les formes de
mon style. Je ne fis donc qu'une seule lettre que
je copiai. L'aîné eut l'original, non par droit de
conquête, mais par droit de naissance. Le second eut la copie; mais il ne pouvait pas se plaindre, car les deux épîtres étaient absolument les
mêmes. Pas un mot de plus, pas un mot de
moins dans l'une que dans l'autre. Dans ces
lettres j'affectais un désintéressement admirable; je me plaignais que l'on doutât de ma vertu,
et je suppliais celui qui me voulait du bien de ne
pas me rendre malheureuse en abusant du penchant que j'aurais à l'aimer. Je me montrais
épouvantée d'un éclat, et j'insistais pour qu'on
se conduisît avec une prudence extrême. Mais
que me servait de demander de la prudence aux
autres, lorsque je n'en avais pas moi-même! Ici,
mon ami, j'ai un aveu très pénible à vous faire :
j'ai hésité long-temps; mais comme je vous ai
promis de ne vous rien cacher, je ne vous cacherai pas ceci plus que le reste. A la même époque,
dans la même maison, je m'étais avisée de
donner mon cœur au plus joli polisson de seize
ans que j'aie jamais vu. Qui il était, ce qu'il
faisait, voilà ce que je tairai, et cela pour cause.
Devinez-le, si vous pouvez : qu'il me suffise de
vous dire que mon Adonis s'appelait Noël. Noël
avait eu l'audace de me dire qu'il m'aimait, et

moi j'avais eu la faiblesse de ne pas le faire jeter par la fenêtre; car enfin mon rôle, dans
l'hôtel, était celui d'une noble demoiselle, et
tout le monde, excepté Noël, y avait les plus
grands égards pour mademoiselle de Vaubernier.

Quand une femme souffre une première im-
pertinence, c'en est fait d'elle. Noël le savait sans
doute. Il me manqua si bien de respect que,
pour ne pas me perdre, je me vis obligée de me
compromettre. Cédant à ses instances impérieu-
ses, je le reçus la nuit dans ma chambre, à mon
corps défendant. C'était pour le quereller bien
fort, je vous assure. Je logeais dans un petit pavillon sur la cour; on y arrivait à droite par le
grand escalier, et à gauche par une issue dérobée, qui descendait dans la cour et montait vers
les chambres des domestiques. Une nuit que j'é-
tais à quereller Noël, on frappe tout-à-coup à la
porte de ma chambre. Je me trouble, je perds
la tête, je réponds au hasard. Une voix, qui me
semble de femme, me dit d'ouvrir sur-le-champ;
que madame de Lagarde est malade. Plus effrayée encore, croyant Noël parti (il pouvait
sortir par la porte dérobée), j'ouvre : on entre.
C'était l'amoureux maître des requêtes. Il saisit
ma main, c'est-à-dire celle de Noël, et c'est sur
cette main qu'il me donne un baiser. Il me prie

de l'écouter, de ne point faire de bruit; je pousse
un cri. Il a peur à son tour, abandonne la main,
veut sortir, et, en sortant, se casse le nez contre
la porte que je referme tout de suite.... Le lendemain, chez madame de Lagarde, quand le
maître des requêtes chercha à expliquer ce coup
dont il portait la marque sur le nez, je ne pus
m'empêcher de le regarder en riant, tandis que
ses yeux mourants semblaient me dire : Cruelle,
jouissez de vos rigueurs ! contemplez votre victime !

Ce même jour les billets recommencèrent plus
tendres. On me demandait pardon de la hardiesse grande, et l'on sollicitait un rendez-vous.
D'un autre côté, le financier me conjurait de
n'être plus rebelle à ses vœux : moi, j'étais inexo-
rable ; je n'aimais que Noël.

Cependant il m'était impossible d'éviter tout-à-
fait les messieurs de Lagarde; soit au jardin, soit
au salon, j'en rencontrais toujours un quelque
part. Ils se relayaient pour me faire leur déclaration, et peut-être commençaient-ils enfin à se
soupçonner de courir le même gibier. Que ne
faisais-je point pour avoir la paix ? Tantôt je leur
donnais à tous les deux des espérances, tantôt je
les désespérais tous les deux. Noël, à qui je sacri-
fiais tout, me désolait sans cesse par sa jalousie.
Sans cesse il me faisait des scènes affreuses sur

4.

ma coquetterie : un jour même il s'oublia jusqu'à
porter la main sur moi. Je souffrais tout : je souf-
fris cette humiliation en silence.

Mais là ne devaient point finir mes chagrins.
Noël s'imagina que je préférais en secret M. Dudelay à son frère ; il résolut de venger du même
coup M. de Lagarde et lui-même. Je lui confiais
tout ; je lui montrais les lettres que l'on m'écrivait, je lui montrais mes réponses, et quelquefois
même nous les faisions ensemble dans nos tête-
à-tête de la nuit. Il sut donc que, cédant à tant
de persévérance, j'avais accepté un rendez-vous
que me donnait M. Dudelay, mais où j'avais bien
juré d'être sage. Que fait Noël ? il fait écrire par
un de ses amis une lettre à M. de Lagarde, et
dans cette lettre lui marque l'heure et le lieu où
il pourra me surprendre avec son frère. Moi,
ignorant la trahison, je vais au rendez-vous. C'é-
tait, le soir, dans la salle des Marronniers. M. Dudelay ne tarda pas de m'y rejoindre ; déjà il me
baisait la main, lorsque tout-à-coup M. de Lagarde, sortant de derrière un arbre, s'avance
vers nous. A sa vue, je reste interdite. Lui me reproche durement ma duplicité, jette à son frère
un paquet de mes lettres, et nous quitte. M. Dudelay prend les lettres, les parcourt. Jugez de
son dépit, quand il vit que ces lettres étaient à peu
près toutes comme les siennes. Il m'accable des

noms les plus injurieux, et sort. J'étais montée dans ma chambre, losqu'on m'appela chez madame de Lagarde : son fils cadet l'avait instruite de tout. Elle me parla comme je le méritais, et m'ordonna de quitter sur-le-champ sa maison. C'est en vain que je la priai, la suppliai de me permettre d'y coucher encore cette nuit, elle fut inflexible. Elle me réitéra l'ordre de sortir, en me promettant de me renvoyer mes hardes le lendemain. Je dois dire, en passant, que cela fut fait avec une probité scrupuleuse ; on me renvoya non seulement ce qui était bien à moi, mais encore la boîte de laque avec la parure de perles, et d'autres présents, que, je le confesse à mon honneur, je n'avais pas gagnés.

Après cette catastrophe, je me retirai chez ma mère. Mon retour ne lui plut pas. Je pleurai, je me justifiai comme je pus ; je lui promis d'être sage. Quoique je ne crusse pas avoir à me plaindre de Noël, je l'avais un peu oublié : du moins je lui aurais pardonné de m'oublier ; mais lui vint me voir. Je le reçus avec assez de froideur. Sa petite vanité fut blessée au vif ; et, pour me prouver qu'il m'avait punie à l'avance de ma légèreté, il m'avoua de quelle manière il avait agi dans toute cette intrigue. J'en fus tellement irritée que, prenant son ancien rôle, je lui appliquai un soufflet si fort qu'il en fut presque renversé. Je

craignis un moment que Noël ne me frappât à
son tour : pas du tout, il fit une pirouette, et me
quitta pour ne plus me revoir. Je me trompe, il
me revit plus tard, et vous saurez à quelle époque et de quelle manière. Ah! mon ami, que
vous avez exigé de moi une tâche pénible à
remplir !

Malgré la promesse que j'avais faite à ma mère,
je ne m'en conduisis pas plus sagement. Mon début dans le monde avait mal tourné : la suite devait répondre au commencement ; je menai
donc une vie très dissipée. A peu de temps d'in-
tervalle, mon oncle mourut. La reconnaissance
que j'avais pour ses bontés fit que je voulus
prendre son nom. C'est pour cela que tout à
l'heure vous me verrez m'appeler mademoiselle
Lange.

CHAPITRE IV.

Les demoiselles Verrière, célèbres courtisanes. — Le chevalier de La Morlière. — Mot piquant de madame du Barri.—Le chevalier d'Arc. — Le prince de Soubise. — M. Radix de Sainte-Foix. — Femmes de qualité donnant à jouer. — Le comte Jean du Barri. — Bal de l'Opéra. — Le duc de Lauzun. — M. de Fitz-James. — Madame de Mellanière.

Si j'avais voulu , en sortant de chez madame de Lagarde , faire un appel à quelqu'un des riches financiers ou des gens de qualité qui fréquentaient sa maison , je me serais trouvée tout d'abord dans une position heureuse. L'idée m'en vint; mais elle ne tint pas contre mon insouciance. D'ailleurs, le poids des chaînes que je me serais imposées m'effrayait. Je préférais être à moi , vivre à ma guise ; et la liberté, quelle qu'elle fût, me semblait une si douce chose que je ne l'aurais pas troquée contre le plus brillant esclavage ; non pas que je regrettasse en quelque façon le temps que j'avais passé chez madame de Lagarde : ce temps n'avait pas été plus perdu pour mon éducation que pour mon plaisir. Je m'étais débarrassée du ton *grisette* , de l'air petite fille ; j'avais acquis les formes et les manières de la bonne compagnie, et je pouvais désormais me présenter sans rougir partout où cela me plairait.

Il y avait alors à Paris deux sœurs charmantes, les demoiselles Verrière. Elles tenaient le sceptre de la haute galanterie ; et pour mieux ruiner leur monde, ces demoiselles donnaient à jouer ; leur salon était le rendez-vous, sinon de la meilleure, du moins de la plus brillante société. Les grands seigneurs et les riches financiers abondaient chez elles ; et, comme il faut de jolies femmes partout où il y a des financiers et des grands seigneurs, j'allais chez les demoiselles Verrière. C'est là que je vis pour la première fois le chevalier de La Morlière, misérable déshonoré par cent vilaines actions, et qu'on recevait parcequ'il était redoutable ferrailleur. Bel esprit avorté, faisant le capable, il avait pris à la Comédie française l'emploi de tyran du parterre. A voir sa haute taille et sa mauvaise mine, vous auriez eu l'idée du Rolando de Gil Blas. Il avait l'air galant et empressé auprès des femmes, mais c'était pour escroquer celles qui l'écoutaient. Il jouait, et il empochait toujours l'argent gagné sans payer jamais l'argent perdu. Tel était le chevalier de La Morlière que je ne pouvais souffrir ; mais lui me croyant *volable*, sans doute, il m'avait fait l'honneur de me distinguer. J'étais résolue à ne point lui déguiser mon opinion sur son compte ; l'occasion s'en présenta bientôt. Un soir il me proposa de me reconduire. « Gardez-vous-en bien , lui répondis-je , le guet a un corps-de-garde en face de chez moi. » Le chevalier de La Morlière se tut. Depuis, lors de mon élévation , il s'est rangé du côté de mes ennemis, et il est un de ceux dont j'ai eu le plus à me plaindre. J'aurais pu me venger, je ne l'ai pas voulu. Vous le savez, mon ami , jamais lettre de cachet n'a été sollicitée par moi ; toutes celles qui ont été expédiées pour ma cause , l'ont été à mon insu, sans mon ordre ; et , si l'on m'eût consultée , elles l'auraient été contre mon avis et contre mon gré.

Puisque je suis en train de vous entretenir d'illustres personnages, je dois vous parler du prince de Soubise et du chevalier d'Arc , bâtard du comte de Toulouse. Ce ne sera pas m'écarter de mon sujet , car la maison des demoiselles Verrière était sous la protection spéciale de ces messieurs.

Le chevalier d'Arc , avec de belles manières , une taille parfaite, une figure distinguée et tous les dehors d'un homme de son rang , ne valait guère mieux au fond que le chevalier de La Morlière : c'était un véritable roué dans toute la force du terme. Voici un trait de lui qui vous peindra toute son effronterie. Il avait eu à se plaindre ,

je ne sais pour quelle raison, de la duchesse de
la V......, sa maitresse. Que fit-il? Il découpa en
rond la fin d'une de ses lettres où étaient quelques phrases très significatives, avec sa signature;
la mit sous glace, et la fit placer sur une énorme
tabatière garnie d'un cercle de diamants. Il po-
sait négligemment ce trophée sur la table où il
jouait, et chacun pouvait venir lire à son aise
les extravagances de la duchesse : le chevalier
ne demandait pas mieux ; cela occasiona un
scandale épouvantable. Le roi en fut instruit,
et envoya au chevalier d'Arc un de ses gentilshommes ordinaires avec l'ordre de faire brûler
sous ses yeux le dessus de la tabatière, et
ce qui pouvait rester de cette curieuse correspondance. Toute la conduite du chevalier était
parfaitement en rapport avec ce trait-là. Vous
savez qu'il fut exilé à la suite du procès qu'il in-
tenta à sa famille pour s'en faire reconnaitre,
et qu'il mourut à Tulle en 1776 ou 1779; je ne
me rappelle pas bien l'année. Dieu veuille avoir
son âme!

Le prince de Soubise était le digne compa-
gnon du chevalier d'Arc. Malgré son immense
fortune, les agréments de son esprit, la douceur de son caractère, et la confiance intime
dont le roi l'honorait, il ne jouissait d'aucune
estime ni à la ville ni à la cour. Jamais il ne fut

grand seigneur plus *canaille*. Passez-moi l'expression, elle est juste. On le trouvait partout où il y avait de la considération à perdre et du mépris à gagner. Il ne se contentait pas de courir les mauvais lieux, il les soutenait; il était le protecteur né de toutes les célèbres *abbayes* de Paris. Le duc d'Aiguillon disait de lui : Le prince de Soubise a dans son département les provinces Gourdan, Levacher, etc. Mauvais militaire, il s'était fait battre honteusement; courtisan débauché, il passa les dernières années de sa vie chez la Guimard, où il faisait les honneurs avec le même orgueil que s'il eût été dans le superbe hôtel de ses pères. En vérité, la famille des Rohan a joué de malheur dans notre siècle. Le prince de Guémené, le prince Louis, le prince Ferdinand, et avant eux le prince de Soubise, quels tristes hommes pour de si illustres personnages !

Après avoir fait la confession des autres, je dois faire la mienne. Ainsi, mon ami, je vous avouerai que je ne me bornai point au rôle d'observatrice chez les demoiselles Verrière. J'y fis la connaissance de M. Radix de Sainte-Foix, petit financier, ce que je savais alors; et grand pillard, ce que j'ai su depuis. Il était galant, spirituel, aimable. Après avoir papillonné quelque temps autour de moi, il me demanda si j'é-

tais libre. J'eus la faiblesse de répondre oui.
Que voulez-vous, mon ami! il est des situa-
tions où une jolie femme ne peut pas répondre
non à un homme aimable, galant, spirituel, et,
par-dessus tout cela, financier. Je me liai donc
avec M. de Sainte-Foix ; mais sa compagnie ne
tarda pas à me déplaire. Il avait des projets d'ambition auxquels il aurait voulu me faire servir :
cela ne me convenait pas encore. Je m'en expliquai nettement au grand pillard ; il se fâcha,
je répliquai ; il me mit le marché en main, je
le pris au mot ; et, avec une insouciance parfaite, me voilà jetée de nouveau dans les embarras de ma vie aventureuse.

J'étais bien sûre que les protecteurs ne me
manqueraient pas. Mais comme je n'étais pas
trop mal dans mes affaires, je voulus me donner
le temps de choisir. Me sentant soutenue par ma
beauté, je m'étais élevée peu à peu plus haut.
J'allais maintenant chez plusieurs femmes de
qualité, qui faisaient le métier dans lequel on
prétend que la noblesse ne déroge pas. Beaucoup
de ces femmes faisaient alors ce métier; leurs
maisons étaient d'ailleurs des lieux fort agréables. On y voyait beaucoup de monde, on pouvait y former des liaisons utiles; on y soupait tous
les soirs, on y dansait souvent; ce n'étaient que
plaisirs, que fêtes : j'étais là dans mon élément.

Ce fut dans une de ces maisons que je rencontrai Jean du Barri, alors connu sous le nom de comte de Serre. Il n'était plus de la première jeunesse : il pouvait avoir de quarante-quatre à quarante-cinq ans ; et avec sa mauvaise santé et sa mauvaise humeur continuelle, on lui en aurait donné davantage. C'était un homme bien né, sa famille était alliée à tout ce qu'il y a de mieux dans la Gascogne et le Languedoc. Elle n'était pas riche, et vivait dans cette sorte d'indigence gentilhommière si commune en province. Le comte de Serre avait épousé une femme respectable et aisée. Mais emporté par la vivacité de ses passions et par le besoin de faire fortune, il était venu à Paris ; se trouvant sans ressources, il avait fait des dettes, et les avait payées avec le gain du jeu. Il y avait du bon et du mauvais dans le comte de Serre. D'un côté, vous auriez vu un homme emporté, jurant comme un laquais, prenant la grossièreté pour de l'aisance, joueur, brelandier, aimant les femmes et la table, et s'enivrant régulièrement sept fois par semaine ; en prenant le revers de la médaille, vous auriez vu un cœur généreux, beaucoup d'esprit, un grand goût pour les arts ; un homme joueur et point fripon : ce qui alors était rare ; ouvrant sa bourse à quiconque en avait besoin, et au moindre désir d'un ami, prêt à lui donner tout cet argent qu'il aimait tant. Tel était à peu près mon futur beau-frère.

Quoi qu'il en soit, dès notre première entrevue, il prit sur moi un ascendant extraordinaire; j'eus beau chercher à m'en défendre, j'étais réellement sous le charme. Le comte Jean, c'est ainsi que je l'appellerai désormais, me trouva jolie, et me proposa une alliance libre, dont il prendrait toutes les charges et dont j'aurais les agréments. J'acceptai. Cette indépendance, à laquelle j'aurais tout sacrifié naguère, commençait à me peser. Je me voyais seule, sans appui au monde, et je sentais que j'avais besoin, pour marcher, de m'appuyer sur le bras d'un homme mûr, qui me protégeât dans l'occasion.

Me voilà donc engagée avec le comte Jean. Je ne pris pas pourtant un autre nom que celui que je m'étais donné, je demeurai mademoiselle Lange, et c'est sous ce nom que je fus célébrée par la foule de mes admirateurs. Que de vers je reçus à cette époque! j'aurais pu en remplir une cassette; mais je brûlais tout impitoyablement, comme le curé de Don Quichotte les romans de chevalerie. Élégies, ballades, épîtres, sonnets, chansons, madrigaux, tout allait au feu sans miséricorde. Vous me direz peut-être que ce n'est pas à tort qu'on m'a accusée, mon ami, de n'avoir jamais aimé ni la littérature, ni les littérateurs. Revenons au comte Jean.

Nous étions logés rue des Petits-Champs, en face de la rue des Moulins. Nous recevions fort nombreuse compagnie ; mon associé n'était point jaloux : il veillait plus à ses intérêts qu'à ma conduite. La confiance qu'il me témoignait m'engageait à ne le tromper que rarement. D'ailleurs il était homme d'esprit, il ne voyait que ce qu'il fallait voir, il n'entendait que ce qu'il fallait entendre ; et moi, grâce à cette obligeance conjugale, je passais la plus heureuse vie du monde.

Un soir j'allai au bal de l'Opéra. J'intriguai un cavalier, beau comme Apollon et non moins spirituel, puisqu'il est convenu qu'Apollon avait de l'esprit. Le cavalier dont je vous parle était déjà célèbre par d'éclatants succès et par mille aventures galantes, et pourtant il n'avait pas encore vingt ans. C'était le duc de Lauzun. Vous l'avez connu, vous le connaissez encore, et vous ne serez point étonné de l'enthousiasme subit que sa vue m'inspira. Aucun homme au monde ne pouvait le disputer au duc de Lauzun. Il était tout bonnes manières, l'idéal du grand seigneur, expression que j'ai retenue de quelque auteur. On respirait autour de lui comme une atmosphère d'enchantement qui enivrait, et à la-

quelle, je l'avoue, je ne cherchai pas à me sous-
traire.

Grâce à mon masque, qui me donnait de la
hardiesse, j'abordai le duc de Lauzun. Je tâchai
d'exciter sa curiosité par mes propos piquants,
mes folâtres saillies. J'étais désireuse de lui plaire,
je déployai tout mon esprit. Ce ne fut pas en
vain. Celui que j'intriguais me demanda mon
nom. « A quoi bon vous le dire ? lui répliquai-je, il
sera tout nouveau pour vous. Je ne suis pas une
grande dame. — Tant mieux, me dit-il, peut-être
alors saurez-vous me plaire. — C'est le bonheur
où j'aspire. Si pour l'obtenir il ne faut que le
désirer vivement, à mon amour je m'en crois
digne. » C'est ainsi que je parlai, emportée par
mon caprice. Je m'aperçus que ces paroles, et
l'émotion avec laquelle je les prononçai, avaient
charmé le duc de Lauzun. Il me conjura de nouveau de lui dire qui j'étais. Je répondis : « Une
personne bien vulgaire. — Et qui encore ? — Mademoiselle Lange. — Ah ! vous êtes cette créature
charmante dont Fitz-James m'a parlé. De grâce !
soulevez un peu votre masque : laissez-moi voir
s'il ne m'a pas trop vanté votre figure. » Je sou-
levai mon masque : — « En vérité vous êtes belle
comme votre nom. Je serais heureux d'être admis à vous faire ma cour. »

Je vous rapporte à peu près mot pour mot

cette conversation, où j'admirai la politesse exquise du duc de Lauzun. Car enfin, après la déclaration que je lui avais faite, il aurait pu me
parler cavalièrement sans que j'eusse le droit de
m'en plaindre, mais son aménité ne se démen-
tait jamais; il traitait admirablement bien toutes
les femmes, aussi en était-il adoré. Il lui fut facile de venir chez le comte Jean. Je me sentais
disposée à faire pour lui des folies, lorsque je ne
sais quelle extravagance entra dans sa tête et
l'éloigna de moi presque brusquement. Quoique
ma vanité fût vivement piquée de cette retraite
inattendue, j'eus l'air de m'en consoler avec
M. de Fitz-James. Pour dépiter M. de Lauzun,
que j'aimais, je m'abandonnai à son ami que
je n'aimais pas. Voilà bien une vengeance de
femme! Mais depuis, lorsque j'ai songé à la
mienne, je n'ai jamais pu la comprendre. M. de
Fitz-James n'avait point d'esprit, mais une prétention fatigante à en avoir. Il se croyait l'héritier présomptif de la couronne d'Angleterre, et
il prouvait son origine par toutes les petitesses,
tous les préjugés qui avaient fait tomber le
sceptre de la main de Jacques II, son aïeul. Son
père avait joué un vilain rôle dans les affaires du
parlement de Toulouse, et on le plaisantait de
son expédition militaire contre des robes noires.
Le jeune Fitz-James fut obligé plus d'une fois de

mettre l'épée à la main pour soutenir la cause paternelle.

A cette époque de ma vie je me liai d'amitié avec une jeune femme d'une figure fort douce et d'un caractère charmant comme sa figure. Elle venait dans le monde pour chercher des aventures, mais c'était sans bruit, sans fracas, et en détournant plutôt l'attention qui semblait la gêner. Elle était affectueuse, caressante. Elle avait de beaux cheveux blonds, des lèvres rosées, sur lesquelles errait le plus joli sourire, et de grands yeux bleus d'une sérénité inexprimable. Elle se disait de la Franche-Comté; et, comme nous appartenions toutes à des familles illustres, elle appartenait à la famille des Grammont. Elle avait perdu son époux, mort capitaine, et elle venait à Paris pour solliciter une pension. C'était là sa fable : chacune de nous avait la sienne. Madame de Mellanière demeurait au Marais, rue Porte-Foin, dans un demi-hôtel, où elle occupait un appartement modeste et propre.

Dès que je fus plus intime avec elle, je remarquai qu'elle avait changé d'amant trois fois en deux mois, et toujours pour des causes indépendantes de sa volonté. Le premier, riche Anglais, avait été rappelé inopinément dans sa patrie ; le second, baron allemand, s'était vu forcé d'abandonner Paris à cause de la mauvaise humeur de ses créanciers; et le troisième, jeune provincial, avait été enlevé par son père à madame de Millanière qu'il voulait épouser. Je plaignais ma douce amie, et elle, avec son sourire charmant, me disait, en baissant ses grands yeux bleus : « Je ne suis pas heureuse.—Cherchez bien, et vous trouverez, » lui répliquai-je.

Elle cherchait, mais avec beaucoup de prudence. Elle repoussait l'hommage des financiers, des grands seigneurs, des gens de robe, enfin de tous ceux que les autres femmes auraient pris à baisemains. On eût dit que pour se faire bien venir d'elle, il fallait être entièrement inconnu, ou tout au moins étranger. Sur ces entrefaites, me fut présenté un jeune Anglo-Américain fort riche, nommé M. Brown. Ce jeune homme fut bien reçu et continua de revenir à la maison. Mon amie tâcha de lui plaire et lui plut. Les doux propos, les cajoleries, les billets tendres, les rendez-vous se succédèrent avec rapidité. Cette affaire de cœur devait être certainement fort avancée, lorsqu'un soir après souper M. Brown nous annonça qu'il était obligé de partir pour Saint-Pétersbourg, où les affaires de son père exigeaient impérieusement sa présence.

A la nouvelle de ce départ, je fus désolée pour ma pauvre amie. Elle n'était pas venue chez nous ce soir-là. Je résolus d'aller le lendemain lui

5.

porter mes consolations. Le lendemain donc, je
m'achemine chez elle ; j'arrive, je la demande, son portier me dit qu'elle est chez elle :
je monte, je sonne, la femme de chambre vient
m'ouvrir ; elle me connaissait déjà, et dès qu'elle
me vit : « Oh ! mademoiselle, me dit-elle, je suis
une fille perdue, si M. le comte ne vient pas à
mon secours. — Et que vous est-il arrivé de fâcheux? lui demandé-je. — Entrez, mademoiselle,
et vous le verrez. » Elle ferme la porte sur nous,
m'apprend que madame de Mellanière est ab-
sente, me conduit dans le cabinet de celle-ci,
pousse le lit de repos, et, faisant jouer un res-
sort, lève une trappe cachée sous une feuille du
parquet. « Approchez ! regardez ! » J'approche,
je regarde, je pousse un cri, je m'évanouis. C'est
sous cette trappe que disparaissaient successivement tous les amants de madame de Mellanière,
après qu'elle les avait égorgés. Leurs cadavres
étaient là, et il s'exhalait de ce trou une odeur
infecte.

Quand je repris mes sens, je n'étais plus dans
le fatal cabinet, mais dans la chambre à coucher
où Javotte m'avait portée. Cependant ma terreur
durait toujours : je cherchai à me soulever,
comme pour sortir ; mais je n'en avais pas la
force. « Rassurez-vous, me dit la pauvre Javotte,
madame ne rentrera pas de toute la journée.
Elle est à Saint-Mandé, avec les deux misérables

qui lui servent à assassiner les amants qu'elle attire dans le piége. » A la suite de ce propos, elle m'apprit que le hasard seul lui avait fait découvrir l'affreux secret qu'elle me révélait; et que ne pouvant le garder une heure de plus, elle allait sortir pour avertir la police, lorsque j'étais arrivée. Elle pensait que le comte Jean, dont elle s'exagérait le crédit, pourrait arranger les choses de manière à ce qu'elle ne s'y trouvât point compromise.

Revenue de mon premier effroi, je songeai à M. Brown. Il fallait aviser au plus vite aux moyens de sauver ce malheureux jeune homme de la mort qui l'attendait : pour cela il me fallait revenir chez moi; mais Javotte voulait me suivre. J'obtins avec beaucoup de peine qu'elle resterait jusqu'au lendemain pour ne point donner de soupçons à sa maîtresse ; et je sortis. Je dois vous dire que, dès le soir même, sans avoir l'air de rien savoir, elle provoqua la colère de sa maîtresse par des réponses impertinentes, et fut chassée de la maison à son grand contentement.

A un autre jour la suite de ce récit.

~~~~~~

CHAPITRE V.

Encore madame de Mellanière. — M. de Sartines. — L'inconnu et la
prédiction. — Ambition du comte Jean. — Du clergé. — L'archevêque
de Narbonne et madame du Barri. — La comtesse de Stainville et
l'acteur Clairval. — La maréchale de Mirepoix. — M. d'Orbessan. —
M. de Montaigu. — Le baron de Puymaurin. — Le baron d'Oville.

Je rentrai chez moi plus morte que vive. Le
comte Jean, frappé de l'épouvante qui se manifestait sur mes traits, m'en demanda la cause.
Dès que je lui eus raconté ce que j'avais vu, il
ne fut guère moins effaré que moi. Mais, prenant
aussitôt le parti que commandait notre position,
il courut en toute hâte chez le lieutenant-général
de police.

M. de Sartines, que nous avons vu depuis
secrétaire d'état au département de la marine,
était alors à la tête de la police. Il occupait cette
place depuis 1759, et s'y était fait une réputation incroyable d'habileté. On racontait de lui
des choses vraiment miraculeuses. A entendre
ses enthousiastes, il connaissait les secrets les
plus cachés des familles ; il découvrait les voleurs
les plus adroits dans leurs retraites les plus

sûres; rien n'échappait à ses yeux d'argus, ou aux révélations de son démon familier.

La vérité est que, après tout, M. de Sartines n'était instruit que de ce qu'on voulait bien lui confier. J'ai su du roi que la plupart de ces histoires merveilleuses dont on faisait honneur au lieutenant de police, n'étaient que des fables ou bien des intrigues, que lui-même il tramait à loisir, pour se donner ensuite la gloire de les faire manquer. Il payait des gens qui allaient répandre dans le monde le bruit de sa prétendue omniscience, et par là il se maintenait dans une charge à laquelle on le croyait indispensable. Je ne veux point insinuer pour cela que M. de Sartines ne fût pas un homme adroit et rusé, et qu'il ne connût pas parfaitement le mécanisme de ses fonctions, je veux dire seulement que c'était un homme supérieur dans un bureau, mais qu'il ne se doutait en aucune façon des qualités qui font le grand ministre. Quel est ce valet de comédie qui dit qu'il vaut mieux que sa réputation? M. de Sartines ne pouvait pas se plaindre de la sienne.

M. le lieutenant-général de police écouta froidement la déposition du comte Jean, que j'étais venue confirmer de mon témoignage. A chaque nouveau détail du récit, il hochait la tête, comme s'il en eût déjà été instruit. Il prit des notes, et nous renvoya avec l'ordre de garder un profond

silence, se chargeant, nous dit-il, de préserver
M. Brown de tout péril. Savez-vous comment il
s'y prit? il expédia contre lui une lettre de cachet sous un nom supposé ; de sorte qu'en l'arrêtant on avait l'air de se tromper. Le jeune
homme eut beau protester de son innocence et
demander d'être envoyé devant l'ambassadeur
d'Angleterre, il fut enlevé brusquement de son
hôtel et conduit à la Bastille. Cela fait, on inves-
tit la maison de madame de Mellanière. Cette
maison est située presqu'à l'angle des rues Porte-
Foin et Molay. On y surprit l'horrible femme
avec ses deux complices. Les preuves de leurs
crimes ne manquèrent pas. Le procès de ces misérables se fit en secret, M. de Sartines ne voulant point donner de la publicité à une affaire où
sa perspicacité s'était trouvée en défaut. Mais
j'ai su plus tard de lui-même que ce trio malfai-
sant avait trouvé la mort qu'il méritait si bien.
Quant à M. Brown, il fut relâché quatre jours
après son arrestation. On lui témoigna de vifs
regrets de la méprise dont il avait été victime, et
après cette réparation d'honneur, on lui enjoi-
gnit de quitter la France dans quarante-huit
heures. Le comte Jean eut à peine le temps de le
voir et de lui révéler tout. M. Brown, pour sa
part, lui apprit que madame de Mellanière l'avait
sollicité de l'accompagner dans un voyage qu'elle

voulait faire en Italie. « Mais, avait-elle ajouté, pour sauver ma réputation, feignez de partir de votre côté, afin qu'on ne soupçonne rien. Vous viendrez loger pendant quatre ou cinq jours chez moi, et puis nous nous mettrons tous deux en route. »

C'est de cette manière qu'elle avait fait tomber dans le piége ses autres amants. Ils venaient demeurer dans son appartement, apportant avec eux leurs bijoux, leur argent, leurs billets à ordre, enfin toute leur richesse du moment, et pendant la nuit, quand le plaisir les avait endormis à ses côtés, il n'y avait plus de réveil pour eux. Cette machination infernale était si bien conçue, m'a dit M. de Sartines, que si celui qu'on devait immoler s'était défendu avec succès, il n'aurait pu regarder cette attaque nocturne que comme l'entreprise de quelques voleurs du dehors; et loin de soupçonner madame de Mellanière, il l'aurait plainte. Je ne revenais pas de tant de scélératesse cachée sous des traits si doux, et je me demandais s'il ne vaudrait pas mieux que la méchanceté du cœur se peignît toujours sur le visage. Non, mon ami : il y aurait trop de laides gens.

Voilà, j'espère, une aventure bien extraordinaire. Eh bien ! je veux vous en raconter une autre qui ne l'est pas moins, et qui de plus a eu

une influence singulière sur ma destinée. Je me
flatte qu'à ce dernier titre elle ne sera pas tout-
à-fait pour vous sans intérêt. Au reste, cette fois,
ne vous préparez pas à frémir, il n'en est pas
besoin.

Je traversais un jour les Tuileries, lorsque je
m'aperçus que j'étais suivie. Celui qui me suivait était un jeune homme et avait un extérieur
fort agréable. Il marcha auprès de moi, sans me
parler, jusqu'à la maison où j'allais rue du Bac.
Quand j'eus fait ma visite, je sortis, et je retrouvai
ce jeune homme qui avait fait sentinelle à la
porte. Il m'accompagna encore, toujours mar-
chant à côté de moi, toujours gardant un silence
profond, jusqu'à mon logis, en face de la rue des
Moulins. J'étais vraiment tourmentée : je me mis
à la fenêtre, et je le vis qui se promenait dans la
rue, en regardant de temps en temps la porte
de ma maison. Cette ténacité me donna de l'inquiétude, et je ne fus pas rassurée le lendemain,
à ma sortie, de voir encore apparaître mon
garde du corps de la veille. Cependant je l'exa-
minai; je persistai à lui reconnaître une tournure agréable : sa taille était charmante; ses
grands yeux noirs pleins de feu, sa bouche jolie;
tout son air distingué. Seulement il avait dans la
physionomie quelque chose de mystérieux et de
sombre qui ne me plaisait pas. Il était vêtu avec

une noble simplicité : il portait un habit de soie bleu céleste, bordé d'un léger galon d'or, des culottes pareilles, et un gilet paille brodé en argent. Le chapeau, l'épée, les boucles, la chaussure, tout était de bon goût, plus élégant que riche.

Je regardais mon inconnu, et je me demandais pourquoi il me suivait ainsi ; et, s'il s'était épris de moi, d'où provenait ce silence. Je me mourais d'envie d'entrer en conversation avec lui. Je m'enfonçai dans les allées les plus solitaires des Tuileries, espérant qu'il m'aborderait plus volontiers. Mais point : il me suit, il m'accompagne jusque chez moi comme une ombre, et toujours fidèle à son silence. Il m'était impossible de vaincre plus long-temps ma curiosité. J'avais une femme de chambre, jeune Normande, non moins étourdie que moi, et peu s'en fallait aussi jolie. Sa vivacité, sa gentillesse, son dévouement à mon service me l'avaient rendue chère. Elle était au fait de toutes mes affaires et ne reculait jamais quand il s'agissait de m'obliger. Quand je fus donc rentrée chez moi, j'appelai Henriette, et lui montrant mon inconnu, je lui témoignai mon désir extrême de savoir qui il était et pourquoi il me suivait. « Mon Dieu ! mademoiselle, me dit Henriette, c'est bien facile : il n'y a qu'à le lui demander, et, si vous me le

permettez, je vais aller tout de suite après lui.
— Va, Henriette, pars, » et moi je regarde à travers les rideaux d'une fenêtre. Elle aborde le
jeune homme, cause avec lui assez vivement, lui
fait une profonde révérence, et le quitte presque
en courant. J'allai au-devant d'Henriette jusqu'à
l'antichambre. Quand elle rentra : « Eh bien! lui
dis-je. — Eh bien! madame; c'est un fou ou un
homme très dangereux. — A quoi juges-tu cela?
— A ses paroles. Il m'a dit qu'il ne vous suivait
pas et qu'il ne songeait pas à vous. A quoi bon
ces mensonges? Ma foi! je me méfie de ce jeune
homme. »

Me voilà faisant mille conjectures, toutes plus
ridicules les unes que les autres. Deux jours après
néanmoins, le temps étant superbe, quoique la
matinée fût un peu fraîche, je résolus de sortir.
Nous touchions à l'hiver de 1767. Je dirigeai encore ma course du côté des Tuileries. Je n'ai pas
besoin de vous dire que mon ombre me suivait
toujours. Je me promenai sous les arbres qui sont
près de la terrasse du bord de l'eau, décidée à
brusquer une explication : mais l'inconnu se tint
à une distance respectueuse. Je m'acheminais
vers les Champs-Élysées, lorsqu'un brouillard
gris et froid tombe tout-à-coup et devient en un
moment si épais, qu'on ne peut plus distinguer
un objet à quatre pas. Cependant je continuais

ma route, non sans un peu d'inquiétude, lorsque j'entends quelqu'un marcher derrière moi.
Effrayée, je me retourne : je me trouve face à
face avec l'inconnu.—«Monsieur! m'écriai-je, que
me voulez-vous? Je ne vous ai fait aucun mal.
Pourquoi me suivre?» Je parlais, et l'inconnu essayait de sourire, et il me prenait la main; et après
l'avoir baisée avec respect : « — Mademoiselle,
me dit-il d'un ton de voix doux, mais ferme, pro-
mettez-moi de m'accorder la première grâce
raisonnable que je vous demanderai quand vous
serez reine de France. » A ces paroles, je vis bien
que j'étais avec un fou. « Oui, monsieur, lui répliquai-je aussitôt, je vous accorderai ce que vous
me demanderez quand je serai reine de France. »
Je n'avais pu m'empêcher de répondre ainsi
avec un sourire de dédain. Il s'en aperçut.
« Vous croyez peut-être que je suis fou, me dit-il.
Ayez de moi, je vous prie, une meilleure opinion. Adieu, mademoiselle. Il n'y aura rien de
plus extraordinaire après votre élévation que
votre fin. » L'inconnu prononça ces derniers mots
d'un air inspiré. Il me salua, s'enfonça dans le
brouillard, et disparut. Depuis lors il cessa de me
persécuter. Mais, me direz-vous, l'avez-vous
revu? C'est ce que vous saurez si vous continuez
à lire mes griffonnages.

De retour à la maison, la tête toute pleine de

mon aventure, je ne pus m'empêcher de la raconter au comte Jean.« Reine de France! me dit-
il, voilà qui est singulier. Ce drôle a des pensées bizarres; mais enfin on a vu des choses plus
étonnantes. — Savez-vous, comte Jean, que je
commence à ne pas moins désespérer de votre
cerveau que du sien? Moi! reine de France! allons, y songez-vous? — Reine, non pas précisément, mais à peu près, . . . comme madame de
Pompadour, par exemple. Cela vous paraît-il
impossible? — Il y a bien loin du roi à moi. —
Oui, la distance qui était entre lui et la favorite régnante. Qui sait, un caprice peut tout
faire; mais comment le provoquer? Voilà le
diable! Au demeurant, votre prophète pourra
se vanter de m'avoir fait passer des nuits
blanches. — Et pourquoi? — Pour aviser aux
moyens d'accomplir sa prophétie. » En ce moment entra quelqu'un, et notre conversation en
resta là.

Ainsi, mon ami, c'est une prédiction qui a
inspiré au comte Jean ce projet qui me semblait impraticable, et qu'il a réalisé avec tant
de bonheur. Dès ce moment, il ne songea plus
qu'à me faire reine à la façon de madame
de Pompadour. Quant à moi, je lui abandonnai le rêve de ma grandeur future, et je continuai à dépenser follement ma vie, vivant au

jour le jour, sans craindre de déroger par anticipation.

Ce fut cette année que je fis la connaissance de M. de Dillon, archevêque de Narbonne. Ce prélat, d'origine irlandaise, avait beaucoup d'ambition, et non moins de goût pour les plaisirs. Aussi, à Paris, divisait-il son temps en deux parts égales. Le matin, il l'employait à courir après le chapeau de cardinal, et le soir, à chercher des bonnes fortunes. Au reste, la plupart des collègues du prélat ne menaient pas une vie plus édifiante. Qu'il était plaisant d'entendre M. de Tarente, M. de Phélipeaux, M. de La Roche-Aymon, et tant d'autres, tonner en chaire contre la philosophie! Mais je m'aperçois que je moralise. En vérité, je choisis bien mon temps pour prêcher à mon tour; il s'agit de tout autre chose. M. de Dillon me trouvait jolie, me le disait et voulait me le prouver. Je ne me sentais pas de l'aversion pour lui; mais sa soutane me faisait peur. Cependant, il me tourmenta à tel point pour aller dîner dans sa petite maison située à la Chaussée-d'Antin, qu'à la fin je me vis forcée d'y consentir. Je mis néanmoins une condition à cette faveur, c'est que je ne serais pas reçue par un prince de l'église, mais par un colonel de dragons. Je lui dis que pour me plaire il fallait qu'il endossât l'habit militaire. Il rit aux larmes de ce caprice, et me

jura qu'il se conformerait à mes désirs. De mon
côté, je lui promis d'aller chez lui bien dégui-
sée. Au jour et à l'heure convenus, je sors en-
veloppée dans une immense pelisse, et je vais
en fiacre à la petite maison. A peine suis-je entrée, qu'un brillant colonel s'élance vers moi
en me présentant la main. Je me débarrasse
alors de ma pelisse, et j'apparais vêtue en sœur
grise. Le prétendu colonel ouvre de grands yeux
et reste la bouche béante. L'étonnement passé,
nous nous mettons à rire l'un et l'autre de notre
mieux, et vous jugez des folies qui accompagnèrent ce début. M. de Dillon prétendit que j'étais
charmante sous mon costume religieux, et me
demanda en grâce de revenir une seconde fois
habillée de même. Savez-vous pourquoi ? pour
me montrer dans cet équipage à trois ou quatre
prélats de ses amis.

Pendant que les filles du monde s'amu-
saient ainsi, les dames de la cour ne perdaient
pas le temps de leur côté. Celles-ci ne se
contentaient pas de leurs égaux, elles aimaient
à élever un amant ramassé quelquefois bien
bas.

A ce propos il me souvient de la malheureuse
aventure de madame de Stainville avec Clairval
l'acteur des Italiens. Madame de Stainville était
folle de cet homme, et faisait pour lui des choses

incroyables. Non contente de le recevoir chez
elle, la nuit comme le jour, elle allait le trouver chez lui ou au théâtre. Elle se déguisait en
ouvrière, en blanchisseuse, en revendeuse à la
toilette, se flattant qu'ainsi on ne la reconnaî-
trait pas; mais sa grâce et son bon air perçaient
à travers ces grossiers déguisements, et Dieu
sait les causeries que l'on faisait sur son compte.
Elle bravait tout, elle n'écoutait aucun avis.
Son mari avait d'abord souffert ses galanteries tant qu'elles furent secrètes; mais à la fin
le scandale ne lui permit plus de fermer les
yeux. Il obtint une lettre de cachet pour faire
enfermer madame de Staïnville dans un couvent de Nancy; et cette dame fut enlevée la
veille d'un bal donné par la maréchale de Mirepoix.

La bonne maréchale, me parlant de cette
aventure lors de notre liaison, me dit : « La
pauvre femme ! je la regrettai beaucoup ; son
départ mettait sens dessus dessous un quadrille
charmant que j'avais arrangé de mon mieux ; je
ne fus un peu consolée que lorsque j'eus trouvé
une autre danseuse. En vérité M. de Stainville
montra peu d'égards pour moi ; il aurait pu remettre son coup de foudre au lendemain de ma
soirée. » Voilà le propos, mot à mot ; voilà vos
amitiés de cour.

1.   ·   6

M. de Stainville, dont la colère n'était point
satisfaite d'une victime, aurait voulu aussi faire
tomber sa vengeance sur l'acteur. M. de Choiseul s'y opposa: « Mon frère, dit-il au comte, il
importe fort peu au peuple de Paris que ma
belle-sœur soit ici ou à Nancy; mais il jetterait
les hauts cris si Clairval lui était enlevé. Il n'a
fait que son devoir en se laissant aimer, et nous
ne pouvons pas l'en punir. »

Mes relations avec le comte Jean me mirent
en position de connaitre une partie de la Gascogne et du Languedoc. Il venait chez lui une foule
de gentilshommes et de magistrats de ces provinces, qui étaient tous en général fort aimables
et fort spirituels. Je citerai entre autres les pré-
sidents de Sénaux et d'Orbessan, ce dernier
véritable savant et tout à la fois homme du monde ; il me traitait un peu lestement, mais avec
tant de grâce et d'urbanité, que je ne pouvais
m'en plaindre. J'eus plus tard l'occasion de le
revoir, et il me fit alors prendre part à un acte
très important, dont je vous dirai quelque
chose en temps et lieu. Je n'oublie pas non plus
M. de Montaigu, digne fils d'une mère dont on
vante à juste titre l'amabilité et l'esprit. Un autre Toulousain que j'aimais particulièrement,
et avec qui j'ai conservé des relations encore exi-
stantes, car celui-là ne m'a pas abandonnée dans

ma disgrâce, est le baron de Puymaurin, syndic
de la province de Languedoc. M. de Puymaurin, amateur éclairé des beaux-arts qu'il cul-
tivait avec succès, employait une fortune assez
considérable à encourager les jeunes artistes
qu'il envoyait à ses frais étudier à Paris et à
Rome. J'ai vu rarement des provinciaux d'aussi
bonne compagnie. Il avait les manières les
plus distinguées, les dehors les plus sédui-
sants, un bon cœur, une belle âme; il était
de ceux qu'on n'oublie jamais quand on les a
vus une fois.

Après vous avoir entretenu de ces galants
hommes de la province, je ne puis m'empêcher
de vous parler du plus original des originaux
nés à Paris. Figurez-vous, s'il est possible, Harpagon joueur, vous connaîtrez le baron d'O-
ville. Qu'il était curieux à la table de jeu, toujours partagé entre la crainte de perdre et
l'espoir de gagner! qu'il était curieux dans ses
grimaces, dans ses fureurs! le crayon de Callot
n'aurait pas trouvé un pareil grotesque. Le baron d'Oville, qui jouissait pourtant de quatre-
vingt mille livres de rente, était mal vêtu, venait
à pied et s'en allait de même, en disant que
l'exercice était nécessaire à sa santé. Il avait un
neveu à qui il ne donnait rien, et qu'il volait :
oui, volait, et voici comment.

6.

Ils logeaient tous les deux dans la même maison. M. d'Oville descendait chaque matin dans la cuisine de son neveu:«Eh bien, mon ami, disait-il au chef, y a-t-il aujourd'hui grand gala chez le fou? — Eh! monsieur le baron, il faut bien vivre. — Le dîner est-il considérable? — Vingt couverts. — Et le menu?» On le lui disait. « Oh! oh! s'écriait-il; mais il y a de la folie, tant de plats d'entrée ! tant de rôtis ! Je ne veux pas que mon neveu se ruine. C'est mon enfant, je dois veiller à ce qu'il ménage son bien.» A la suite de ce propos, le baron emportait lui-même une pièce de veau, quelques côtelettes, une paire de bécasses, un faisan, et dînait ainsi sans un liard de dépense, sous prétexte d'économiser pour son neveu. Celui-ci, seul héritier de cet avare, fermait les yeux.

Encore un trait de sa ladrerie qui me paraît singulier. Un des anciens amis de M. d'Oville, malheureux et ruiné, vint le voir pour lui demander des secours. Lorsque cet homme eut conté ses infortunes : « Mon ami, lui dit le baron, quand j'oblige, je ne veux point faire les choses à demi. Il convient d'assurer ton existence. » L'ancien ami le bénissait déjà. « Oui, reprit l'Harpagon, il convient d'assurer ton existence; ainsi, sois tranquille, je prierai Dieu qu'il t'assiste. » Ce ne fut qu'après bien des prières que l'ancien ami parvint à arracher un écu.

Quant à vous, mon très cher et féal sire, pour qui j'écris ce journal, je ne vous en donnerai pas davantage pour aujourd'hui. Encore un peu de patience, le moment approche où les grands acteurs vont paraître sur la scène.

CHAPITRE VI.

Conseils édifiants du comte Jean à madame du Barri. — M. Morand,
courtier d'amour. — Le prince de Salm. — Anecdote: — M. de La
Harpe. — Mademoiselle Guimard. — Le diner. — Coquetteries de
madame du Barri. — Complaisance de M. Morand pour Lebel. —
Le chevalier de Resseguier. — Anecdote tragique. — Quand viendra
M. Lebel. — Ce que c'est que M. Lebel.

Le comte Jean ne m'avait pas trompée en me
disant que la prophétie de mon mystérieux inconnu troublerait plus d'une fois son repos. Il
ne songeait plus qu'à m'élever à mon trône, et,
pour arriver à ses fins, il déployait à mon insu
une activité qui aurait bientôt lassé un homme
moins entreprenant que lui. C'est ici, mon ami,
que j'ai besoin de toute ma franchise; mais elle
ne me sera point pénible, car, après tout, les
vrais détails de cette fameuse intrigue me sont
moins défavorables que ceux que la malignité a
inventés. Je vous montrerai successivement, et
chacun à leur tour, tous les personnages qui ont
joué un rôle dans cette grande comédie, dont on
pourra dire que, comme les farces de la comédie
italienne, elle fut conduite par des valets.

J'étais seule un matin dans ma chambre, lorsque le comte Jean y entra. Il avait l'air soucieux; il marchait à grands pas dans la pièce, se frottant les mains, et se parlant à lui-même. J'aurais été tourmentée de l'impatience et de la brusquerie de ses mouvements, si ma sagacité ne m'eût fait reconnaitre dans ses traits moins de chagrin que d'incertitude. Je voyais bien que les choses n'allaient pas à son gré, mais cela ne me tracassait guère : depuis que je demeurais avec lui, j'étais accoutumée à ces chances de bonne et de mauvaise fortune, et à mon âge et avec mon caractère je ne voyais pas de grands malheurs à redouter. Je le laissai donc faire sans l'interrompre. A la fin il vint se placer immobile devant moi, les bras croisés sur la poitrine : « Eh bien, me dit-il, j'admire votre sang-froid, lorsque je suis dans l'huile bouillante ! — C'est un bain un peu chaud, répliquai-je; mais pourquoi vous y êtes-vous mis? — Le diable puisse étrangler votre inconnu dont la prophétie me fait poursuivre peut-être une chimère. Il a jeté dans ma tête une idée fixe; je ne serai pas content que vous ne m'ayez donné le roi de France pour successeur. — Quoi! vous y pensez encore? —Oui, ma belle, oui, j'y pense la nuit et le jour. J'ai déjà fait cent démarches infructueuses, j'en ferai mille encore avant que de jeter ma langue

aux chiens. » Puis, avec une espèce d'enthousiasme, le comte Jean se mit à chanter ces deux
vers de je ne sais quel opéra :

> Il est beau qu'un mortel jusques au ciel s'élève,
> Il est beau même d'en tomber.

« C'est ce que je nie, m'écriai-je. Permis à
vous de désirer de tomber ; quant à moi, un pareil honneur ne me séduit aucunement. —En ce
cas, vous êtes plus folle que je ne le croyais.
Songez donc, mon amie, à la brillante destinée
que vous pouvez vous faire ! La place de madame
de Pompadour est vacante : c'est à vous de la
prendre. Vous devenez la dispensatrice des grâces et des faveurs ; toutes vos fantaisies sont con-
tentées, tous vos caprices satisfaits. — Mon Dieu,
tout cela est superbe ; mais je ne dois pas y prétendre.—Et moi, s'écria le comte Jean, en frappant du pied, après un gros juron, je promets
de ne pas boire à ma soif, ni manger à ma faim,
avant le succès de cette affaire. — Avez-vous oublié qui je suis ? —Une fort jolie femme capable
de faire tourner une tête plus forte que celle du
roi. Il doit être fatigué à cette heure de la mono-
tonie de ses amours. On ne lui sert que des vier-
ges, ou des femmes qui font semblant de l'être.
Le respect tord dans leurs bras le cou au plaisir.
Ce sont des statues, des mannequins sans vie,

sans âme. Morbleu! vous saurez le traiter en roi.
— Oh! pour cela, vous pouvez être certain que,
tout roi qu'il est, je ne veux rien changer pour
lui à mes façons. — Bien. Maintenant j'ai une
grâce à vous demander, c'est de faire aujour-
d'hui quelques œillades au gros Morand. — A
qui? à cet homme haïssable? — A lui-même, s'il
vous plaît, et pour cause. C'est un compère dont
nous aurons besoin. — Je crois qu'il est déjà
amoureux de moi. — Tant mieux, car je crains
bien que pour arriver au maître il ne vous faille
passer par les antichambres. » Et le comte Jean
me quitta en riant.

Mais quel est ce M. Morand? me direz-vous.
M. Morand est un grand homme maigre, qui a
près de six pieds, une figure plate et basse, un
cou de cigogne, des jambes d'autruche, des yeux
gris bordés de rouge, une bouche qui s'ouvre
jusqu'aux oreilles pour laisser voir cinq ou six
dents, et un vilain nez farci de tabac. Il porte
un habit de velours noisette foncée, une culotte
pareille, un gilet glacé d'argent, une épée aussi
longue que celle de Charlemagne, et des souliers chargés de grosses boucles d'argent garnies
de strass. Voilà M. Morand, depuis les pieds jusqu'à la tête. Pour ce qu'il fait, c'est bien plus difficile à dire. Il serait plus aisé de dire ce qu'il ne
fait pas. Sa vie est vraiment un problème. Le

matin, à la cour, il est le valet des valets du roi,
et le soir il donne à souper chez lui à de grands
seigneurs et aux plus jolies femmes. Connaissez-
vous quelque jeune homme , quelque vieillard, riche s'entend, qui ait besoin d'une compagne? adressez-vous à M. Morand ; il a votre
affaire en cinq minutes. C'est un homme merveilleux pour unir deux cœurs, pour improviser
des sympathies. Voulez-vous vendre des meubles?
M. Morand en achète ; il vous en vendra si vous
voulez en acheter. Il dirige à la fois trente com-
merces. Il a presque du génie ; il a du moins
celui de son métier. Maintenant vous savez à peu
près ce que c'est que M. Morand. J'aurais bien
pu souffrir qu'une pareille créature me parlât
pour le compte des autres ; mais pour le sien,
jamais. Non, jamais je n'aurais consenti à faire
de lui le marchepied de ma grandeur.

M. Morand vint dîner à la maison ; nous avions
peu de monde à table ce jour-là : M. le prince de
Salm, M. de La Harpe le littérateur, le vicaire de
l'archevêque de Toulouse, dont le nom m'é-
chappe, mademoiselle Guimard, de l'Opéra,
M. Morand, le héros de la fête, le comte Jean et
moi : en tout sept personnes. Je veux vous dire
quelques mots de celles que vous ne connaissez pas.

Le prince de Salm traînait dans la boue un nom

illustre. Il avait assez d'esprit pour faire oublier
parfois ses inconséquences, et assez peu de bon
sens pour ne pas se corriger. Il passait sa vie
à faire des dettes et à chercher des expédients
pour ne pas les payer. Il devait en ce moment
une somme énorme à un riche entrepreneur de
maçonnerie, et voici comment il s'y était pris
pour l'empêcher de le poursuivre. « Mon ami, lui
avait-il dit, vous avez une fille charmante; je puis
en faire une princesse. J'ai le fils de ma sœur,
jeune homme de la plus belle espérance, mais
qui se meurt de la poitrine. Il doit arriver à Paris
d'un jour à l'autre. Je suis son tuteur, j'ai tout
droit sur lui. Je me charge de lui faire épouser
votre fille au lit de mort. Nous célébrerons un mariage *in extremis*. Après cela, votre fille sera princesse et pourra épouser le plus grand seigneur
de la cour. » Le prince de Salm nous raconta à
table ce nouveau tour de sa façon. Il ajouta qu'il
avait employé cette ruse pour gagner du temps
et que dans quelques jours il repartirait pour
l'Allemagne où son créancier le rattraperait s'il
le voulait.

C'était assurément une friponnerie véritable
qui pouvait déshonorer une Altesse; mais peu
lui importait, et à nous aussi. Nous n'étions pas
plus scrupuleux à Paris qu'à Versailles. Nous recevions maints grands seigneurs escrocs comme

le prince de Salm et maintes grandes dames
voleuses comme des pies et effrontées comme
des pages.

M. de La Harpe commençait alors sa réputation
de méchanceté et d'esprit. C'était un tout petit
homme pétri de malice, d'arrogance et de fiel.
Il haïssait passionnément tous ceux qu'il n'aimait
pas, et en général il n'aimait personne. Il était,
jaloux à l'excès de toutes les réputations littérai-
res, grandes et petites : des grandes, parcequ'il
ne pouvait y atteindre ; des petites, parcequ'elles
étaient à sa hauteur. Quoiqu'il fût, pour ainsi
dire, éclos sous les ailes de Voltaire, il ne par-
donnait pas à son maître son immense et juste
gloire ; loin de là, il cherchait à le rapetisser dans
les plus pompeux éloges qu'il faisait de lui.
M. Dorat surtout était sa bête noire, et il était la
bête noire de M. Dorat. Ils ne passaient guère de
jour sans se décocher réciproquement quelque
épigramme, d'un côté bien pédante, de l'autre
bien musquée. J'aime à croire qu'ils ne se sont
jamais fait de mal. A l'époque dont je vous parle,
M. de La Harpe avait déjà donné à la Comédie
française *Warwick*, *Gustave* et *Timoléon*. Depuis
je l'ai tout-à-fait perdu de vue. Mais alors on lui
accordait beaucoup de goût, et on lui refusait le
vrai talent.

Qui n'a pas connu mademoiselle Guimard,

dans le même temps maîtresse de M. de Soubise,
de M. de Laborde, d'un prélat, *et cætera*. Cette
femme-là était un gouffre capable d'engloutir
tout l'or de l'Europe. Jamais on n'a ouï parler
d'un luxe pareil à celui qu'elle affichait dans ses
vastes et magnifiques salons, rue de la Chaussée-
d'Antin ; aussi étaient-ils le rendez-vous de la
plus brillante société. Les grandes dames qui
voulaient y venir sans être vues se renfermaient
dans des loges grillées qui étaient pratiquées tout
autour comme au théâtre. Mademoiselle Guimard était blanche, longue et maigre comme
une araignée ; sa figure était charmante quand
elle oubliait de minauder. Elle avait de la grâce
dans la démarche, de l'aisance dans les gestes.
Elle dansait fort bien, et n'en tirait aucune vanité; mais elle chantait fort mal, et avait la rage
de chanter. Ses ennemis la disaient fort bête; ses
amis, fort spirituelle : les uns et les autres avaient
tort. La vérité est qu'il lui arrivait souvent de
dire un bon mot, mais elle le gâtait toujours par
l'entourage. Les personnes de sa classe ne pouvaient la souffrir à cause de sa position brillante.
Moi seule, je ne la jalousais pas. Quand j'allais
à ses soirées, j'étais aussi contente que si c'eût été
moi qui les donnais. Comme elle me faisait assez
d'accueil, de mon côté je l'invitais de temps en
temps à dîner chez moi, et elle y vint pour la

dernière fois précisément le jour de la grande
réception du grand Morand.

J'avais placé celui-ci, non pas à côté de moi,
mais vis-à-vis, afin de pouvoir mieux diriger mes
batteries. Il faut toujours attaquer un cœur de
face, jamais de profil. De cette façon, le langage
muet de la physionomie arrive mieux à son
adresse. Retenez bien cela en passant, mon ami,
comme une leçon de l'expérience.

A mon sourire affectueux, à mes tendres œillades, M. Morand ne se sentait pas d'aise. Jamais
il ne s'était trouvé à pareille fête ; je l'avais accoutumé à se contenter de mon indifférence.
Aujourd'hui, le vilain était aux anges; il ouvrait
autant que possible ses petits yeux pour me regarder langoureusement, et pinçait sa large bouche en me parlant d'un ton mignard le plus
comique du monde. Mademoiselle Guimard, qui
voyait mon manége, ne savait d'abord à quoi
l'attribuer. Cependant, comme le personnage
lui était connu de la tête aux pieds, elle chassa
bientôt ses ridicules soupçons. « Est-ce que vous
voulez changer de maison ? me dit - elle en se
penchant vers moi. — Oui, répondis-je, je veux
en trouver une meilleure. Ah! bon. Et Morand
sera votre dénicheur de merles? — Précisément.
— Je m'en doutais. »

Après le dîner, je continuai ma comédie. Le

pauvre Morand n'y tenait plus; il ne faisait que
rôder autour de moi comme un lévrier qui flaire
un gîte. Enfin, voyant un fauteuil libre derrière
le mien, il s'y jeta, et s'approchant de mon
oreille : « Vous êtes charmante, » me dit-il d'un
air transporté. Puis se retournant avec humilité :
«Oui, vous êtes charmante, cent fois trop pour un
vieux pécheur comme moi; mais il y a en France
un homme dont la connaissance vous serait très
utile. —Vous le nommez? — M. Lebel. C'est
un vert galant, serviteur passionné des dames,
et qui peut leur faire beaucoup de bien. —Je
croyais qu'il ne se mettait en campagne qu'au
profit d'un assez haut et puissant seigneur. —
Cela vous trompe, il chasse souvent à son profit.
Personne ne le sait mieux que moi. Je suis son
ami intime; nous sommes liés d'affaires, et je
veux vous l'amener. — Tout ce qui nous viendra
de votre main sera reçu à merveille. — Et vous
ferez bien, car la protection de celui-là vous de-
viendra très avantageuse. Mais motus sur tout ce
que nous avons dit; n'en soufflez une syllabe au
comte Jean : c'est un brutal! »A ces mots, il se
leva de son fauteuil.

Pendant que M. Morand se préparait à sortir,
entra le chevalier de Resseguier. Ce Toulousain ,
parent du comte Jean, s'était fait une réputation
d'homme d'esprit sans être précisément homme

de lettres. Toutes ses plaisanteries produisaient leur effet; toutes ses épigrammes emportaient la pièce. Madame de Pompadour l'avait fait enfermer à la Bastille pour un quatrain qu'il avait composé contre elle. Quant à moi, qui ne pouvais pas le craindre encore, je le voyais avec plaisir; sa causticité me plaisait. M. de La Harpe le détestait, si bien qu'il partit avec M. Morand aussitôt que le chevalier de Resseguier parut.

Quand ces messieurs furent sortis, le chevalier nous fit le récit d'un crime horrible qui s'était commis récemment dans le Languedoc. Cette histoire étant assez ignorée, j'imagine que vous ne serez pas fâché de la connaître; je vous la raconterai en peu de mots.

Mademoiselle de Last....., qui avait atteint sa dix-huitième année sans qu'on eût songé à la marier, s'ennuyait dans le château paternel. Elle s'avisa que le fils du jardinier était aussi bien fait que le meilleur gentilhomme de la province, lui laissa voir sa passion, et après quelque temps devint enceinte de ses œuvres. Plusieurs mois se passèrent. A la fin, elle fut obligée de faire l'aveu de sa position à la femme de charge de la maison. Heureusement que M. de Last..... le père était retenu à Toulouse. On espérait pouvoir lui cacher ce fatal secret. Le jour de la délivrance arrive, un enfant bien constitué vient

au monde mort. Le jeune jardinier l'enterre lui-
même aux environs du château, mais négligemment, sans aucun soin, comme il eût fait une
botte d'asperges. On espérait que c'en était fini
à jamais, lorsqu'un jour le chien de la maison
parcourt la campagne, portant à la gueule un
morceau de viande; c'était le bras et la main
d'un enfant nouveau-né. De là, grande rumeur.
Le juge du lieu se met en quête; on suit les
traces du chien, et l'on trouve le cadavre à qui
appartenait le bras et la main. M. de Last....,
qu'on a averti, revient au château. Après avoir
vainement interrogé toutes les filles de la sei-
gneurie, il envoie la sienne à Toulouse dans un
couvent. Le lendemain le fils du jardinier fut
trouvé assassiné près du château, et la femme
de charge ne tarda pas à mourir subitement.
Néanmoins ces deux victimes n'emportèrent pas
tout le secret; le malheureux jeune homme l'a-
vait confié à sa sœur. Des poursuites furent com-
mencées; mais on n'osa point pénétrer dans ce
dédale d'horreurs, de peur d'arriver à la famille
de Last......

Ce récit du chevalier m'empêcha de fermer
l'œil de toute la nuit. De son côté le comte Jean
ne dormit pas plus que moi; mais son insomnie avait une tout autre cause. Il avait vu le soir
le grand Morand s'approcher de moi, et me par-

ler avec une sorte de mystère. Il était impatient
de savoir si le poisson avait mordu à l'hameçon.
Il vint donc dès le matin me demander ce que
Morand m'avait dit. Je le lui contai de point en
point, et le comte Jean fut enchanté:«Bon, dit-il,
tout va à ravir. Cet imbécile de Morand croit ne
travailler que pour Lebel; nous verrons s'il ne fera
pas sans y songer lever un meilleur lièvre. Lebel
me connaît déjà ; j'aurais pu l'attirer chez moi;
j'aime mieux qu'il y vienne de lui-même. Ma
chère Jeannette (c'était le nom qu'il me donnait
dans ses moments de tendresse), soyez charmante, soyez folle ; jetez, s'il le faut, votre
bonnet par-dessus les moulins. Nous jouons notre va-tout. Il faut que Lebel perde la tête, afin
qu'un plus puissant seigneur la perde plus tard.»

Dès ce moment le comte Jean s'occupa de ma
parure avec un soin minutieux. Il n'était content
de rien ; il mettait au désespoir ma coiffeuse et
ma faiseuse de corsets. Au dehors il ne travaillait pas avec moins d'ardeur à l'accomplissement
de son projet ; il cherchait partout des appuis,
des partisans, sans cependant trop expliquer
le pourquoi il en avait besoin. Il redoutait le
duc de Choiseul et la duchesse de Grammont sa
sœur; l'un qui était premier ministre de fait, et
l'autre qui, n'ayant pu conquérir le cœur de
Louis XV, faisait bonne garde pour qu'aucune

rivale n'y arrivât. S'ils eussent soupçonné le dessein du comte Jean, deux lettres de cachet nous auraient bien vite éloignés de la cour, et à l'heure où je vous écris, le duc de Choiseul gouvernerait encore la France. Mais j'aurai plus tard à vous parler asse de cet illustre personnage.

C'est avec une impatience incroyable que nous attendions M. Lebel. Ce valet de chambre du roi jouissait auprès de son maître d'un crédit immense. Il avait la surintendance des plaisirs secrets; et je vous assure, mon ami, que ce n'était pas une petite affaire. Du reste, M. Lebel était tout-puissant dans son ministère; il accordait ou refusait à son gré l'honneur de la couche du roi. Depuis la mort de madame de Pompadour, il ne recevait d'ordre de personne ; seulement il avait quelque déférence pour les avis de M. le duc de Richelieu, qui, premier gentilhomme de la chambre, et en outre proxénète honoraire du souverain, aurait voulu, je crois, faire ériger ce dernier emploi en grande charge de la couronne.

~~~~~~

CHAPITRE VII.

L'attente. — Changement de nom et supposition de titres. — M. de
Laborde. — Le cordonnier acteur. — Plaisanterie de Lekain. — Cailhava.
— Mademoiselle Clairon. — Anecdote. — Molé. — Le déguisement.
— M. de Chabrillant. — Une anecdote. — Le marquis de Saint-Cha-
mond et mademoiselle Mazarelli. — Visite de mademoiselle Verrière. —
Visite de Molé — Le comte Jean et Molé. — Un mot.

————

Le comte Jean et moi nous attendions Lebel
avec une impatience mortelle. Le grand Morand
nous faisait espérer chaque semaine cette visite
pour la semaine suivante, et Lebel n'arrivait
pas. Certainement, je lui dois toute ma fortune ;
eh bien! il y a encore des moments où je
me surprends courroucée contre lui, quand je
songe à tout le mauvais sang qu'il me fit faire
alors. L'ambition est contagieuse : à force de
m'être entendu dire par le comte Jean que je
plairais au roi, j'avais fini par me le persuader,
et tout retard me semblait un affront à ma
beauté. Je m'étonnais qu'on osât ainsi différer
le bonheur du roi; ou si on lui avait parlé
de moi, qu'il ne fût pas plus empressé à offrir
son hommage à la comtesse du Barri. Ce titre

et ce nom m'avaient été conférés par le comte
Jean depuis le mois de décembre 1767. Comme
il avait plusieurs frères dans le Languedoc, il
pensa pouvoir faire croire à mon mariage avec
l'un d'eux, prétendant que cette qualité de
belle-sœur pourrait donner à notre familiarité
le prétexte qui lui manquait. Le comte Jean
voyait plus loin que moi : je lui obéis, je pris
mon nom de guerre, et de cette façon nous
nous trouvâmes prêts à tout évènement.

Je fus à cette époque sur le point de faire
une conquête bien inférieure sans doute à celle
qui m'était destinée, mais dont ma vanité n'aurait point rougi, et dont mon cœur se serait
fort bien contenté. Je vous ai déjà dit, je crois,
que parmi les adorateurs en titre de mademoiselle Guimard, se trouvait un M. de Laborde.
Ce M. de Laborde était l'un des premiers valets
de chambre de Sa Majesté. Il avait la manie
des arts; il faisait de la musique, des vers, et
comme il ne savait point peindre, il achetait
des tableaux; il possédait même un assez beau
musée. Son ambition était de passer pour le
Mécène des artistes. Otez-lui ce petit défaut, il
n'y avait plus que du bien à dire de lui. Il était
magnifique avec goût, généreux avec discerne-
ment, homme de bonne compagnie, gai à propos, grave au besoin. Il avait de nombreux

amis, et il était digne d'en avoir. Je le rencontrai chez mademoiselle Guimard[1], de laquelle il commençait à se dégoûter. Il vint vol-
tiger autour de moi, et me conter des folies
en me jurant que sa tête était prête à tourner à mon service. « Vous seriez bien at-
trapé, lui dis-je, si je vous prenais au mot. —
Essayez, » me répondit-il. Je gardai le silence,
et me mis à jouer avec mon éventail. Quelqu'un
s'approcha de moi, M. de Laborde me quitta et
ne me parla plus de la soirée. Le lendemain, je
reçus de sa part un superbe nécessaire en porcelaine et en or. Sur le couvercle et dans une
plaque d'or on avait gravé ce mot : *Essayez.*
Comme le comte Jean se trouvait là quand on
m'apporta ce présent, je ne pus m'empêcher
de lui confier ce qui s'était passé la veille.
« Êtes-vous folle? me dit-il : gardez-vous d'écouter
le valet, lorsque vous pouvez avoir le maître. »
Malgré le conseil du comte Jean, je revis M. de
Laborde pour lui témoigner ma reconnaissance
de son amabilité. Plus tard, je prouvai à ce
galant homme que je n'avais point perdu le
souvenir de ses bonnes façons, et je me flatte
de n'avoir pas peu contribué à consolider sa
magnifique fortune.

Quelques jours après que j'eus fait la connaissance de M. de Laborde, il me procura un

divertissement qui m'amusa beaucoup. Il y avait
à Paris un cordonnier, ni plus ni moins, qui,
avec des confrères et des dames du même étage,
s'étant épris d'une belle passion pour le théâtre,
donnait des représentations de nos meilleures
tragédies. Jamais acteurs n'attirèrent ainsi la
foule; c'était à qui aurait des billets pour ces
mascarades dramatiques. M. de Laborde fit
mieux, il alla trouver M. Charpentier, le cor-
donnier-directeur, et le cajola si bien qu'il le
décida à venir jouer chez lui sur un théâtre
qu'il fit construire à cet effet. La Comédie
française donna relâche pour assister à cette
extravagance. Nos acteurs jouèrent *Zaïre*, et
Dieu sait les éclats de rire que nous inspira
cet ouvrage admirable. Après *Zaïre*, nous eûmes
la petite pièce. M. de Laborde alla chercher
l'Orosmane de la troupe, qui était M. Charpentier, et le conduisit sur le devant de la scène
pour recevoir nos félicitations. Il fallait voir
comme celui-ci se rengorgeait, et comme il
cherchait à faire le modeste! Le Kain se leva,
et s'adressant à son rival avec un sang-froid
impayable : « Monsieur, lui dit-il, de sa voix
rauque et terrible, vous êtes mon maître. —
Oh! monsieur, répliqua le cordonnier, je ne
dis point cela; mais tout ce que je puis assurer, c'est que je n'ai point étudié à votre

école. » Et tout le monde, à cette orgueilleuse confession, de rire de plus belle.

Dans cette même soirée, le comte Jean me présenta un de ses compatriotes, le poète comique Cailhava. J'avais vu son excellente comédie, *le Tuteur dupé*, et je fus charmée de faire connaissance avec lui. Cailhava était fort bel homme. Il avait surtout la jambe bien tournée; il portait la tête haute; ses yeux étincelaient d'esprit, et son sourire était plein de finesse. On voyait à son air qu'il était accoutumé à plaire aux femmes. Il crut sans doute qu'il me placerait sur sa liste nombreuse; mais les choses n'allèrent pas à son gré.

Ce même soir, et toujours chez M. de Laborde, je vis de près, pour la première fois, deux personnages dramatiques qui seront à jamais célèbres. L'un avait alors une grande réputation, et l'autre ne devait pas tarder à l'obtenir. Je veux parler de mademoiselle Clairon et de Mólé.

Mademoiselle Clairon avait quitté le théâtre depuis 1766. Il est inutile de vous dire la cause de cette retraite précipitée : vous la connaissez comme toute la France. Dans les dernières années de sa gloire, mademoiselle Clairon avait partagé le sceptre tragique avec mademoiselle Duménil. Les vrais connaisseurs lui préféraient

sa rivale, qui était pleine d'âme et de chaleur;
mais en général les applaudissements du public
étaient pour mademoiselle Clairon. Après avoir
mené une vie fort dissipée, elle affichait pour le
comte de Valbelle une fidélité que tout le monde
admirait. Mais il venait de lui arriver une aventure assez comique que nous autres femmes à
la mode n'avions pas ignorée, et de laquelle
nous nous étions fort amusées. Mademoiselle
Clairon avait trouvé dans le fils de son portier
un jeune homme âgé de seize ans, joignant aux
formes d'Hercule la beauté d'Antinoüs. •En-
chantée de cette découverte, elle crut qu'en
formant le jeune homme, elle pourrait en faire
un sujet précieux pour la Comédie française.
Elle lui donna des leçons ˙de déclamation
qui n'étaient pas tout-à-fait gratuites; mais,
par malheur, son élève, destiné au théâtre,
parut dans les coulisses. Il n'y eut pas plus tôt
mis le pied, que toutes ces dames prétendirent
à lui donner des leçons concurremment avec leur
camarade. *L'Amour*, c'est ainsi qu'on avait surnommé le fils du portier, fut infidèle à sa première maîtresse, d'abord en secret, et puis avec
un scandale tel, que celle-ci, dans sa fureur, lui
retira ses bonnes grâces, et, ce qui était plus
triste encore, les vêtements qu'elle lui avait
donnés. *L'Amour* chassé de chez mademoiselle

Clairon, n'était plus un dieu; toutes ces demoiselles, craignant la même ingratitude, l'abandonnèrent et le laissèrent retomber dans sa première obscurité. Voilà mon histoire, qui ne manque pas tout-à-fait de moralité.

Le second personnage dramatique dont j'ai à vous parler, est Molé : Molé, encore l'idole du public; Molé, le diamant de la Comédie française depuis que Lekain a disparu; Molé, aussi aimable en tête à tête qu'admirable sur la scène. Il me fut présenté par le poète Cailhava. Mon Dieu! que Molé était impertinent déjà à cette époque! J'ose à peine vous dire de quelle manière il interpréta un sourire bienveillant qui m'était inspiré par son talent. Il rôda autour de moi, et ayant pris ma main à la dérobée, il la serra avec une audace qui aurait dû m'irriter, mais il ne m'en laissa pas le loisir; il se montra si empressé et si séduisant, que je ne sus être vis-à-vis de lui que la plus sotte des créatures. J'eus la faiblesse pendant la nuit de penser à lui et de rêver de lui. Le lendemain matin, à mon lever, ma fidèle Henriette me remit un petit billet parfumé dans lequel Molé me demandait en assez mauvais style l'heure où il me trouverait seule. La raison me commandait de ne point répondre, mais je n'écoutai point la raison. Je me hâtai de faire

répondre à Molé qu'une horrible migraine ne
me permettait pas de sortir, ni de recevoir de
toute la journée d'autres personnes que mes
gens d'affaires. Je savais que le comte Jean devait aller à Versailles à la poursuite de Lebel,
et j'étais curieuse de revoir Molé. J'avais à peine .
fait ma réponse depuis une heure, que je vois
entrer chez moi un procureur, mais un vrai
procureur, à l'œil avide, à la démarche pédante. C'était Molé. Quand nous eûmes bien ri
de ce déguisement, il me parla du vrai motif
de sa visite. Je ne sais quelle idée il s'était
formée de mon caractère, mais me prenant sans
doute, à cause du titre que je portais alors, pour
une femme de la cour, il s'émancipa de la
manière la plus étrange. Je fus obligée de lui
dire nettement que ses façons me déplaisaient;
ma résistance le déconcerta ; il me parut ne pas
y être accoutumé, et, avec autant de sang-froid
que de fatuité, il me conta de quelle manière on
l'avait reçu la première fois chez la duchesse une
telle, chez madame la maréchale une telle. Il
nommait les gens par leurs noms. J'aurais dû
m'indigner de tant de suffisance ; mais un caprice m'aveuglait. Je lui permis de me revoir.

A peu près à la même époque je connus M. le
marquis de Chabrillant. Ce seigneur était un des
premiers joueurs de France ; il ne le cédait peut-

être qu'à MM. de La Trimouille et de Boisgelin. Il me racontait qu'un jour, au café de la Régence, il s'était mis à jouer tête à tête avec un officier de province, et qu'en doublant toujours il avait fini par lui gagner quinze à seize cent mille francs. Ce pauvre officier ne possédait peut-être pas cent louis de rente. Il était désespéré, il ne parlait que de se brûler la cervelle. « Monsieur, lui dit le marquis de Chabrillant, prêtez-moi sur la somme que vous me devez un écu pour prendre un fiacre et je vous tiens quitte du reste.» Il semble que de pareils traits devraient dégoûter du jeu. Mais point. On joue plus que jamais; et au moment où je vous écris, deux illustres princes de la famille régnante donnent à cette honteuse passion la funeste autorité de leur exemple.

A cette même époque fut déclaré publiquement le mariage de mademoiselle Mazarelli avec le marquis de Saint-Chamond. Mademoiselle Mazarelli, fille d'un acteur, avait la réputation d'une personne d'esprit. Elle avait composé plusieurs ouvrages dont on disait du bien, et dans lesquels les méchants prétendaient reconnaître la plume de Moncrif. Un procès criminel lui avait été intenté par M. Lhomme, qui, ayant voulu user de violence, fut frappé par elle à coups de couteau. Cette affaire judiciaire, dont l'hé-

roïne se tira avec bonheur, lui procura une sorte
de célébrité. Des amants illustres se mirent sur
les rangs : elle put choisir, et après avoir essayé
de plusieurs d'entre eux elle s'arrêta au marquis
de Saint-Chamond, qui en l'épousant lui donna
une existence honorable.

Son élévation causa une rumeur générale parmi les femmes du monde. A cette occasion mademoiselle Verrière l'aînée vint me voir. Après
m'avoir parlé du mariage de mademoiselle Mazarelli : «Et vous aussi, vous êtes bien heureuse,
me dit-elle; car enfin, quoi qu'il en soit, vous
voilà mariée avec un gentilhomme. Je voudrais
savoir comment il faut s'y prendre pour tourner
l'esprit des gens de qualité de manière à s'en
faire épouser. » Je tâchai de lui répondre sans
rire que mon bonheur seul avait tout fait. « Oui,
poursuivit mademoiselle Verrière, le plus grand
plaisir que j'imagine, après celui de ruiner un
galant, c'est de se faire déclarer sa femme en
face de la sainte Église. — Que ne vous donnez-
vous ce contentement ? — Ah ! s'il ne dépendait
que de moi ! Mais les dupes sont rares : passez-
moi cette expression, ma chère comtesse ; ne
vous en fâchez pas pour votre mari.—Je suis trop
bonne, ma chère, pour me fâcher de cette folie.
Ce qu'il y a de certain, c'est que maintenant
mademoiselle Mazarelli est dame de paroisse,

qu'elle a une livrée et un carrosse à ses armes,
et que je pourrai faire comme elle si la fortune
me sourit. » Ces derniers mots firent faire une
laide grimace à mademoiselle Verrière, qui me
quitta dépitée et allant se plaindre partout de
ma morgue.

Je rappelai notre conversation au comte Jean.
« Ma sœur, me dit-il avec un aplomb parfait, la
connaissance de créatures pareilles ne convient
plus à une femme de votre rang. » Comme il s'é-
tait aperçu aussi que Molé m'adressait des regards
d'intelligence : «Vous n'y pensez pas, me dit-il
avec un f.....énergique; est-ce le moment de vous
amuser à de pareils enfantillages? Pourquoi per-
mettez-vous à cet histrion de vous rendre des
soins? il n'est pas convenable qu'on le voie à votre suite. Si vous étiez femme de qualité, à la
bonne heure, il n'y aurait rien à vous dire; mais
vous ne l'êtes pas encore, et déjà vous vous donnez des airs. Attendez, pour prendre un acteur,
que vous soyez grande dame. » Je voulus nier. Il
me coupa la parole par la douzaine de jurons qui
lui étaient familiers, et termina en me disant :
« Je n'ai jamais été jaloux pour mon compte, je
le deviens pour celui de mon frère, et pour
mieux encore : entendez-vous? Je ne veux plus que
Molé se présente ici.» Sur ces entrefaites, Molé fut
amené par sa mauvaise étoile : on l'annonça. Le

comte Jean se tournant vers lui au moment où il entrait. «Monsieur Molé, lui dit-il, j'ai grand plaisir à vous voir sur le théâtre, mais fort peu dans ma maison; je vous prie de ne plus y remettre les pieds à moins que vous ne vouliez descendre par la fenêtre.» Ce compliment brutal, prononcé d'un ton qui ne l'était pas moins, confondit l'acteur. Il pâlit, il rougit; il essaya tour à tour de prendre la chose au sérieux, et de la tourner en plaisanterie; mais Molé n'a d'esprit que celui de ses rôles, et pour ce qui est d'être brave, il se serait bien gardé d'en faire le semblant hors de la scène, de peur d'être pris au mot. Aussi lui fut-il impossible de se tirer avec honneur de cette position. Il me faisait pitié. Le comte Jean lui renouvela l'ordre de sortir, et y ajouta même quelques menaces de voies de fait tellement humiliantes qu'il oublia de me saluer en me quittant. Un poltron ne saurait long-temps plaire à une femme : mon caprice fut fini dès ce jour-là. Le comte Jean, renversé sur une ottomane, riait à gorge déployée. «Ah le poltron! me dit-il, il n'a pas reconnu le lièvre sous la peau du lion.» C'est ainsi que mon cher beau-frère était le premier à plaisanter de son peu de courage, quoiqu'il n'en manquât pas dans l'occasion. Je profitai de sa gaieté pour lui reprocher son impolitesse. «Ma foi, répondit-il, j'étais en train de faire une

scène, et je m'en suis passé la fantaisie. Au demeurant, j'ai eu tort. Un gentilhomme ne doit
jamais insulter de propos délibéré l'homme avec
lequel le préjugé lui défend de se battre. Mais je
vais tout égaliser entre nous. J'ai envie, en ex-
piation de ma faute, de lui envoyer un cartel.
Attendez maintenant, lui dis-je, qu'il vous l'a-
dresse, s'il l'ose.

Le lendemain, comme je croyais que Molé ne
songeait plus à moi, je reçus une lettre de lui. Il
me rappelait la scène de la veille en injuriant le
comte Jean, mais non pas de manière à me faire
trembler pour ses jours. Il me demandait un
rendez-vous hors de ma maison; il m'engageait
à tromper le jaloux, le tyran, l'homme infâme.
Je lus cette triste épître, et la jetai au feu. Je n'y
fis point de réponse : Molé n'avait pas de mon
écriture, et j'aurais été désolée qu'il en eût. Il
m'expédia une seconde épître, je gardai le même
silence. A la troisième, dans laquelle il osait me
menacer de sa vengeance, je fus vraiment indignée. Je lui envoyai par un commissionnaire, et
de ma part, un beau jonc à pomme d'or, espèce
de réponse emblématique à la manière de je ne
sais quel peuple de l'antiquité. Celle-là était san-
glante. Je ne tardai pas d'être fâchée de m'être
laissée aller à un mouvement de vivacité que
j'aurais dû réprimer. C'est pour cela que, dans

la suite, voulant réparer mes anciens torts, je
comblai Molé de biens, et me montrai aussi gé-
néreuse envers lui que je l'avais été peu dans
cette circonstance.

Je tenais à vous apprendre cette anecdote in-
connue jusqu'ici. Je ne l'ai jamais racontée qu'à
la maréchale de Mirepoix et au chancelier Maupeou. Le comte Jean attachait beaucoup d'importance à ce que je ne me trouvasse pas compromise avec des gens dont l'indiscrétion aurait pu
me nuire. De son côté, il n'en souffla le premier
mot à personne ; et quant à Molé, il n'avait pas
joué un rôle assez héroïque dans cette affaire
pour avoir envie de s'en vanter. Si bien que, sans
nous être entendus, nous gardâmes tous les trois
le secret.

Nous touchons enfin au moment qui va changer mon sort. C'est à dater de ce moment que
mon journal vous offrira plus d'intérêt ; jusqu'à
présent, je ne l'ai rédigé que d'après mes souvenirs, maintenant je vais l'écrire d'après des notes.
Dès que le comte Jean et moi nous jouâmes notre
va-tout, si bien gagné contre la fortune, il voulut que je me rendisse chaque soir un compte
exact de ce que j'aurais dit ou fait, entendu ou
vu dans la journée. « C'est, me dit-il, le seul
moyen de nous rappeler notre conduite de la
veille, et par là nous saurons de quelle ma-

nière nous devons nous conduire le lendemain. »

Je sentis la justesse de ce conseil, et m'y conformai. Ainsi, mon ami, remerciez-moi bien de n'avoir pas été paresseuse autrefois, car, sans mes notes, je pourrais bien difficilement aujourd'hui tenir la promesse que je vous ai faite.

CHAPITRE VIII.

Lettre de Lebel. — Visite de Lebel. — Rien de conclu. — Nouvelle
visite de Lebel. — Invitation à souper avec le roi. — Instructions du
comte Jean à la comtesse.

Un matin je vois entrer chez moi le comte
Jean : sa figure était radieuse : « Lisez, me dit-il
en me donnant une lettre ; lisez, Jeannette : la
victoire est à nous. Ce sont des nouvelles de Morand. Lebel vient à Paris, et nous l'aurons à dîner. Sommes-nous seuls? — Non, lui dis-je, il y
a deux de vos compatriotes que vous invitâtes
avant-hier. — Je vais leur écrire pour ajourner
la partie. Morand seul peut diner aujourd'hui
avec Lebel, c'est bien le moins qu'il prenne part
à la fête puisqu'il fournit d'aussi bons violons.
Allons, ma chère amie, poursuivit le comte,
nous touchons au grand moment ; c'est en votre
beauté, en votre art de plaire que je remets tout
mon espoir. Je crois pouvoir compter sur vous ;
mais surtout n'oubliez pas que vous êtes ma
belle-sœur. — Mon beau-frère, dis-je en riant,
n'est-il pas nécessaire que je sache définitivement

8.

à qui de votre famille vous m'avez mariée? L'u-
sage n'est pas en France qu'une femme soit entre
les frères un bien indivis. — Cela ne se voit qu'à
Venise, reprit le comte; mon frère Élie est trop
jeune. Va donc pour Guillaume le puîné. — Fort
bien; je suis la comtesse Guillaume du Barri :
voilà qui est à merveille. On aime à savoir à qui
l'on est mariée.»

Après cette conversation, le comte Jean voulut
présider lui-même à ma toilette. Il s'acquitta de
ce soin avec une attention des plus comiques. Il
tourmenta pendant deux bonnes heures au
moins, d'abord Henriette, et puis ma coiffeuse; car je ne suivais point la mode qui commençait à se répandre, de se faire coiffer par un
homme. Le comte Jean passait alternativement
de mon cabinet où l'on m'habillait, à la cuisine
où l'on préparait le dîner. Il connaissait Lebel
galant et gourmand, et il eût voulu pouvoir le
gagner par tous les sens à la fois.

A une heure je fus sous les armes, prête à recevoir celui de qui allait dépendre ma destinée.
Dès que je fus entrée dans le salon, le comte Jean
me soumit à un dernier examen. Son air grave
m'amusait beaucoup ; il me contempla ainsi
quelque temps dans un silence sévère. A la fin,
son front se dérida, un sourire de contentement
parut sur ses lèvres, et étendant les bras vers moi

sans oser me toucher : « Vous êtes charmante,
divine, me dit-il. Lebel est un homme à pendre
s'il ne tombe à vos genoux. »

Bientôt après, les deux battants de la porte furent ouverts avec précipitation, et un laquais annonça M. Lebel, *premier de Sa Majesté*, avec
M. Morand. Le comte alla au-devant des nouveaux venus, et comme je voyais Lebel pour la
première fois, il me le présenta en règle : « Ma
sœur, voici M. Lebel, *premier de Sa Majesté,* qui
nous fait l'honneur de venir dîner avec nous. —
Et c'est aussi un vrai plaisir qu'il nous procure, »
dis-je en regardant tendrement M. Lebel. Ce regard produisit son effet ; car Lebel demeura immobile et muet dans l'admiration de ma personne. Il finit par balbutier quelques mots qui ne
signifiaient rien, et que je voulus bien prendre
pour des compliments. Le comte examinait Lebel
avec anxiété ; et Morand se frottant les mains : « Eh
bien, mon cher monsieur, que vous semble de
cette beauté céleste ? — Qu'elle est digne d'un
trône, » répliqua Lebel en s'inclinant devant
moi, et en prenant ma main qu'il baisa avec une
galanterie respectueuse. Cette réponse était peut-
être faite au hasard ; elle me parut d'un bon augure. « Oui, ajouta Lebel, vous êtes la plus belle
créature que j'aie jamais rencontrée, et pourtant
nul plus que moi n'est en position de voir de jo-

lies femmes. — Et de les faire voir, » répliqua le
comte Jean. C'était une ouverture à laquelle Lebel ne donna point de suite. Son premier enthousiasme étant passé, il me mesurait de la tête aux
pieds, comme s'il eût voulu prendre le signale-
ment exact de ma personne.

De mon côté, je commençai à soutenir les
regards de Lebel avec un peu plus d'assurance.
C'était un homme du commun qui avait fait son
chemin. L'habitude de vivre à Versailles lui avait
donné une certaine aisance impertinente. Mais
vous n'eussiez rien trouvé de distingué dans ses
manières, rien qui masquât sa nature primitive.
La direction du Parc aux Cerfs lui donnait beaucoup de crédit sur l'esprit du roi, qui trouvait
commode d'avoir un homme à lui, qui voulût
bien se charger de l'odieux de ses amours clan-
destines. Ses fonctions le mettaient en rapport
avec les ministres, le lieutenant de police et le
contrôleur général. Les plus grands seigneurs
recherchaient avec empressement son amitié. Ils
avaient tous une femme, une sœur, une fille
dont ils auraient voulu faire la sultane favorite :
et pour cela, il fallait s'adresser à Lebel. C'est
ainsi que, sous un prince libertin, les destinées
de la France se trouvaient livrées à la merci
d'un valet de chambre. Au reste, je dois vous
dire que je n'ai jamais eu qu'à me louer de lui ,

et que je lui conserve encore une entière reconnaissance de tout ce qu'il a fait pour moi.
L'attachement qu'il me témoigna dès le premier
moment ne s'est jamais démenti. Il m'accorda
sa protection tant qu'elle me fut nécessaire ; et,
lorsque la faveur du roi m'eut portée à une place
d'où toute la cour cherchait à me faire tomber,
Lebel me seconda de son mieux pour m'y maintenir. J'avoue que c'est à la vigilance de ses soins
que je dois d'avoir déjoué plus d'un complot. Il
était ami chaud et sincère ; il n'était nullement
intéressé dans les services qu'il rendait, et il
faisait beaucoup de bien, comme il faisait le mal,
en cachette. J'ai connu même de pauvres familles
qu'il secourait de sa bourse lorsqu'il ne pouvait
rien obtenir pour elles du roi ; car ce dernier
n'était prodigue que pour ses plaisirs.

Cependant, nous dînions, et Lebel ne cessait
de me louer, de me porter aux nues ; et cela
avec une telle chaleur, que je craignis un moment
qu'il ne devînt tout de bon amoureux de moi,
et ne voulût plus me céder à un autre. Dieu
merci, Lebel était un fidèle serviteur. Après le
dîner, quand nous nous levâmes de table, Lebel
me fit quelques compliments assez vagues ; puis
tirant tout-à-coup sa montre, parla d'un rendez-vous au Marais, [et partit sans promettre de
revenir.

A ce brusque départ, le comte Jean et moi nous nous regardons interdits. Quant à Morand, il était tout joyeux. « Eh bien ! belle comtesse, me dit-il, voilà le nombre de vos esclaves augmenté d'un illustre soupirant. Vous avez fait la conquête de M. Lebel, et je suis certain qu'il est sorti en emportant votre image. — J'espère que nous le reverrons, dit le comte Jean. — Pouvez-vous en douter ? — Assurez-le, dis-je à mon tour, de la joie que nous aurons à l'accueillir comme il le mérite. » Plusieurs personnes entrèrent, M. Morand profita du dérangement que leur venue occasiona pour se rapprocher de moi. « Vous êtes en possession de son cœur, me dit-il à demi-voix ; voulez-vous me charger de quelque message pour lui ? — Mais, monsieur Morand, répliquai-je, comme vous y allez ! une femme de mon rang ne se jette pas à la tête de qui que ce soit. — Sans doute : mais elle peut envoyer une bonne parole, quelque chose d'affectueux. — Qu'à cela ne tienne ; M. Lebel m'a paru d'excellente compagnie, et je serai toujours satisfaite de le voir. » Le gros Morand n'en demandait pas davantage, et notre conversation en resta là.

Deux jours s'écoulèrent sans rien de nouveau. Le comte Jean les avait passés à se tourmenter ; il était absent lorsque, le matin du troisième jour, Henriette entra en courant dans ma chambre. « Madame, me dit-elle, M. le premier valet de chambre du roi est dans le salon; il demande si vous voudriez le recevoir. » A cette nouvelle, autre surprise, autre dépit : M. Lebel me prenait au dépourvu; ma toilette n'était pas commencée. Je donnai un coup d'œil rapide à mon miroir. « Faites entrer M. Lebel, » et M. Lebel, qui était sur les talons de ma camariste, se présenta aussitôt. Après m'avoir saluée : « Il n'y a que vous, madame, me dit-il, que l'on peut surprendre à cette heure. Votre beauté n'a pas besoin de parure; vos charmes vous ornent assez. » Je répondis à ce compliment avec beaucoup de modestie, suivant l'usage. La conversation s'engagea; je compris que Lebel me croyait réellement la belle-sœur du comte Jean, et je le remarquai aux égards involontaires qui couvraient sa familiarité. Je le laissai dans cette erreur, qui servait merveilleusement nos intérêts. Il me parla longuement de mes attraits, du rôle qu'une femme comme moi pouvait jouer en France. Craignant de me compromettre, je ne répondis rien, je gardai la réserve que me commandait mon caractère. Je ne suis pas adroite, mon ami, jamais je n'ai su filer une intrigue; je tremblais de mal dire, de mal faire; et tout en conservant un air tran-

quille, j'étais intérieurement toute bouleversée
de l'absence du comte Jean. La fortune me
l'envoya; il passait dans notre rue, lorsqu'il vit à
la porte un carrosse et la livrée du roi. Lebel
s'en servait toujours lorsque les affaires qu'il
avait à traiter ne commandaient pas la sévérité de
l'incognito. Cet équipage lui fit soupçonner une
visite de Lebel. Il monta donc et vint me tirer
d'embarras. « Monsieur, lui dit Lebel, quand
le comte fut entré, voilà madame, dont la modestie extrême se refuse à écouter ce que je
n'ose lui expliquer. — Est-ce quelque chose que
je puis entendre pour elle? demanda le comte
d'un air riant. — Oui; je suis ambassadeur d'une
grande puissance; vous êtes naturellement le ministre plénipotentiaire de madame; et, si vous le
trouvez bon, nous irons dans votre cabinet discuter
les articles du traité secret que j'ai charge de vous
proposer. Qu'en dit madame? — Je donne d'a-
vance mon assentiment à tout ce qui peut me
venir par un tel ambassadeur. » Le comte Jean
prit Lebel par la main et l'entraîna dans son
cabinet.

Quand ils furent seuls : « Savez-vous, dit Lebel au comte, que votre belle-sœur est une créature bien séduisante? Elle m'a occupé depuis
que j'ai eu le bonheur de la connaître, et dans
mon enthousiasme, je n'ai pu m'empêcher de

parler d'elle en bon lieu. J'ai fait si bien son
éloge, j'ai donné d'elle une si haute idée, que
Sa Majesté a le désir de causer avec elle, et de
juger par ses yeux si je suis toujours un digne
appréciateur de la beauté. » A ces mots, le
comte Jean se troubla un moment; mais, se re-
mettant bientôt · « Je vous suis très obligé,
monsieur, répondit-il, de l'opinion favorable que
vous avez manifestée sur la comtesse du Barri.
Elle et moi nous avons autant de respect que
d'amour pour Sa Majesté; mais ma belle-sœur
n'a point été présentée; et dès lors, je ne vois
guère comment elle pourrait être admise à faire
sa cour. — Que cela ne vous inquiète pas; il
ne s'agit pas pour elle d'aller prendre part aux
magnificences de Versailles, mais d'être admise
dans une intimité bien autrement flatteuse. Le
roi veut voir votre belle-sœur. Vous refuseriez-
vous à lui accorder ce plaisir? — Ce serait un
crime de lèse-majesté, répliqua en riant le comte
Jean. Seulement, permettez-moi de vous dire
que ma famille mérite des égards. Nous ne nous
contenterions point d'une de ces faveurs passa-
gères..... — Attendez tout des charmes de la
comtesse, ils auront, je suis sûr, un plein
succès; mais, pour moi, je ne puis vous donner
aucune garantie. Il faut courir une chance. —
Votre protection, cependant, est la seule chose

qui encourage ma belle-sœur dans cette tentative. Mais quand, dites-moi, entrera-t-elle en
exercice? — Tout de suite. Le roi est impatient
de voir la comtesse, et je lui ai promis de le
faire souper avec elle demain au soir dans mon
appartement à Versailles. — Et comment sera-
t-elle amenée devant le roi? — Je suis censé
traiter quatre de mes amis. — Qui sont? —
D'abord le baron de Gonesse. — Quel est celui-
là? — Le roi en personne. — Et puis? — Le
duc de Richelieu. — Et puis? — Le marquis
de Chauvelin. — Et puis? — Le duc de La Vauguyon. — Lui! un dévot! — Un hypocrite. Mais
n'importe; l'essentiel est que vous ayez l'air
de ne pas reconnaître le roi. Jugez-vous à propos d'en instruire votre belle-sœur? — Certainement; si elle doit pécher, il vaut mieux que
ce soit en connaissance de cause. »

Pendant que ces messieurs disposaient ainsi
de moi, que faisais-je de mon côté? Toute seule
dans ma chambre, j'attendais avec une impatience mortelle le résultat de leur conférence. Le
rôle que j'allais jouer était superbe, et au moment d'entrer en scène j'en sentais toutes les difficultés; je craignais de n'y pas réussir, et de
tomber au bruit fâcheux des sifflets de tout Versailles. Mes craintes disparaissaient, et alors je
me voyais sur un trône, parée pompeusement;

mon imagination s'égarait dans tous les enchantements de la grandeur ; puis, comme par un
remords, je me rappelais ma vie passée. L'ancienne amante de Nicolas rougissait devant la
maîtresse future de Louis XV. Mille réflexions
diverses se heurtaient, se choquaient dans ma
tête : si vivre c'est penser, je vécus tout un siècle
dans un quart d'heure. A la fin j'entendis quelques portes s'ouvrir, une voiture rouler sur le
pavé, et le comte Jean entra dans ma chambre.

« Victoire ! s'écria-t-il en m'embrassant avec
transport. Victoire ! ma chère Jeannette, demain
vous soupez avec le roi. » A cette nouvelle je
tremblai, je pâlis, mes forces m'abandonnèrent,
et je fus obligée de m'asseoir, ou, pour mieux
dire, de m'affaisser sur un fauteuil ; car, selon
l'expression de Jean - Jacques Rousseau , mes
jambes flageolaient. Du reste ce fut le seul moment de faiblesse que j'eus dans toute cette affaire. Quand je fus un peu remise , le comte
Jean me rapporta sa conversation avec Lebel. Je
trouvai plaisant ce titre de baron de Gonesse,
et je me promis de traiter le roi comme si je
croyais à son incognito. Une seule chose m'in-
quiétait, c'était de souper avec le duc de Richelieu qui m'avait vue autrefois chez madame de
Lagarde ; mais l'idée qu'il ne se souviendrait
pas de moi me rassura.

Dans une occasion si importante, le comte
Jean n'oublia pas de me répéter une dernière
fois ses instructions. Voici à peu près sa harangue, car je crois que je la sais encore par cœur.
« Faites attention, me dit-il, que c'est de votre
première entrevue avec le roi que dépend notre
destinée. Qu'il connaisse enfin, grâce à vous,
les distractions qu'on demande en vain pour lui
depuis long-temps. Il est comme ce monarque de
l'antiquité qui eût payé de la moitié de sa couronne le secret d'un plaisir inconnu. Lebel se
lasse de chercher toutes les semaines du fruit
nouveau. Il est tout disposé à vous servir ; c'est à
vous de le seconder de votre mieux. Vous allez
devenir le point de mire de tous les courtisans
et de toutes les nobles *courtisanes*. Attendez-
vous à les voir crier haro sur vous, parceque
vous leur aurez enlevé un bien auquel chaque
famille avait des prétentions. Dans les premiers
moments il faudra que seule vous teniez tête à
l'orage ; mais ensuite vous verrez accourir sous
vos drapeaux tous ceux qui n'ont point de sœur,
d'épouse ou de fille ; c'est-à-dire tous ceux qui
n'ont point de maîtresse à offrir au roi. Il faudra
vous attacher ces gens-là par les places et par
les faveurs; c'est à eux qu'il faut songer d'abord,
et ensuite vous songerez à vous et à moi, ma
chère amie. »

— « Tout cela est bel et bon, répondis-je, mais je ne suis rien encore. — Morbleu ! demain vous serez tout ! s'écria le comte Jean avec son énergique assurance ; mais il faut nous occuper de ce demain. Hâtez-vous, noble comtesse ; courez tous les magasins, cherchez moins ce qui est riche que ce qui peut être élégant. Soyez bien jolie, bien aimable, bien folle ; voilà l'essentiel, et puis, que Dieu fasse le reste. »

Il prononça ce blasphème en riant, et j'avoue que je ne pus m'empêcher de rire aussi. Cependant je me hâtai d'aller faire mes emplettes.

CHAPITRE IX.

Un mot. — Arrivée à Versailles. — La toilette. — Portrait du roi. —
— Le duc de Richelieu. — Le marquis de Chauvelin. — Le duc de
La Vauguyon. — Souper avec le roi. — Première nuit. — Le lendemain. — Curiosité du comte Jean. — Présents du roi. — Comme ils
sont dépensés.

Il y avait cent mille à parier contre un que
nous ne réussirions pas dans notre entreprise.
Cette mer où nous allions nous embarquer sur
la foi de mon étoile, je veux parler de la cour,
était pleine d'écueils qui semblaient inévitables :
pour écarter le style figuré, que de raisons de
mauvais succès ! D'abord ma naissance obscure
et puis ma vie passée, et enfin la très mauvaise
réputation du comte Jean. Il y avait là de quoi
troubler une tête plus forte que la mienne. Hé
bien ! grâce à mon étourderie, je n'eus pas un
seul moment d'inquiétude pendant toute la nuit
qui précéda un jour si important pour moi ;
et je dormis aussi tranquille que si, le lendemain, j'eusse dû simplement faire une promenade sur les boulevards ou une course au bois
de Boulogne.

Il n'en fut pas de même du comte Jean. Son ambition avait chassé son insouciance naturelle. Il passa la nuit dans une longue insomnie ; et, sitôt que le jour parut, il se leva, gourmanda ma paresse, et ne me laissa ni paix ni trève que je ne fusse habillée. Nous partons enfin. Selon les conventions arrêtées avec Lebel, j'étais emmitouflée dans mon ample calèche. La voiture roule. Nous arrivons à Versailles. Nous y avions depuis un mois un pied-à-terre qui avait été pris à tout évènement. Nous y descendîmes, et, après un instant de repos ou d'attente, nous nous rendîmes à pied chez Lebel, où nous devions trouver l'un et l'autre à nous habiller d'une manière convenable.

En entrant dans le château : « Vous voilà chez vous, me dit le comte. — J'en accepte l'augure, répliquai-je. Il serait plaisant que mon jeune prophète eût dit vrai. — Vous devriez, me dit mon conducteur, en riant, vous devriez faire une chute sur cet escalier : ce serait une prise de possession à la manière des anciens. — Non, non, pas de chute, elles ne portent pas bonheur en France. »

Tout en causant ainsi, nous traversons une longue file d'appartements, et nous arrivons à celui où nous étions attendus. Nous frappons mystérieusement à une porte qu'on nous ouvre

I.

9

de même. A peine sommes-nous entrés que Lebel
se présente. « Ah ! madame, me dit-il, je craignais que vous ne vinssiez pas. Vous êtes désirée
avec une impatience..... — Qui n'égale pas la
mienne. Car, vous, du moins, vous savez qui
vous vient; et moi, j'ignore qui je dois voir. —
Ne le sachez pas, ne le devinez pas. Figurez-
vous n'avoir affaire qu'à de bons compagnons,
qu'à des gens qui souperont chez moi, et avec
lesquels cependant je ne me mettrai pas à table.
— Comment, vous ne soupez pas avec nous? —
Non, sans doute. Moi et lui, miséricorde ! On
viendra me demander à l'instant du souper, et
je ne reparaîtrai qu'à la fin. » Peu m'importait.
Néanmoins, j'eus l'air d'être très fâchée de l'absence de Lebel. En vérité, on respire un mauvais
air à la cour, un air de fausseté qui est perni-
cieux aux meilleurs naturels.

Lebel, toujours avec une galanterie cérémo-
nieuse, me conduisit dans un arrière-cabinet, où
je trouvai plusieurs femmes prêtes à faire ma toilette. Je m'abandonnai à leurs soins. Elles firent
merveilles. Elles me lavèrent à l'orientale, me
coiffèrent, m'attiffèrent, et je sortis de leurs
mains charmante comme une odalisque.

Lebel, en me revoyant, recula de deux pas.
« Vous êtes, me dit-il, le nouveau soleil qui va
se lever sur Versailles. — Bon ! repris-je, en riant

comme une folle. Mais avant de me lever, il faut
que je me couche. » Le comte entra; et lui aussi
me complimenta sur ma beauté. Tout-à-coup
le bruit précipité d'une sonnette se fit entendre.
« Voilà le noble ennemi qui approche, me dit
Lebel; il convient d'aller à sa rencontre. Motus
au moins sur son rang; ne sourcillez point devant
lui : point de sotte faiblesse. » La recommandation de Lebel était inutile. Le comte Jean, qui
passait au moins pour effronté, n'eut point, je
suis sûre, autant de courage que moi; et je crois
qu'il se demanda plus d'une fois s'il serait assez
osé pour paraître en face de son souverain avec
une personne qui n'était pas sa belle-sœur, et
qu'il donnait pour telle. Quoi qu'il en soit, nous
allâmes trouver nos convives dans la salle où ils
nous attendaient. Lebel me conduisait, et j'étais
suivie par le comte Jean. Il n'est pas inutile, je
pense, d'interrompre ici ma narration pour
vous parler des quatre personnages avec lesquels
j'avais l'honneur de souper.

Le premier, Louis XV, roi de France, et ce
jour-là baron de Gonesse, était une espèce
d'égoïste sentimental qui croyait aimer tout le
monde, ses sujets et sa famille, et qui n'aimait
que lui-même. Il aurait pu le disputer au seigneur le plus aimable et le plus spirituel de son
royaume, et pourtant il s'ennuyait presque tou-

9.

jours. Ce n'était pas sans s'en apercevoir. Mais
il avait pris son parti : il avait mis l'ennui au
nombre des charges royales. Ne possédant aucune instruction, il méprisait les arts et la littérature, et, de là, les littérateurs et les artistes.
Il n'estimait les hommes que d'après leurs quar-
tiers de noblesse. Il mettait M. de Voltaire au-
dessous du dernier hobereau de province ; et la
réputation des gens de lettres l'effarouchait parcequ'elle dérangeait le cours de ses idées. Il se trouvait bien d'être roi : et, néanmoins, ce titre nu
ne le satisfaisait pas. Il aurait voulu être en outre
quelque chose de plus : grand capitaine, par
exemple. Comme il n'avait pu obtenir cette gloire,
il jalousait Frédéric II, et ne cachait point sa
mauvaise humeur en parlant de son frère de
Prusse. L'habitude de commander et d'être obéi
lui avait inspiré un dégoût souverain de toutes
choses, que lui et les autres prenaient pour de
la mélancolie. Il n'aimait pas la résistance à sa
volonté : non pas que la résistance en elle-même
lui déplût, mais parcequ'il connaissait à fond sa
propre faiblesse, et qu'il craignait d'être obligé
de montrer une fermeté qu'il ne possédait pas.
Il avait pour le clergé une vénération superstitieuse. Il craignait Dieu parcequ'il avait grand'
peur du diable : et il s'imaginait qu'un bon
absolvo de son confesseur lui donnait pleine li-

cence de pécher. Il redoutait les pamphlets, les chansons, et surtout le jugement de la postérité; et cependant toute sa conduite était celle d'un homme qui ne tient pas à l'opinion. Voilà à peu près quel était Louis XV, je dis *à peu près*, parceque je n'ai voulu qu'esquisser son portrait. Il reparaîtra souvent dans ce journal. Je vous le montrerai successivement sous toutes ses faces, et je me flatte que je vous aurai fait connaître l'homme complet. Passons au duc de Richelieu.

Ce seigneur, alors âgé de soixante et douze ans, conservait dans sa vieillesse toutes les prétentions qu'il avait eues auparavant. Ses nombreuses bonnes fortunes, que son cœur ne mérita jamais, l'avaient rendu célèbre. C'était un fat suranné, un vieux papillon lourd et fatigant. Quand il voulait bien ne plus faire le jeune, il avait de la grâce et un esprit d'homme du monde vraiment piquant. Je dis esprit d'homme du monde, car le duc de Richelieu était bien superficiel, et n'avait de l'homme d'esprit que le jargon. Il était d'une ignorance crasse, ne savait pas l'orthographe, et en tirait vanité : peut-être parcequ'il ne pouvait pas faire autrement. Il ne fallait pas lui demander une grande noblesse d'âme. Mauvais fils, mauvais mari, mauvais père, il n'était pas meilleur ami. Il écrasait tous ceux qu'il craignait. Sa maxime favorite, qu'il m'a cent fois répétée, était qu'il faut tuer ceux qui peuvent nous nuire. Les morts, disait-il, ne parlent pas. Il y avait cependant une personne qu'il haïssait et qu'il cajolait en même temps. C'est Voltaire. Celui-ci le lui rendait bien. Il appelait le duc de Richelieu le tyran du tripot (1), et le duc de Richelieu ne le désignait jamais que sous les noms de faquin, de rimailleur. La seule différence était que M. de Richelieu ne traitait ainsi le poète qu'en *catimini*, à voix basse; tandis que M. de Voltaire ne se gênait pas dans sa correspondance pour exprimer franchement son opinion sur le duc et pair. En somme, il y avait de l'ingratitude dans le fait de M. de Richelieu; car, s'il avait quelque réputation comme capitaine, il la devait en grande partie aux beaux vers du rimailleur.

Le marquis de Chauvelin, qui savait la guerre, et diplomate habile, était doux, spirituel, gracieux. Il joignait à des connaissances variées une simplicité parfaite. On ne pouvait s'empêcher de l'aimer quand on le connaissait. Aussi le roi l'aimait-il beaucoup. Le marquis ne se prévalait en aucune façon de sa faveur. Loin de là, il la cachait comme il eût fait une bonne fortune. C'était un homme vraiment remarquable. Malheureusement il est mort trop tôt pour moi, trop

(1) La Comédie française.

tôt pour le roi, à qui il donnait de bons conseils ; trop tôt pour les cours étrangères, qui savaient l'apprécier. J'aurai occasion de vous reparler de lui. Il avait pour frère un méchant petit bossu, brave comme César, et ennemi acharné des jésuites qu'il ne contribua pas peu à renverser dans le parlement de Paris dont il était membre. Le roi détestait celui-ci autant qu'il aimait le marquis, et je vous assure que ce n'est pas peu dire.

Le quatrième convive était le duc de La Vauguyon, gouverneur vraiment éternel des enfants de France, car il en éleva quatre successivement. Il avait montré à l'armée une certaine bravoure et de certains talents ; mais il était jésuite jusque par-dessus les oreilles, et il se conduisit avec moi comme ce qu'il était. Il reparaîtra dans ce journal, et je l'abandonne pour le moment. Revenons maintenant à mon entrée dans le salon.

Dès que Lebel m'y eut introduite, il fut appelé et nous quitta. Le roi vint à moi, me salua avec une galanterie admirable, et me parla avec non moins d'amabilité. Ses manières douces et polies, sa belle figure, son air noble, le feu libertin que lançaient ses yeux, tout me rassura. Je perdis aussitôt cette émotion involontaire que j'avais eue au premier moment de mon entrée. Le roi adressa quatre mots au comte Jean, et

puis l'examina attentivement comme pour bien
se le rappeler. De là il revint à moi, et me traîta
de manière à m'enivrer. Jamais il ne fut enthousiasme pareil ; jamais passion ne grandit plus
vite. Nous n'étions pas encore à table que déjà il
m'adorait.

Vous eussiez ri, mon ami, de voir comment le
respect et l'admiration des trois courtisans crois-
saient à mesure que le roi laissait éclater ses sentiments. J'étais, au début, une petite personne sans
conséquence ; un peu plus tard, l'air de familiarité fut remplacé par des manières affectueuses ;
plus tard encore, il y eut une nuance d'égards ;
et nous n'avions pas quitté la table, que ces messieurs en étaient aux formes de la plus haute
considération. Le comte Jean prenait note de
tout dans un profond silence. Quant à moi, je
parlais librement et follement, et ma franchise
et ma pétulance enchantaient le roi. Je savais
qu'il aimait le mauvais ton ; et je le servais à souhait. Les propos de table furent piquants et va-
riés. On parla de quelques hommes de lettres ;
on passa en revue la Comédie française et la Comédie italienne ; on se rabattit sur les intrigues
de la cour. Le baron de Gonesse nous raconta
une anecdote qui venait de lui être envoyée par
un intendant de province. Il faut vous dire que
ces administrateurs avaient l'ordre de recueillir

tous les faits piquants, scandaleux, horribles ou
ridicules, qui se passaient chez eux, et de les
envoyer au roi ; cela lui servait de distraction.
Que d'étranges choses j'ai apprises de cette manière !

Le souper terminé, les amis du roi restèrent
quelque temps à causer avec nous. Pendant que
ces messieurs faisaient mon éloge, assez haut
pour que le roi les entendît, le baron de Gonesse, debout près de moi, me parlait avec une
vivacité singulière. Je soutenais assez bien ses
attaques. Il était fort aimable, comme je vous
ai dit, et ce qui lui manquait en jeunesse, il le
regagnait bien en grâces et en royauté. Enfin
Lebel parut, et me fit signe de me lever. Jusque là rien n'avait trahi l'auguste incognito du
monarque, et je sortis sans beaucoup de façon
pour lui laisser croire mon ignorance de sa grandeur. Lebel me mena dans un appartement voisin dont la magnificence était excessive. Quand
nous y fûmes entrés, il se retourna vers le comte
Jean qui nous avait suivis. « Monsieur, lui dit-
il, vous pouvez retourner à Paris, ou rester à Versailles, si bon vous semble. Quant à madame la
comtesse, comme on la présume trop fatiguée,
elle couchera cette nuit au château. » Mon beau-
frère, que j'appelle ainsi par anticipation, et
moi, nous comprîmes à ces paroles que j'avais

plu. Nous aurions désiré l'un et l'autre que les choses allassent moins vite, afin de pouvoir enfoncer le trait plus avant; mais nous étions dans une maison où tout obéissait aux caprices du maître. Il fallut se résigner.

Vous ne trouverez pas étonnant, mon ami, que je passe sous silence certains détails; vous ne me pardonneriez pas d'agir autrement. J'ai quelquefois parlé assez lestement avec de grands seigneurs; mais, je ne sais pourquoi, je trouve ma plume plus prude que mes oreilles et ma bouche. Tout ce que je puis vous apprendre, c'est que le lendemain, lorsque je fus seule, Lebel entra dans ma chambre, et se prosternant devant mon lit : « Vous êtes reine ici, me dit-il, madame la comtesse; non seulement en vous quittant on ne m'a point fait le signe convenu de dégoût, mais encore on m'a dit que vous étiez adorable, et que pour la première fois on avait appris à connaître le plaisir. Enfin, j'ai reçu l'ordre de ne pas vous donner cette cassette avec ce qu'elle renferme. — Qu'y a-t-il donc, demandai-je avec un empressement enfantin ? — Une misère; cinq cents louis et une parure d'émeraudes qui vaut la même somme. Cela paie une passade, et l'on a senti que c'était indigne de vous. — Il veut donc me revoir? — Demain au soir, si vous le trouvez bon. — Je suis à ses ordres. — Désirez-vous re-

cevoir, avant votre lever, le comte Jean? Il est
là depuis sept heures du matin ; il est impatient
de vous parler. — Il peut entrer. »

Le comte entra. Je vis à son visage triomphant
que Lebel lui avait parlé. Il vint à moi, les bras ouverts, m'embrassa et me complimenta sur mon
succès. Il me fit quelques questions auxquelles
par un caprice de jolie femme et de nouvelle
favorite, je ne voulus pas répondre tout d'abord.
Ma discrétion lui déplut : il se fâcha , et quelques
jurons échappés à sa bouche retentirent sous ces
voûtes où nul avant lui n'avait osé parler si haut.
Lebel effrayé lui mit la main sur les lèvres en
lui demandant s'il perdait la raison et s'il savait
en quel lieu il était. Pour moi, craignant une
incartade de ce fou , je lui souris, et pendant
qu'il s'asseyait familièrement sur mon lit, je fus
moins discrète avec lui et Lebel que je ne le suis
avec vous la plume à la main. Entre autres
choses je leur racontai que j'avais avoué au roi
qu'il m'était bien connu la veille quand je sou-
pais avec lui ; et qu'il avait eu la bonhomie de
s'étonner que je n'eusse pas montré plus de sai-
sissement en sa présence. Mes confidences
terminées, je voulus revenir à Paris. On me
laissa partir. Je n'y étais pas arrivée depuis une
heure que je reçus de la part de Sa Majesté
une magnifique agrafe en diamants de soixante

mille livres au moins, et des billets de caisse
pour une somme de deux cent mille livres.

Le comte Jean et moi, nous demeurâmes
comme accablés en face d'une pareille fortune.
Nous n'avions jamais touché autant d'argent de
notre vie : cette somme nous semblait inépuisa-
ble. Mon beau-frère la divisa en deux parts égales. Il mit l'une dans sa poche et l'autre dans
mon secrétaire. Je le laissai faire. Je trouvais tout
simple que lui aussi il eût des besoins et qu'il
voulût les satisfaire. Je donnai deux mille écus
à Henriette ; j'achetai dans la journée une foule
d'inutilités qui me coûtèrent un bon quart de
mon trésor : et cela, sans qu'il me vînt dans
l'idée un seul moment que peut-être une fantaisie du roi pouvait me faire retomber le lendemain dans la position où j'étais la veille. Je passai la soirée tête à tête avec le comte Jean. Il
lui semblait, comme à moi, qu'une fortune
fondée sur le plaisir était à jamais assurée ; et il
me donnait pour l'avenir des conseils que je me
promettais de suivre, car je savais qu'il y avait
du profit à l'écouter. Que de folies nous débi-
tâmes ce soir-là, qui huit jours plus tard se trouvèrent raisonnables ! Nous passions les ministres
en revue ; nous conservions les uns, nous chas-
sions les autres ; je commandais en souveraine à
ces illustres personnages avec lesquels j'allais

bientôt représenter. Après tout, mon ami, le
monde est une plaisante comédie : et je ne vois
pas pourquoi une jolie femme n'y jouerait pas
le premier rôle.

CHAPITRE X.

Le lendemain, de bonne heure, je reçus un message du roi. Il m'envoyait un bouquet de fleurs attaché par un nœud de diamants. Ce présent était accompagné d'une petite lettre. Je l'aurais transcrite ici, mais on me l'a volée avec bon nombre d'autres. Ma réponse fut brève; je la fis toute seule. Comme j'en conservai soigneusement le brouillon, parceque j'appartenais désormais à l'histoire, moi et mes actes les plus simples, je puis la copier; la voici :

« Rien n'égale ma joie, monsieur le baron. Ce billet qu'a tracé votre noble main me rend la plus heureuse des femmes. Grand merci de vos fleurs! elles sont charmantes, mais elles seront passées demain; il n'en sera pas ainsi des sentiments que vous m'avez inspirés. Vous exprimez si vi-

vement votre impatience de me voir, qu'il m'a
semblé que vous vouliez parler de la mienne.
Vous voudriez être dans mes bras, et moi je voudrais passer ma vie à vos genoux. Adieu, monsieur le baron. Vous m'avez défendu les formu-
les de respect ; je me contente de vous dire que
je vous aime.

Comtesse Du Barri.

Je faisais un bon faux en signant de ce nom ;
mais il n'y avait pas à reculer. D'ailleurs je m'a-
dressais dans ma lettre, non au roi, mais au baron
de Gonesse ; car Louis XV, par je ne sais plus quel
reste de caprice, s'était amusé à signer ainsi. J'ai
su depuis que François Ier avait pris le même
nom, mais dans une occasion toute différente.
Répondant à une lettre de Charles-Quint, où
l'empereur s'était donné une kyrielle de titres,
il signa tout simplement, *François, seigneur de
Gonesse*. Louis XV aimait à prendre divers noms.
la vanité du commun des hommes leur fait ai-
ner un incognito qui les relève par un titre
d'emprunt ; les rois, pour se cacher, n'ont plus
qu'à descendre. La familiarité que Louis autori-
sait ainsi était une distraction des ennuis de sa majesté. J'avais oublié dans ma lettre au *Baron* de
lui rappeler que je devais le revoir le soir même,

mais cela ne me fit pas manquer le rendez-vous.
J'arrivai à Versailles à l'heure indiquée, et toujours dans le même appartement. J'y retrouvai
les femmes de mon service ; car dès ce jour j'en
eus un. Le roi, dès qu'il me sut près de lui, ne
pouvant commander à son impatience, accou-
rut pour assister à ma toilette. Il se tint debout
tant qu'elle dura. J'étais véritablement confuse;
mais je n'osai lui dire de s'asseoir. Je fis bien,
m'a-t-on dit, et mon savoir - vivre eut les honneurs de ma timidité. Mon triomphe fut complet. Le monarque souriait à mes moindres paroles. Il baisait mes mains, il roulait mes longs
cheveux dans ses doigts, il avait retrouvé près
de moi sa vivacité de vingt ans. Ce soir là les convives changèrent ; ils n'étaient que deux cette
fois, le duc de Duras, premier gentilhomme de
la chambre, et le duc d'Ayen : celui-ci passait
pour avoir de l'esprit. Ce que je sais, c'est que
c'était un vrai démon ; sa salive était un venin
qui brûlait comme du vitriol, et quand il déchi-
rait quelqu'un, la plaie était incurable. Je me
souviens qu'un jour M. de Fleury dit au roi, en
ma présence : « Sire, ce que je redoute le plus au
monde, après la morsure de M. d'Ayen, c'est celle
d'un chien enragé. » Pour ma part, je ne le re-
doutai pas moins dans la suite, et j'étais payée

pour cela. Dans une circonstance, le roi lui parlant de moi, lui dit : « Je sais bien que je succède à Sainte-Foix . — Oui, sire, reprit le duc,
comme votre majesté succède à Pharamond. »
Je ne lui ai jamais pardonné ce mot ; il renfermait une méchanceté infernale. Quoi qu'il en
soit, dans cette soirée dont je vous parle, il ne
me montra que de la politesse. Je lui étais incon-
nue ; il ne savait pas ce que je deviendrais. Il me
regarda comme un de ces météores qui brillaient
vingt-quatre heures au château de Versailles, et
disparaissaient le lendemain.

M. le duc de Duras n'était point méchant,
mais il était bête à faire peur. L'esprit n'a jamais
été de mise dans cette famille. Le père et le fils,
bons gentilshommes au demeurant, soutenaient
de leur mieux la triste réputation dont ils jouis-
saient à la cour. Un jour, le roi demandait au
duc de Duras ce que l'on faisait des vieilles lu-
nes. « Ma foi, sire, répondit-il, je n'en sais rien,
n'en ayant jamais vu ; mais, si votre majesté le
désire, je le ferai demander à M. de Cassini. »
Le brave homme était de cette force. On le
nomma lui et son fils pour accompagner le roi
de Danemarck lors du voyage de ce prince. Le
monarque dit à quelqu'un non suspect, qui me
l'a répété · « On prétend que les Français sont

spirituels; je ne l'aurais jamais cru si je m'étais
contenté de juger de la pièce par les échantillons. » Quant à moi, après vous avoir dit un mal
horrible de messieurs de Duras, je dois convenir que je n'ai eu qu'à me louer de toute leur
conduite envers moi. J'aimais à les voir ; leur
entretien me reposait l'imagination. De mon
côté, j'ai tâché, dans toutes les circonstances,
de les servir ; et j'espère qu'on ne perdra pas
dans cette maison le souvenir de ce que j'ai fait
pour elle.

Ce souper ne fut pas aussi gai que le précédent. Le duc de Duras parlait le moins possible
pour ne pas se compromettre, et le duc d'Ayen
n'avait pas là sur qui mordre. Il chercha bien
une ou deux fois à me faire dire quelque chose
de ridicule; mais il ne réussit pas. Heureusement
que le roi ne vit point son manége. Il était trop
occupé de moi pour écouter les propos du duc; sa
tête n'était plus à lui. Il me jura, dans son transport, que je ne le quitterais plus, et qu'il ferait
de moi la première femme de son royaume. À
un signe du monarque, les deux convives nous
quittèrent. Quand le duc d'Ayen fut sorti : « Voilà
un cadet qui ne me plaît guère, dis-je à Louis XV;
il m'a l'air d'un sournois peu disposé à me vouloir du bien. — Le croyez-vous, belle comtesse?

— J'en suis certaine ; et un ennemi auprès de votre majesté me fait déjà frémir. — Rassurez-vous, me dit le roi avec une effusion de tendresse ; vous avez en moi un défenseur qui ne vous abandonnera point. Je suis désormais votre protecteur naturel, et malheur à celui sur qui tombera votre colère. »

Après cette conversation, je passai encore la nuit avec le roi. Il me pria, en me quittant, de ne point repartir pour Paris, parcequ'il voulait me garder toute la semaine. Lebel vint me dire que je disposerais de l'appartement où je me trouvais, et qu'il avait reçu l'ordre de monter ma maison sur un pied respectable.

Ce même jour, Henriette, que j'avais mandée et instituée ma première camariste, m'annonça la visite d'un vieux seigneur paré comme un jour de gala, qui n'avait pas voulu se nommer. Je fis entrer. C'était le duc de Richelieu. « Madame la comtesse, me dit-il en m'abordant, j'ai des plaintes à former contre votre bienveillance, à moins que votre mémoire soit la seule coupable. Se peut il que l'autre soir vous n'ayez pas reconnu votre ancien ami ? — La faute, si c'en est une, monsieur le maréchal, a été partagée aussi par vous. Vous non plus, ne m'avez point fait l'honneur de me reconnaître. — C'est que maintenant vous êtes cent fois plus jolie. Vous n'étiez qu'une nymphe lorsque j'eus l'honneur de vous connaître, vous êtes devenue aujourd'hui une divinité. » Le duc ajouta quelques mots sur la maison de madame de Lagarde, mais en glissant légèrement. Avec son tact exquis, il sentit que ces souvenirs ne devaient pas m'être fort agréables. Il me demanda la faveur de me présenter le duc d'Aiguillon, son neveu, pour avoir, dit-il, un ministre auprès de moi lorsque le service du roi l'appelait en Gascogne. Il me demanda encore de le lier avec le comte Jean. Ils furent plus tard ensemble à couteaux tirés. Mais ce grand seigneur, si hautain, se montra d'abord d'une bassesse inconcevable. La troisième grâce qu'il sollicita fut de le nommer au roi le plus souvent possible pour souper avec nous. Je le lui promis; car il me témoignait beaucoup d'amitié. « Vous ne tarderez pas, me dit-il, à voir toute la cour à vos pieds; mais vous aurez aussi bien des ennemis. Comptez en première ligne la duchesse de Grammont. Elle s'est introduite cinq ou six fois par fraude dans le lit du roi, et elle verra avec fureur une autre plus digne prendre la place qu'elle a usurpée. Elle et son impertinent frère feront le diable pour vous chasser. Vous êtes perdue, si vous ne leur tordez le cou à tous deux. —

Y songez-vous, monsieur le maréchal; voulez-vous que je débute par un meurtre? — Vous prenez cela trop au pied de la lettre. Je veux dire qu'à votre place je ne les ménagerais pas. — Eh! monsieur le duc, j'arrive; à peine si j'ai les pieds à terre, et déjà il me faudrait intriguer. — Prenez garde, vous êtes trop bonne, trop franche. Soit dit entre nous, nous sommes tous ici des hypocrites. Méfiez-vous de tout le monde, même de ceux qui vous feront les plus belles protestations. — En ce cas, je dois surtout me méfier de mon vieil ami, monsieur le maréchal de Richelieu. — Ah ! madame, ce n'est pas bien que vouloir me blesser avec les armes que je vous donne. »

Là-dessus, le duc me quitta. A peine était-il sorti que le duc de La Vauguyon se fit annoncer. Celui-ci ne me donna aucun conseil. Il se contenta, dans le courant de la conversation, d'appeler deux ou trois fois les jésuites ses bons amis. Je lui laissai exprimer son attachement pour eux tant qu'il voulut, me promettant *in petto* de ne point servir ces vilains hommes qui, m'avait-on dit, aiment fort peu mon sexe. Le duc de La Vauguyon se retira très satisfait de moi, et fut remplacé par le comte Jean, à qui je fis part de ce qui s'était passé entre moi et les deux visiteurs. «Au nom de Dieu, me dit-il, ne soyons point dupes de ces grands seigneurs. Avant de nous ranger d'un parti ou de l'autre, commençons par nous mettre en pied. Attendons que vous soyez présentée. — Mais, pour cela, il faut être mariée. — Vous le serez bientôt, ne vous inquiétez point. J'ai écrit à mon frère Guillaume de partir tout de suite pour Paris. Le gros papa sera content de vous épouser. Qu'en dites-vous ? » Je fis comprendre par un geste au comte Jean que je le laissais maître de ma destinée ; et il sortit.

Le roi aussi trouva un moment à me donner. « Vous ne m'aviez pas confié, ma belle amie, me dit-il, que vous connaissiez le duc de Richelieu. Il a été moins dissimulé que vous, et m'a appris qu'il vous avait vue chez madame de Lagarde où vous étiez la meilleure amie de cette dame. — Sire, répondis-je, j'étais trop occupée de votre majesté pour songer à qui que ce soit au monde. » Mon propos le flatta ; il sourit. « Vous m'aimerez donc ? me dit-il. — Je continuerai à vous aimer. — En ce cas, reprit-il, en me baisant la main avec vivacité, vous ne ferez que payer ma tendresse de retour. »

Je fus flattée de ces paroles. Je vous assure, mon ami, que si je n'aimai jamais le roi de ce qu'on appelle amour, j'eus toujours pour lui un sincère attachement. Il avait tant d'égards, tant

de bonté pour moi, que je me serais regardée
comme un moñstre s'il me fût resté indifférent.

Il ne me quitta pas sans me promettre de venir
souper avec moi, et sans me faire connaître la
liste de nos convives. C'étaient le prince de Soubise, les ducs de Duras et de Richelieu, le marquis
de Chauvelin et le comte de Flamarens. Je vous
ai déjà parlé de tous ces messieurs, excepté du
dernier. Mais, toute bavarde que je suis, je ne
vous dirai rien de lui : vous devinez pourquoi.

Le souper fut plus gai que celui de la veille. Le
duc de Richelieu nous raconta une aventure scandaleuse de son bon temps. Elle n'avait rien de fort
piquant; mais le duc racontait fort bien, et nous
rîmes beaucoup. Le comte Jean me regardait
toujours avec attention et paraissait content de
moi. Quant au roi, il était enchanté; il ne cessait
de faire mon éloge et de me combler de galanteries. Après le souper, dans le tête-à-tête, il
s'expliqua de manière à me convaincre que mon
empire était assuré. Il ne me l'eût point prouvé,
que je m'en serais aperçue le lendemain aux nouvelles adulations que l'on me prodigua. Je n'étais
plus une jeune femme sans conséquence, j'étais
l'amie secrète du roi; j'étais, pour me servir de
l'expression de Lebel, un nouveau soleil levé sur
Versailles. Il me fut impossible de douter de ma

faveur, lorsque je vis des personnes nobles se présenter pour remplir des emplois serviles auprès de moi. Je vous citerai entre autres cette dame de Saint-Benoît, que vous avez vue ma première femme de chambre tout le temps de ma régence, Henriette, plus chérie, s'étant contentée de la seconde place.

CHAPITRE XI.

Le duc de Richelieu, qui était pressé de partir pour la Guienne, ne tarda pas à me présenter le duc d'Aiguillon. Celui-ci n'était plus jeune, mais il était beau et bien fait, d'une grande amabilité, d'un courage non moins grand. Ami sincère, aucune considération ne pouvait affaiblir son zèle; adversaire redoutable, aucun obstacle ne pouvait imposer à son audace. Ses ennemis, et parmi eux il comptait toute la magistrature, — ses ennemis, dis-je, l'ont traité horriblement; mais il leur a fait trop de mal pour qu'ils soient croyables dans celui qu'ils ont dit de lui. S'il était ambitieux, il avait pour excuse un mérite supérieur; et s'il s'est montré trop sévère dans une circonstance, cela venait d'une éner-

gie d'âme qui ne lui permettait pas d'avoir plus
de pitié pour les autres qu'il n'en aurait voulu
pour lui-même. Au reste, mon ami, ne croyez
pas que l'attachement que je lui ai porté autrefois puisse m'abuser encore aujourd'hui sur son
compte. Depuis qu'il est dans la tombe, mes
illusions, si j'en ai eu, ont cessé. Je ne rends à
mes amis morts que le tribut que je leur dois : la
vérité et des larmes. Mais vraiment, sans y penser, je me laisse aller peut-être à me donner ici à
moi-même des vertus sans nécessité, oubliant
que vous n'êtes pas de ceux qui m'auraient voulu
faire bien noire aux yeux de la postérité.

Autant le premier coup d'œil avait jadis des-
servi l'oncle dans mon esprit, autant cette fois il
fut favorable au neveu. Je lui reconnus un cœur
généreux et un génie capable de grandes choses,
ce que vous auriez vainement cherché dans le
maréchal de Richelieu. Sans doute qu'au commencement de notre liaison le duc d'Aiguillon
ne vit en moi qu'une femme qui pouvait être
utile à ses projets ; mais bientôt son cœur se mit
de la partie ; et à un dévouement de calcul succéda une passion véhémente dont je dus être
fière, puisqu'elle me soumettait le plus parfait
des courtisans.

Notre première entrevue fut gaie. Le maréchal

et lui en firent les frais avec une amabilité rare.
M. de Richelieu, ainsi que je vous l'ai dit, n'avait
ni esprit ni instruction; mais il possédait cette
aisance du grand monde, ces grâces de la haute
compagnie, ces manières de la cour, qui peuvent souvent tenir lieu d'instruction et d'esprit.
« Mon neveu, dit-il au duc, madame peut faire
beaucoup pour nous : mais c'est à nous d'abord
de faire quelque chose pour madame. Elle se
trouve perdue à Versailles, sans soutiens, sans
amis ; soyons les siens si elle veut bien nous
agréer ; que notre expérience ne manque pas à
sa jeunesse. »

La vivacité que le duc d'Aiguillon mit à répondre me charma. Il se dit trop heureux de
pouvoir me servir; il me conjura de compter sur
lui comme sur moi-même. « Ce n'est point,
poursuivit-il, que nous n'ayons à lutter contre
forte partie. La duchesse de Grammont et son
frère ne seront pas gens à céder la place sans
combat. Mais, madame, aidé de votre heureuse
et belle étoile, je descendrai avec plaisir dans
la lice ; et si un regard de vos yeux doit récompenser le vainqueur, je le serai. — Oh ! s'écria
le duc, mon neveu est d'une galanterie d'Amadis
et d'une bravoure à toute épreuve. Vous serez
contente de lui, madame ; beaucoup plus que

de mon fils par exemple: celui-là n'appartient à la famille que par ses défauts. »

Le duc de Fronsac était détesté avec raison par son père. C'était ce qu'on appelle un mauvais garnement, sans aucune qualité, sans aucune vertu. Débauché sans grâce, courtisan sans adresse, militaire sans courage, il avait mérité partout sa pire réputation. On ne le haïssait pas, parcequ'on honore encore celui qu'on hait; mais on le méprisait universellement. Son père seul le détestait, et il détestait son père. C'était une réciprocité édifiante. Quant à moi, j'ai vu souvent le duc de Fronsac, et toujours avec dégoût. Il avait mérité le dernier supplice, lorsque, voulant enlever la fille d'un boucher, il se rendit coupable du triple crime d'incendie, de rapt et de viol. C'était là cependant sa plus belle action, au dire de son père, et la seule où il eût montré... Devinez quoi; car, mon ami, je n'écrirai pas le mot cynique dont le vieux duc se servit. Il faut avouer qu'à Versailles nous étions quelquefois de bien mauvaise compagnie. Le roi, qui ne pouvait souffrir les lâches, n'aimait pas non plus le duc de Fronsac, tandis qu'il était rempli de bienveillance pour le duc d'Aiguillon. Ce dernier montra bien jusqu'où allait sa faveur dans sa lutte longue et opiniâtre avec le parlement de Bretagne. Il

faut avouer que s'il gagna la victoire à la cour, il
la perdit bien à la ville, et je fus insultée publiquement à ce sujet de la manière la plus brutale.
Quoi qu'il en soit, l'amitié que je lui ai toujours
portée, il me l'avait inspirée dès sa première
visite.

La semaine s'écoula, et chaque jour ma situation prenait plus d'avenir. L'amour du roi ne
faisait qu'augmenter, il me comblait de présents
et d'honneurs; il semblait croire ne pouvoir jamais faire assez pour moi. Les bontés de Louis XV
furent connues, et aussitôt s'élevèrent contre moi
les deux ennemis dont on m'avait menacée : le
duc de Choiseul et la duchesse de Grammont,
sa sœur. Je dois dire cependant que, dans le
principe, le frère se contenta de me mépriser;
mais la duchesse était furieuse : j'avais offensé
son amour-propre de femme, elle ne pouvait me
pardonner. Je vous ai dit qu'elle s'emparait par
ruse de la personne de Louis XV. Cela est vrai.
Elle était à l'affût des orgies royales, et lorsque
Louis XV sortait de table, la tête échauffée, elle
l'attendait dans son lit pour lui faire une sorte de
violence. Voilà une drôle d'ambition! Dès que
cette noble dame connut ma faveur, elle voulut
savoir qui j'étais, et depuis on m'a appris toutes
les démarches qu'elle avait faites en cette cir-

constance. Elle ne borna point ses recherches
dans l'enceinte de Versailles; elle s'empressa de
venir prendre langue à Paris avec M. de Sartines.
Le lieutenant de police , ne se doutant point
de la faveur qui m'attendait, ni de celle dont
je jouissais déjà, et d'autre part bien persuadé
de celle des Choiseuls, mit tous ses limiers en
campagne pour courir sur mes traces. On ne
manqua pas de lui rapporter sur mon compte
cent horreurs , dont il gratifia madame la duchesse. Celle-ci, croyant alors me bien tenir , répandit dans le château une foule de bruits contre
moi. Elle espérait qu'ils arriveraient jusqu'au
roi, et qu'ils le dégoûteraient de son amour. C'est
à cette époque que parurent dans les *Nouvelles à*
la main ces articles infâmes recueillis dans ce
qu'on appelle la Collection de Bachaumont. De
cette même fabrique sortirent les chansons de *la*
Bourbonnaise (1), dont on remplit Paris, et que

---

(1) Le lecteur ne sera pas fâché d'en avoir ici un échantillon.

> Dans Paris, la grand' ville,
> Garçons, femmes et filles
> Ont tous le cœur débile,
> Et poussent des hélas! ah! ah! ah!
> La belle Bourbonnaise,
> La maîtresse de Blaise,
> Est très mal à son aise! aise! aise! aise!
> Elle est sur le grabat, ah! ah! ah!

l'on fit chanter partout. Ces sales menées ne pro-
duisirent d'autre effet que d'augmenter l'attachement que le roi avait pour moi, et de diminuer celui qu'il avait pour le duc de Choiseul.

N'est-ce pas grand dommage
Qu'une fille aussi sage,
Au printemps de son âge,
Soit réduite au trépas, ah! ah! ah!
La veille d'un dimanche,
En tombant d'une branche,
Se fit mal à la hanche, hanche! hanche! hanche!
Et se démit le bras, ah! ah! ah!

On chercha dans la ville
Un médecin habile
Pour guérir cette fille
Il ne s'en trouva pas, ah! ah! ah!
On mit tout en usage,
Médecin et herbage,
Bon bouillon et laitage, age! age! age!
Rien ne la soulagea, ah! ah! ah!

Voilà qu'elle succombe;
Elle est dans l'autre monde.
Puisqu'elle est dans la tombe,
Chantons son *libera*, ah! ah! ah!
Soyons dans la tristesse,
Et que chacun s'empresse
En regrettant sans cesse, esse! esse! esse!
Ses charmes et ses appas, ah! ah! ah!

Pour qu'on sonnât les cloches,
On donna ses galoches,
Son mouchoir et ses poches,
Ses souliers et ses bas, ah! ah! ah!

La passion ne raisonne pas; si elle avait le sens commun, elle verrait qu'on ne dégoûte pas un amant en avilissant sa maîtresse; qu'au contraire on intéresse son amour-propre à la soutenir. Aussi toutes ces intrigues ne me tracassaient guère, et je ne parlai pas à mon conseiller, le comte Jean, d'une insulte que me fit madame de Grammont dans le parc de Versailles. Je ne la redis pas non plus au roi, ne songeant pas encore à mettre la cour sens dessus dessous. Je me vengeai toute seule, et je crois que je me conduisis fort bien dans cette petite aventure. La voici en peu de mots.

J'étais descendue dans le jardin avec Henriette qui me donnait le bras : c'était le matin, de bonne heure; les bosquets paraissaient solitaires. Nous nous dirigions du côté de l'Ile-d'A-

Et à sa sœur Javotte,
On lui donna sa cotte,
Son manteau plein de crotte, otte! otte! otte!
Avant qu'elle expirât, ah! ah! ah!

En fermant la paupière,
Ell' finit sa carrière,
Et sans drap et sans bière
En terre on l'emporta, ah! ah! ah!
La pauvre Bourbonnaise
Va dormir à son aise,
Sans fauteuil et sans chaise; aise! aise! aise!
Sans lit et sans sofa, ah! ah! ah! (ÉD.)

mour, lorsque nous entendons le pas de deux personnes qui venaient derrière nous. Henriette
tourna la tête, et puis me dit : « Voici mesdames
de Brionne et de Grammont. » Je ne connaissais
celle-ci que très imparfaitement, et pas du tout
l'autre. Ne soupçonnant pas ce qui allait arriver,
j'étais charmée de la rencontre. Certainement
ces deux dames ne se trouvaient point là par l'effet du hasard; elles savaient que je devais y être,
et voulaient me voir de près. Elles passèrent à
côté de nous, la tête haute, la mine fière, me
regardèrent fixement d'un air dédaigneux, ri-
rent avec impolitesse, et s'éloignèrent. Quoique
cette conduite me blessât, elle ne me mit point
de mauvaise humeur; il me semblait naturel
que madame de Grammont fût irritée contre
moi. Henriette eut moins de magnanimité. Elle
me répéta si souvent combien il était étrange
qu'on insultât ainsi une femme honorée des bontés du roi; elle monta si bien mon imagination,
qu'au lieu de revenir sur mes pas, comme la
prudence me l'aurait commandé, je me mis à
marcher sur les traces de ces dames. Je n'allai
pas loin pour les rejoindre ; elles étaient assises
sur un banc où elles m'attendaient, selon toute
apparence. Je passai auprès d'elles, et dans ce
moment la duchesse de Grammont, élevant la

voix, se mit à dire : « C'est un métier productif
que celui de coucher avec tout le monde. » La
colère m'emporta, et aussitôt je répliquai : « On
ne me reprochera pas du moins d'entrer de vive
force dans le lit de qui que ce soit. » Le coup
porta directement. Tout le visage de la duchesse
pâlit, excepté ses lèvres, qui devinrent bleues.
Elle allait sans doute répondre quelque sottise ;
mais madame de Brionne, plus calme, parceque
la chose la touchait moins, mit la main sur la
bouche de sa compagne. A mon tour je m'éloi-
gnai avec Henriette en riant aux larmes de cette
plaisante victoire.

La duchesse de Grammont, qui n'avait plus
envie de rire, s'en alla tout conter à son frère.
Celui-ci, qui l'aimait beaucoup, beaucoup trop
peut-être, la réprimanda néanmoins, et lui fit
sentir le désavantage qu'elle aurait dans une lutte
ouverte avec moi. Le secret fut donc demandé à
madame de Brionne, mais qui ne put s'empêcher
de le confier à la duchesse douairière d'Aiguillon.

Cette dernière dame était une femme d'un
mérite supérieur. Elle joignait à beaucoup d'esprit des connaissances solides. Elle savait l'anglais
comme une Anglaise. Sa mort, arrivée en 1772,
fut un grand malheur pour son fils, à qui elle
donnait les meilleurs conseils. Quoi qu'il en soit,

elle parla de mon aventure à sa bru. Celle-ci, qui était ambitieuse par-dessus sa chemise, voyait sans peine le goût naissant de son mari pour moi. Je dois vous dire, entre parenthèses, que j'ai toujours vécu parfaitement avec elle, et que, dans ma disgrâce, son amitié n'a nullement faibli. C'est une justice à lui rendre. Toutes *mes fidèles amies* ne m'ont pas été aussi fidèles.

Ces deux dames connaissant donc mon aventure, le duc d'Aiguillon ne tarda pas à en être instruit. Il vint en toute hâte me voir, et me demanda ce qui en était. Mais il eut beau me presser, me conjurer, je ne voulus pas la lui confier. Ma discrétion lui déplut, et, de retour chez lui, il m'écrivit. Comme j'ai du plaisir à m'occuper de tout ce qui me rappelle cet aimable seigneur, laissez-moi vous transcrire sa lettre. D'ailleurs elle vous fera juger de la tournure de son esprit.

« Je suis bien malheureux, madame. Je me flattais d'avoir obtenu votre confiance; mais le silence opiniâtre que vous avez gardé avec moi m'a cruellement désabusé. Permettez un avis à l'intérêt profond que vous m'avez inspiré. Vous ne connaissez point nos formes, vous êtes étrangère à nos usages; vous avez besoin d'un ami qui vous dirige, qui vous conseille. Pourquoi ne

choisiriez-vous pas un homme qui vous est tout
dévoué, et qui l'est pareillement au roi, au roi
dont vous possédez la tendresse? Et qui pourrait
vous refuser la sienne?.... Je m'arrête. Rien n'est
dangereux comme de tenir une plume lorsqu'on
a le cœur trop rempli. Soyez-moi meilleure, je
vous le demande en grâce, et ne prenez point
plaisir à me désespérer doublement. Adieu, madame, etc.....

« Signé le duc d'A. »

Je lus, je relus cette épître : elle me plut d'un
bout à l'autre. J'y trouvais un fond de passion
qui ne me contrariait point ; je compris parfaitement ce qu'avait d'obscur la dernière phrase. Il
me fallait une espèce de tuteur supérieur au
comte Jean, et je préférai le duc d'Aiguillon à
tout autre, parcequ'il me plaisait. Ce sentiment
me décida. Je lui répondis donc de la manière
suivante :

« Vous avez tort, monsieur, d'être chagrin,
et de croire que je ne sois pas disposée à vous
accorder ma confiance. Il me semble que je
ne puis la placer en de meilleures mains. Cependant nous ne nous connaissons pas assez encore pour que je vous la donne tout-à-fait ; mais
voyons-nous souvent, et alors, avec l'habitude
d'être en votre compagnie, je me laisserai aller

tout doucement à ces confidences que vous demandez. Oui, je suis bien étrangère à tout ce qui
se passe autour de moi. Je n'ai pour appui que
la protection dont le roi m'honore. Elle est toute-
puissante; mais je ne veux point l'employer mal
à propos. Je sens que j'ai besoin des conseils d'un
galant homme, prudent et sage. J'accepte donc
les vôtres ; je vous les demande même, si votre
amitié doit en dépendre. Adieu, monsieur. Rap-
pelez-moi, je vous prie, au souvenir de M. le
maréchal, votre oncle, la première fois que vous
lui écrirez. »

Cette lettre combla de joie le duc d'Aiguillon.

Quelques jours après, le prince de Soubise,
qui voulait aussi me donner des conseils, n'obtint pas le même succès. Il faut avouer que, pour
un homme du monde, il s'y prit bien maladroitement. Il commit la faute énorme de choisir
mademoiselle Guimard pour médiatrice entre
lui et moi. Cette fille vint me trouver en vertu
de notre ancienne liaison : elle eut assez peu
d'esprit pour ne pas sentir l'immense distance
que quelques jours avaient établie d'elle à moi ;
et que la danseuse de l'Opéra, entretenue par
le prince de Soubise, n'avait plus aucun rapport avec la favorite du roi de France. Je tâchai
vainement de l'en faire apercevoir sans trop la

mortifier. Elle m'appelait toujours **sa chère amie**;
elle se tuait de me dire que *son* prince me proté-
gerait. Il était singulier qu'elle me parlât ainsi,
à moi dont *son* prince sollicitait la protection.
Elle ne s'en tint pas là; elle en vint jusqu'à me
faire entendre qu'on me donnerait je ne sais
quel *pot-de-vin*. Pour le coup je lui ris au nez;
je sonnai, me levai, et dis au valet de chambre
qui ouvrit la porte : « Appelez les gens de mademoiselle. » Ce coup de théâtre l'atterra; tous
les muscles de son visage étaient contractés par
la colère. Néanmoins elle se contint de son mieux,
me salua avec un respect simulé, et partit après
s'être si dignement acquittée de sa sotte ambas-
sade.

Elle m'avait quittée depuis une heure, lorsque je reçus une lettre de celui qui me l'avait
envoyée. Le prince de Soubise me priait de lui
accorder un entretien où il pût s'expliquer avec
moi. Je lui répondis que je le recevrais. Il vint le
jour même. « Je suis bien peiné, madame, me
dit-il en entrant, que mademoiselle Guimard
vous ait mal rapporté ce que je l'avais chargée de
vous dire. — Prince, je crois que vous eussiez
mieux fait de vous charger vous-même de ce
message. Vous connaissez ma position ici, et vous
ne m'auriez pas parlé ridiculement comme elle

a fait. » M. de Soubise, très intrigué de ce qu'elle avait pu me dire, me le demanda. « Mais, répliquai-je, elle a prétendu que si je voulais suivre vos conseils, vous me paieriez ma condescendance en vis-à-vis. — Ah ! madame ! s'écriat-il, elle m'a horriblement assassiné. Je l'avais seulement chargée de vous offrir mes services, et de me mettre à vos pieds comme je m'y mets maintenant. — Relevez-vous, prince. Je ne vous accuse pas de sa folie; et je vous promets de n'en parler à qui que ce soit; seulement il est bon que vous sachiez que je n'ai ici qu'un seul rôle à jouer, celui de plaire au roi . tout autre rôle n'irait point à ma taille. Honorez-moi de votre amitié ; je vous offre la mienne. Il ne peut, il ne doit y avoir aucun autre rapport entre nous. »

C'est ainsi que je terminai cette entrevue. Il ne me convenait pas de laisser aucune espérance au prince de Soubise. Lui et tous les Rohan auraient vécu là-dessus ; ils auraient exploité ma confiance à leur profit, et, comme en général ils étaient des pipeurs à qui mieux mieux, mon nom n'aurait pas tardé à se trouver mêlé dans quelque sale affaire. Cette famille était une hydre d'avarice. Elle eût à elle seule dévoré tout l'argent de la France. Si le roi avait pris pour maîtresse une Rohan, je crois que les finances n'auraient pu suffire une année aux besoins de cette race dissipatrice. Je voulais bien que le prince de Soubise soupât chez moi, mais je ne me sentais pas disposée à lui abandonner aucun empire sur mon esprit : j'aurais été trop mal conduite par un homme qui ne savait pas se conduire lui-même.

Si M. de Soubise ne sortit pas satisfait, madame de Marsan, sa parente, à qui il conta le mauvais succès de sa tentative, ne le fut pas davantage. Celle-ci était femme à mener le royaume, si on l'eût laissé faire. Elle avait dans sa tête de femme une capacité supérieure à celle de tous les hommes de sa famille. Elle avait beaucoup d'ambition, et toutes ses démarches étaient soumises à l'exécution d'un plan arrêté. Elle aurait gouverné le roi, la reine, les princes, les princesses, les favoris, les maîtresses, la cour, la ville, les parlements et l'armée. Rien ne lui eût été impossible : elle était faite pour suffire à tout. La force des choses ne la mit jamais en position de déployer son génie. Avec de grands talents, de profondes vues, elle fut réduite à gouverner sa famille : et c'était bien peu de chose ! Malgré son mécontentement, madame de Marsan garda vis-à-vis de moi une espèce de neutralité. Elle laissait dire de moi tout le mal possible, sans jamais souffler le mot. Elle était alors immobile, muette. Elle me regardait déchirer sans émotion.

Du reste, quand nous étions ensemble, elle me faisait mille cajoleries, quoiqu'elle me détestât en son âme; et moi, qui ne pouvais la souffrir, je lui faisais de mon côté mille amitiés. C'est ainsi qu'entourée d'hypocrites, je le devenais moi-même : on apprend à hurler avec les loups.

CHAPITRE XII.

Le duc de La Vauguyon et la comtesse du Barri.—Le marquis de Chauvelin et la comtesse. — M. de Montbarrey et la comtesse. — Les intrigues. — Lebel. — Arrivée de la famille du Barri. — Le comte d'Hargicourt. — Les demoiselles du Barri. — Mariage de la comtesse. —
Le marquis de Bonrepos. — Les correspondances. — Le verre cassé.

Le prince de Soubise ne fut point le seul qui
voulut jouer auprès de moi le rôle de mentor.
M. le duc de La Vauguyon prétendit aussi servir
de guide à ma jeunesse. Ce seigneur était trop
jésuite pour n'avoir pas le nez prodigieusement
fin. Il flaira aussitôt le vent de ma faveur, et
m'environna en conséquence. Je vous ai parlé de
sa première visite. Il m'en fit une seconde quelques jours après. Il s'y montra fort affable, fort
tolérant ; il insista surtout à plusieurs reprises,
et cela sans propos apparent, sur ce que le roi
n'étant plus engagé dans les liens du mariage, il
lui était permis de se donner une compagne
agréable, et que certes il ne pouvait mieux choisir
qu'en me prenant. Le lendemain de cette visite,
de bon matin, le duc m'envoya un bouquet ma-

gnifique, et depuis renouvela souvent cet hommage. Il revint chez moi une troisième fois.

Dans cette visite, à la suite d'une conversation sur les embarras que devait trouver une débutante à Versailles, il me proposa de me les éviter. « Vous ne pouvez vous dissimuler, me dit-il, combien la cabale sera forte contre vous ; et sans compter les Choiseul, vous aurez à craindre surtout le parti des gens pieux, qui ne verra dans votre liaison avec le roi, permettez-moi de vous le dire, qu'un scandale criant et sans profit pour la religion. — Si les gens pieux se joignent à ceux qui ne le sont pas pour me perdre, répondis-je en riant, j'aurais donc contre moi toute la France. — Non, mais peut-être tout le château. Il y a cependant un moyen de faire tête à l'orage. Ce serait de vous attacher au parti de fort honnêtes gens que l'on a bien calomniés : les jésuites. La philosophie, appuyée du duc de Choiseul, les a renversés ; mais le haut clergé et Mesdames Royales leur sont fort attachés, et vous les intéresseriez à votre fortune en favorisant ces bons pères. — Quoi ! monsieur le duc, m'écriai-je, messeigneurs du clergé de France et Mesdames Royales et leur suite me seraient favorables si je prenais en main auprès du roi la cause de la compagnie de Jésus ? —

Certainement, madame, et j'ai l'autorisation de
vous le promettre. Je vous en donne ma parole.
Travaillez à la faire rappeler, et il n'en sera pas
un de nous qui ne travaille avec zèle à vous soutenir.—J'ai, sans doute, le désir de plaire à vos
amis, mais je me vois, dès mon apparition à la
cour, en guerre déclarée avec les Choiseul et
les parlements. — Qu'importe. Je conviens le
premier que la victoire ne sera point facile. Cependant, il ne faut pas s'en exagérer les difficultés. Le roi a, il est vrai, de l'estime pour le
duc de Choiseul; mais il a pour vous beaucoup
d'affection, ce qui vaut mieux. Quant aux parlements, il les a en horreur. Il y a déjà nombre
d'années qu'on lui inspire le désir de s'en défaire,
et on en viendra à bout avec l'aide de Dieu et
votre secours. — Voilà un bien grand travail
pour ma faiblesse.—Elle est assez forte, je vous
jure. Ayez seulement de la confiance en moi;
intermédiaire obligé entre vous et les nôtres,
laissez-moi vous diriger, et je vous conduirai à
bon port. Que vous semble, madame, de tout
ceci? — Oh! monsieur le duc, ce n'est pas du
premier moment qu'on peut donner une réponse
positive sur d'aussi graves matières. Je me contente de vous assurer que j'ai pour vous autant
de confiance que de respect, et que je serais bien

aise d'obtenir votre protection. — Ma protection,
madame, ô ciel! vous plaisantez. C'est moi qui me
trouverais très honoré de votre amitié. — Elle
vous est acquise; mais je ne suis rien encore à la
cour; je ne puis rien y être tant que je ne serai
pas présentée. C'est à ma présentation prochaine
que mes amis doivent travailler. — Nous n'y
manquerons pas, madame, et si vous me permettez de venir de temps en temps causer secrè-
tement avec vous, nous prendrons nos mesures.
— Vos visites me seront toujours agréables. »

Telle fut la conversation que j'eus avec le duc
de La Vauguyon. Je vous l'ai rapportée un peu
au long, parcequ'elle est l'ouverture d'une
grande intrigue qui a fait assez de bruit. Je crois
que je me tirai assez bien des lacs dans lesquels
le bon duc voulait m'envelopper. Je savais que
sa position à Versailles me demandait beaucoup
de ménagements. Il était fort bien auprès de
Mesdames, et il avait l'oreille du jeune dauphin
et des princes ses frères. Du reste, il me trompa
comme un vrai jésuite qu'il était, en me disant
que Mesdames étaient disposées à être bienveillantes pour moi; et de mon côté, je le trompai
en lui promettant ma confiance et mon amitié
que je ne lui donnai jamais. Ah! mon ami, je
vous le répète, la vilaine chose que la cour!

En même temps que le duc de La Vauguyon cherchait à m'accaparer au profit du ciel ou des jésuites, le marquis de Chauvelin essayait de faire de moi son écolière. Mais, aussi franc qu'aimable, ce seigneur ne prit point les voies détournées. Il vint à moi loyalement en me priant de l'écouter dans mon intérêt et dans le sien. « Le roi m'aime, me dit-il, et je lui suis attaché de cœur et d'âme. Il vous chérit tendrement ; je n'aurais pas de peine à vous chérir. Mais, comme je ne suis plus en âge de vous inspirer la passion que je ressentirais pour vous, je me contente de votre bonne amitié. Je n'ai ici aucun ennemi ; je ne veux nuire à personne. Aussi ne craignez pas que je vous engage à des démarches qui pourraient vous compromettre. C'est surtout la haine du royaume qu'il faut redouter. La France tend à marcher dans une meilleure route ; ce qu'il y aurait de mieux à faire, ce serait de suivre son mouvement. Je suis désolé, madame, de vous tenir un langage aussi sévère. On ne devrait vous parler que de vos charmes et de l'amour que vous commandez. Mais, dans la position où vous êtes, votre beauté même peut servir les intérêts de la France, et c'est pour celle-ci que je viens vous solliciter. »

Je répondis à M. de Chauvelin avec une égale

franchise. Je lui dis que mes seules intentions étaient de me renfermer dans le cercle de mes devoirs ; que je n'en avais pas d'autres que de plaire au roi, et surtout de ne jamais me mêler des affaires de l'État. C'était bien mon projet, je vous assure ; je me flattais de pouvoir le suivre, ne songeant pas à tous ces dégoûts politiques où j'allais être précipitée malgré moi. J'ajoutai néanmoins que dans ma position, qui était délicate, je n'avais garde de refuser les avis d'un véritable serviteur du roi, et qu'à ce titre M. de Chauvelin serait consulté dans les occasions importantes.

Le marquis de Chauvelin avait trop d'esprit, trop de connaissance du monde, pour ne pas reconnaître un refus caché sous cette politesse. Le penchant secret de mon cœur m'avait déjà donné pour directeur le duc d'Aiguillon ; je ne pouvais en agréer un autre. Il se contenta de me redemander ma bonne amitié, que je lui accordai bien volontiers, et je me suis toujours trouvée fort heureuse de la sienne. C'est ainsi que j'acceptai les offres de service du prince de Soubise, du duc de La Vauguyon et du marquis de Chauvelin.

Un quatrième concurrent voulut se mettre sur les rangs, le comte, depuis prince de Montbarrey.

Ce gentilhomme regagnait bien en prétentions ce
qui lui manquait en talents. Il était fat, suffisant,
avantageux, coureur de filles; il tâchait de conserver le bon ton d'un homme du monde dans les
plaisirs de la crapule. Il était rempli de respect
pour lui-même et pour sa maison, dont au besoin
il aurait cité toute la généalogie. Certes, jamais je
ne me fusse imaginée qu'il serait devenu un jour
ministre de la guerre. Sa nomination a été un
vrai scandale. C'est une des mille sottises du vieux
Maurepas que le feu roi connaissait bien, et appelait le chansonnier du conseil. Le comte de
Montbarrey, que j'avais connu à Paris, tomba
donc un beau matin chez moi tout poudré, tout
paré, tout attiffé. Il avait le sourire sur la bouche, la parole haute, le regard insolent. Celui-
là ne venait point me demander mon amitié,
mais mon obéissance. Il m'annonça qu'il m'aimait à la folie, et que nécessairement la tête
devait me tourner pour lui. Il m'amusait : je le
laissai dire; il défila son chapelet, et quand il fut
au bout : « Monsieur, lui dis-je, veuillez me
rappeler au souvenir de madame de Merfort. »
C'était une de ces dames qui donnaient à jouer,
et chez laquelle j'avais rencontré autrefois le
comte de Montbarrey. Ma réplique le confondit.
Il vit qu'il s'y était mal pris pour me séduire;

il leva le siége, et partit très embarrassé de sa
pérsonne.

Figurez-vous, mon ami, la confiance que pouvait m'inspirer un homme perdu dans la foule
des derniers courtisans ; car, pour bien juger
de la démarche du comte de Montbarrey, il faut
le voir ce qu'il était alors, et non pas ce que l'a
fait depuis l'imbécillité de M. de Maurepas. Lorsque je parlai de sa visite au comte Jean, il ne
pouvait croire à une pareille insolence. Vous
comprenez que mon beau-frère, lui aussi, aurait
voulu me diriger. Mais je ne le trouvais plus assez
habile. Son merveilleux génie s'était éclipsé dans
la politique. Il jurait contre mon ingratitude, et
je ne pouvais l'apaiser qu'en lui donnant beaucoup d'argent.

Au milieu de ce feu croisé d'intrigues, on en
dirigea une contre moi, qui aurait pu me perdre,
mais qui, grâce à l'activité infatigable du comte
Jean, ne servit qu'à fixer ma position. Lebel,
dont je ne vous ai rien dit depuis un siècle, entre
chez moi un jour. Il avait la figure triste, le regard
sévère. A son air, je m'imaginai que mon règne
était passé, et qu'il fallait quitter la place. J'attendais avec une impatience mortelle qu'il parlât.
A la fin : « Madame, me dit-il, vous avez de bien
pèrfides ennemis ; ils travaillent à votre perte

avec un acharnement que rien n'arrête. Maintenant ils font courir le bruit que vous n'êtes pas mariée. Cette infâme calomnie.... — Ah ! n'est-ce que cela ? m'écriai-je, pleine de joie. Non, mon cher Lebel, cette fois on ne me calomnie pas. Ces braves gens ne font que médire. — Bon Dieu, reprit à son tour Lebel, avec une sorte d'effroi très comique, comment ! vous n'êtes pas mariée ? — Non. — Vous n'êtes pas l'épouse du comte Guillaume du Barri ? — Non. — Ainsi, vous avez trompé le roi, vous m'avez joué. — Lebel, mon ami, prenez un autre ton : personne ne peut se plaindre. Vous m'avez donnée pour plaire au roi, je lui plais. Le reste ne vous regarde pas. — Pardon, madame, le reste me regarde. Je suis horriblement compromis dans cette affaire, et vous avec moi. »

Lebel m'apprit alors que la duchesse de Grammont l'avait prié de passer chez elle, que là elle lui avait fait de vifs reproches sur la maîtresse qu'il avait procurée au roi : la duchesse certifiait que j'étais une créature sans nom et nullement mariée, et ajoutait qu'elle croyait du devoir de son frère de faire connaître ces particularités à Sa Majesté, à moins que moi, prétendue femme du Barri, je ne consentisse à passer en Angleterre où une forte pension me serait assurée. « — Non,

mon cher Lebel, je ne passerai pas en Angleterre; je resterai en France, à Versailles, au château. Si je ne suis pas mariée, je le serai. La
chose est facile à accommoder. » Lebel, un peu
rassuré, me pria d'envoyer chercher le comte
Jean. Celui-ci vint. Lebel recommença devant lui
ses doléances. « Vous vous noieriez dans un verre
d'eau, lui dit mon futur beau-frère, qui commençait à le traiter avec moins de cérémonie. Retour-
nez chez la duchesse de Grammont, et dites-lui
que nous soutenons que Madame s'est mariée à
Toulouse. Elle fera des recherches, et pendant ce
temps mon frère arrive, et nous faisons la noce.
Alors, nous montrons aux mécontents une vraie
comtesse du Barri; et, en résultat, que ma belle-
sœur soit dame depuis six mois ou depuis hier,
cela ne fait rien au roi de France. » Après cette
conversation, Lebel alla s'acquitter de son message
auprès de la duchesse de Grammont, qui lui dit
qu'elle allait écrire à Toulouse, au procureur-
général. C'était ce que le comte Jean demandait.
Il était en mesure.

Mais, me direz-vous, mon ami, était-il certain
que votre mari prétendu voulût vous épouser?
N'y avait-il pas des difficultés à craindre?— Non;
le comte Guillaume était pauvre, homme d'esprit et ambitieux. Il aimait le luxe, et se serait

12.

donné au diable pour devenir riche. Il aima autant se donner à moi. Le comte Jean n'aurait point proposé ce mariage à son autre frère le comte d'Hargicourt, qui avait beaucoup d'ordre et de sagesse, et qu'à Versailles on surnomma *l'honnête homme* : distinction qui dut peu flatter ses deux frères.

Ce même soir toute sa famille arriva ; elle me fut présentée le lendemain matin. Mes deux futures belles-sœurs m'épouvantèrent d'abord par leurs manières provinciales et leur accent méridional. Mais, le premier moment passé, je m'aperçus que cet accent gascon accompagnait des choses charmantes. Mesdemoiselles du Barri étaient peu jolies, mais fort agréables. L'une s'appelait Isabelle, on l'avait surnommée *Bischi*; l'autre s'appelait Fanchon, et on l'avait surnommée *Chon*. Celle-ci surtout avait beaucoup d'esprit, et même elle apportait à Versailles une diplomatie d'instinct qui aurait fait honneur au plus vieux courtisan. On l'aurait crue toute simple, toute franche, et elle était pleine de finesse et de malice. Je ne tardai pas à me plaire avec elle. Le roi la goûta aussi beaucoup. Il s'amusait à l'entendre parler patois ou réciter des vers d'un certain Goudouli, poète languedocien; il la faisait sauter sur ses genoux, et, quoiqu'elle ne fût

plus de la première jeunesse, il jouait avec elle
comme avec un enfant. Mais ce qui divertissait
surtout le roi, c'était d'appeler ma belle-sœur
par son surnom. Petite Chon, grande Chon, lui
disait-il à tout propos, faites ceci, allez là. Au
reste, Louis XV en agissait de même avec ses filles.
Il avait parmi elles une *Loque*, une *Graille*, une
Chiffe, et c'étaient mesdames Victoire, Adélaïde
et Sophie, qu'il désignait par ces beaux sur-
noms. Je vis si bien le goût du roi pour les sobri-
quets, que moi-même je lui en donnai un :
celui de Lafrance. Loin de s'en fâcher, il riait aux
larmes toutes les fois que je l'appelais ainsi. Je
dois confesser en passant que l'anecdote du café
est vraie (1). Seulement je dirai que si je m'ex-
primai grenadièrement, ce ne fut point à cause
de ma mauvaise éducation, mais parceque le roi
aimait ce ton-là.

Revenons à mon mariage. Il se fit très secrè-
tement, à la paroisse Saint-Laurent. Je crois que
le roi en fut instruit, cependant il ne m'en dit
rien, et moi je gardai la même réserve. C'est ainsi
que la malice de mes ennemis échoua complètement dans cette affaire. Quelques jours après,

---

(1) Louis XV avait l'habitude de faire lui-même son café après dîner.
Un jour le café venant à bouillir et à surmonter les bords de la cafetière,
madame du Barri lui cria : « Eh ! Lafrance, ton café f... le camp. »

le comte Jean reçut une lettre du procureur-général du parlement de Toulouse, M. le marquis
de Bonrepos-Riquet. Ce magistrat mandait à mon
beau-frère qu'on le priait de rechercher chez
tous les notaires et dans les registres des pa-
roisses la preuve de mon mariage; qu'il nous
avertissait de nous mettre en mesure, et que,
quelque diligence qu'on exigeât de lui, il ne ferait rien sans notre aveu. Nous sentîmes l'obligeance de ce procédé, et mon beau-frère en remercia M. le procureur-général tant en mon nom
qu'au sien. Il lui dit que ce n'était point à Toulouse que les intéressés devaient faire lever des
expéditions de mes actes matrimoniaux; mais
bien à Paris, soit à la paroisse Saint-Laurent,
soit chez le notaire Lepot d'Auteuil (1). M. de
Bonrepos fit part de notre réponse à la duchesse
de Grammont. De là, grande rumeur chez les
Choiseul. Je vous laisse à penser la fureur de la
dame, ou des dames; car la comtesse de Grammont n'était pas moins irritée que l'autre, toujours dominée par l'idée que plaire au roi c'était
usurper sur leur famille. Cette comtesse de Gram-

---

(1) Nous en demandons très humblement pardon à madame la comtesse du Barri, mais nous ne croyons pas que les notaires aient jamais
fait d'*actes matrimoniaux*. Ces messieurs ne font que des *contrats de
mariage*. (Note de l'Éditeur.)

mont était loin d'avoir l'esprit de la duchesse ;
elle n'en avait que les défauts. Elle se montra si
malhonnête, si impertinente envers moi, que je
me vis forcée à la fin, non pas de la faire exiler,
mais de souffrir qu'elle le fût. Au reste, j'an-
ticipe sur l'avenir; cet exil n'arriva que l'année
suivante.

Le roi par toutes ses bontés cherchait à me
dédommager de ces tracasseries. Il parut charmé
de me voir environnée de la famille de mon
mari. Il plaça dans les pages le vicomte Adolphe
du Barri, fils du comte Jean, jeune homme d'une
haute espérance, et dont la destinée fut si courte
et si malheureuse. La famille de mon mari me
témoignait aussi beaucoup d'amitié ; et je ne
trouvai pas moins d'empressement dans le duc
d'Aiguillon, à qui je m'attachais chaque jour
davantage. Il me cachait soigneusement toutes
les nouvelles qui auraient pu me faire de la peine,
et il prenait mille précautions pour qu'elles n'ar-
rivassent pas jusqu'à moi. Si nous passions un
peu de temps sans nous voir, il m'écrivait ; et
j'avoue que je n'étais point fâchée d'entretenir
avec lui une correspondance qui me formait le
style. Nous nous écrivions aussi, mademoiselle
Chon, ma belle-sœur, et moi, et cela de chambre
à chambre. Je me rappelle qu'un jour ayant cassé

un verre de cristal de roche qu'elle m'avait donné,
je lui annonçai ce malheur avec des formes tellement solennelles, et avec un ton de chagrin si
bien imité, que cette curieuse lettre amusa toute
la famille. Le roi voulut la voir, en fut enchanté,
et l'emporta. Le lendemain il m'envoya un go-
belet d'or, enrichi de pierreries, que je donnai
à Chon, à qui il revenait de droit. .

CHAPITRE XIII.

Voyage à Choisy. — La comtesse du Barri et Louis XV. — Du roi de
Danemarck. — Du czar Pierre. — De Frédéric II. — L'abbé de La
Chapelle. — Une expérience. — Nouvelles intrigues. — Les agents
secrets. — La comtesse et Louis XV. — De la présentation. — Lettre
de la comtesse au duc d'Aiguillon. — Réponse. — Le prince de Soubise.

Jusqu'ici j'avais toujours habité Versailles ou
Paris, suivant la fantaisie du roi ; mais je n'avais
suivi Sa Majesté dans aucun de ses voyages.
Elle voulut aller passer quelques jours à son délicieux château de Choisy, situé sur les bords de
la Seine ; il fut décidé que je serais de la partie ;
seulement que je prendrais le nom de la baronne
de Pamklek, dame allemande, et cela, pour
sauver les embarras où me mettrait, vis-à-vis du
roi, ma non-présentation. Le prince de Soubise,
les ducs de la Trimouille, d'Ayen, d'Aiguillon,
et le marquis de Chauvelin furent de ce voyage.
Le roi demeura presque tout le temps avec moi,
et l'entrée de mon appartement devint une faveur qu'il n'accorda pas à tout le monde. On s'y
réunissait en petit comité, on y jasait de tout,

hors de ce qui est raisonnable, et je vous assure qu'en jasant ainsi, le temps se passait très vite.

Un jour le roi entra dans ma chambre tenant à la main une lettre. « Je vais recevoir, me dit-il, une visite qui ne saurait m'amuser. Mon frère de Danemarck parcourt l'Europe, et il veut venir en France. Mon Dieu, que ces rois voyageurs sont gens incommodes! Pourquoi quittent-ils leur royaume? Il me semble qu'on est si bien chez soi. — Oui, sire ; mais je crois qu'on peut les excuser; ils sont las d'admirer de loin Votre Majesté; ils veulent avoir le bonheur de vous connaître. »

A ce compliment, le roi se frotta les mains, avec un sourire, ce qu'il faisait toujours quand il était content; puis il reprit : « Il n'y a pas dans le cœur des rois étrangers la même affection pour ma personne que dans le vôtre. Ce n'est point moi qu'ils veulent voir, c'est la France. Je me rappelle que, bien jeune encore, je reçus la visite du czar Pierre-le-Grand, Pierre Ier, veux-je dire. Il ne manquait point de génie; il se conduisit pourtant comme un vrai rustre; il passa son temps à courir les académies, les bibliothèques, les manufactures. Jamais je n'ai vu d'homme plus mal élevé. Figurez-vous qu'à notre première entrevue, il me prit dans ses bras, et me porta comme

aurait pu le faire un de mes valets. Il était sale,
grossier, mal vêtu. Eh bien! tous les Français
coururent le voir. On aurait dit, à leur empressement, qu'ils n'avaient jamais contemplé une
figure royale. — Cependant, ils n'avaient pas besoin d'aller bien loin pour contempler une belle
figure de roi. — Taisez-vous, madame la baronne de Pamklek; vous êtes une flatteuse....
Il y a une tête couronnée qui depuis trente ans
désire visiter la France; mais je fais toujours la
sourde oreille, et on ne viendra ici qu'à mon
corps défendant. — Et quel est, sire, le roi assez
malheureux pour être banni par vous-même de
la présence de Votre Majesté? — Qui? le roi des
philosophes, le rival de Voltaire, mon frère de
Prusse. Tenez, chère baronne, c'est un vilain
homme; il me déteste et je le lui rends bien...
Le beau rôle à jouer pour un roi que de soumettre
ses ouvrages au jugement d'un Fréron! Ce serait
un furieux scandale s'il venait ici. Petits et grands
se précipiteraient en foule au-devant de lui, et il
n'y aurait pas vingt personnes sur mon passage.
— Ah! sire, le croyez-vous? — J'en suis certain.
Les Français n'aiment plus guère leurs rois, et
la Fronde est près de recommencer au premier
jour. Après tout, les philosophes croient que
Frédéric II les protège : l'honnête homme se

moque d'eux comme de moi. — De vous, sire?
impossible. — Non, non : je sais les impertinences qu'il débite sur mon compte. A lui permis.
J'aime mieux faire ma cour aux jolies femmes
de mon royaume qu'à mes pages. Soyez persuadée que s'il venait à Versailles, il m'en dé-
baucherait quelques uns. » Et le roi, charmé
d'avoir dit cette malice, se frotta les mains de
nouveau. « En vérité, sire, répliquai-je, je suis
étonnée que, ce prince ayant des goûts aussi
honteux, on puisse faire tant de bruit de son
nom. — Ah! c'est qu'il a de grandes qualités. Il
ne se laisse pas friponner. Savez-vous qu'il sait
à un écu près où passent ses finances ? — Mais,
sire, c'est un ladre. — Non, madame, c'est un
homme rangé ; en voilà assez sur son compte.
Quant à sa majesté danoise, quoiqu'elle eût tout
aussi bien fait de rester à Copenhague, je la
recevrai de mon mieux. Les rois de Danemarck
et de Suède sont mes alliés naturels. »

Le roi changea de propos. Il me dit : «Il y a de
par le monde un abbé qui a nom La Chapelle, et
que je crois à demi fou. Il se flatte, à l'aide de je
ne sais quel appareil, de demeurer sur l'eau sans
enfoncer. Il me sollicite de lui permettre de faire
devant moi son expérience ; et, si cela vous
amuse, je vous en donnerai le passe-temps de-

main. » Je répondis au roi que j'acceptais avec plaisir.

Le lendemain donc nous nous rendîmes en grande compagnie sur la terrasse du château. Le roi était auprès de moi le chapeau à la main ; le duc de Duras me donnait le bras. M. l'abbé nous attendait sur un bateau. Il se jeta bravement à l'eau, vêtu d'une espèce de cuirasse de liége ; il surnagea très bien , but, mangea, tira un coup de fusil. Jusque là tout allait fort bien ; mais ce pauvre abbé ne s'avisa-t-il point, pour clore la séance, d'écrire au roi. La lettre fut portée en grande pompe à sa majesté. Elle renfermait deux vers de Racine qui pouvaient prêter de diverses manières à l'allusion. Vous pensez bien qu'on entendit la pire. Le duc d'Ayen, à son ordinaire, brocha sur le tout. Le roi lui ayant demandé son avis : « Sire, répondit-il, on devrait jeter à l'eau de pareils hommes ; mais tout ce qu'on peut souhaiter pour celui-ci, c'est qu'il y reste. » Le soir, M. l'abbé ne fut pas plus heureux. Il se présenta au souper. Le roi ne lui adressa pas un mot, et il lui fallut entendre les mauvaises plaisanteries des courtisans ; mais laissons Choisy et le faiseur d'expériences, et revenons à Versailles et à moi.

Mes amis désiraient ardemment ma présenta-

tion, qui devait définitivement fixer ma position
au château. Je ne possédais encore qu'une existence équivoque, n'ayant ni rang au jeu et au
spectacle, ni jour public de réception; de sorte
que, si le caprice du roi finissait, on pouvait me
renvoyer aussi aisément qu'une de ces demoiselles du Parc-aux-Cerfs. Le duc d'Aiguillon,
dont l'attachement pour moi ne faisait qu'augmenter, calculait fort bien les avantages de cette
présentation. Elle me mettrait sur le pied où était
madame de Pompadour, et obligerait les ministres à venir travailler avec moi. Le duc ne doutait pas que M. de Choiseul ne se refusât à me
rendre ses devoirs, et qu'à la fin cette résistance
n'amenât sa chute. Mais, pour que je fusse présentée, il fallait non pas seulement que le roi y
consentit, j'étais sûre de son consentement, mais
encore qu'il le voulût, et on ne pouvait pas compter sur son vouloir.

Louis XV était extrèmement timide. Avec une
conduite qui paraissait affronter le *qu'en dira-
t-on*, il en était effrayé. Les clabauderies de Versailles le tenaient dans une véritable terreur; et
cependant il avait dans sa cour et dans les cours
étrangères des agents secrets, dont l'unique soin
était de lui rapporter les murmures du peuple
et les sarcasmes de la bonne compagnie. Le roi

leur était fort attaché, et quand la force des
choses le contraignait à les abandonner, il les
soutenait encore clandestinement de sa puissance. On a eu la preuve de ce que j'avance dans
l'affaire du chevalier ou de la chevalière d'Éon :
je ne sais lequel ou laquelle. Mais ces agents secrets étaient, à l'insu du roi, tout dévoués aux
parlements, et par conséquent ennemis des courtisans, des favoris, et surtout des maîtresses.
Dieu sait comme ils nous arrangeaient ! Par ces
fatales correspondances le roi avait appris toute
la haine que l'on portait à madame de Pompadour. Il craignait de soulever le mécontentement
du peuple en déclarant une nouvelle maîtresse,
et ne redoutait pas moins la sévérité de madame
Louise, et la mauvaise humeur de ses autres enfants. Il aimait beaucoup son plaisir, mais pas
plus que son repos.

Le comte Jean qui ne s'arrêtait à aucune considération, me conseilla de trancher la difficulté
en demandant moi-même au roi la faveur que
j'ambitionnais. Son avis me sembla raisonnable :
d'ailleurs j'étais piquée au jeu. Il me revenait
chaque jour d'impertinents discours que tenaient
sur mon compte les nobles dames du château.
J'apprenais qu'elles se vantaient que je ne met-
trais jamais le pied dans les grands apparte-

ments, et que je resterais la maîtresse obscure
du roi. Tous ces tracas m'impatientaient, et
m'enlevaient peu à peu ma gaieté naturelle.

Un jour que le roi était dans mon cabinet, il
s'aperçut de ma tristesse : « Qu'avez-vous donc? »
me dit-il avec un vif intérêt. « —Ce que j'ai ! répondis-je, que je voudrais être morte, plutôt
que de me voir en butte aux infamies de toutes
les coquines de votre cour. » Le roi se doutant
de la confidence que j'allais lui faire, et se repen-
tant de l'avoir provoquée, ne répondit rien. Il
se mit à jouer du clavecin avec ses doigts sur le
rebord de la cheminée. Sur ces entrefaites, mademoiselle Chon entra. Le roi, charmé de la
voir, s'empressa de lui demander des nouvelles
de sa santé. Mais elle, après une profonde révérence, lui dit : « Sire, comment pourrais-je me
bien porter lorsque la désolation est dans ma famille? —Eh ! bon Dieu ! que vous est-il donc arrivé? me demanda le roi. — On prend plaisir à
m'insulter, à hurler contre moi; on dit que j'ai le
malheur de ne plus être dans les bonnes grâces
de Votre Majesté. — Ah ! pour cela, on en a
menti par la gorge, répondit le roi en riant et en
me baisant au front. Vous êtes la femme que j'ai
le plus aimée, et celle que je veux combler de
plus d'honneurs. — Votre Majesté me parle avec

beaucoup de bonté, répliquai-je, pendant que
ma belle-sœur sortait pour ne point gêner mon
explication, et néanmoins elle donne gain de
cause aux canailles insolentes qui ne peuvent me
souffrir. — Sur quelle herbe avez-vous donc
marché aujourd'hui? en vérité, vous êtes un
vrai petit diable. — Je voudrais l'être pour punir
les méchantes langues, puisqu'il n'y a pas un roi
de France pour me venger. — Voilà qui est bien
dur, madame,» répliqua Louis XV, en tournant
vers moi sa belle et imposante figure, à laquelle
il tâchait, mais en vain, de donner un air fâché.
Je m'aperçus de mon succès : «Oui, sire, ajoutai-je, il m'est insupportable que l'on croie que
je ne possède pas votre amitié, et que je ne joue
auprès de vous qu'un rôle de passade. Cela me
désespère; ne m'en voulez pas, si je me plains
de vous à votre majesté même.—Allons, allons,
folle, que faut-il faire? qui faut-il exiler?—Eh!
sire, personne, avec votre appui auguste, je ne
crains personne; je ne crains que les apparences.
— Vous êtes une excellente créature : à votre
place, madame de Pompadour aurait fait enfermer la moitié de la France. — C'est qu'elle aimait plus la vengeance qu'elle n'aimait Votre
Majesté. Pour moi, je me désolerais d'être la
cause qu'une seule famille se plaignît de vous.»

Le roi, transporté à ces paroles, qui véritablement partirent de mon cœur, vint à moi, et,
après m'avoir embrassée deux ou trois fois avec
tendresse : « Je voudrais, me dit-il, que vos ennemis eussent pu vous entendre ; ils seraient
tombés à vos genoux. Mais si nous n'enfermons
ni n'exilons personne, comment ferons-nous
peur ? — Ce n'est pas peur que je veux faire :
c'est envie. Que je sois présentée à la cour, et
tous mes vœux sont comblés. — En vérité, je ne
vois pas pourquoi vous tenez tant à venir vous ennuyer en cérémonie chez moi et chez mes filles.
Dieu vous garde des ennuis de la représentation :
elle n'amuse pas tout le monde ! » Et Louis XV
soupira. « Avez-vous bien pensé, ajouta-t-il, à
toutes les vanités, à tous les intérêts que j'ai à
ménager ; à toutes les intrigues que l'on va faire,
à toute la résistance que l'on va m'opposer ? La
cour, la ville et le peuple se soulèveront contre
moi ; on criera, on clabaudera, on gémira : les
vers, la prose, les épigrammes, les pamphlets
iront leur train. Vous serez d'abord attaquée ;
et la haine peut-être osera monter jusqu'à moi.
Je reverrai ces temps où Damiens, au nom des
parlements, disent les uns, au nom des jésuites,
disent les autres, et, ce qui est plus vrai, au
nom..... » Le roi s'arrêta tout-à-coup. Une sombre

mélancolie s'imprima sur ses traits ; sa noble tête s'affaissa sur sa poitrine. Louis XV resta ainsi quelque temps immobile; à la fin : « Eh bien! me dit-il, en essayant de sourire. —Eh bien! je vais écrire aux dames de Grammont pour les prévenir qu'elles n'auront pas le déboire de se trouver près de moi au château. » En disant ces mots, je m'élançai vers la porte, et je passai dans ma chambre. Le roi m'y suivit. Il trouva là mademoiselle Chon qui travaillait à de la tapisserie, et lui dit : « Mademoiselle, je remets en vos mains, et par lettre de cachet orale, le plus aimable démon de France. Sur ce, mademoiselle du Barri, la présente n'étant à d'autres fins, je prie Dieu qu'il vous ait en sa sainte et digne garde. » Après cette plaisanterie, le roi, charmé de finir gaiement une scène un peu sérieuse, sortit, ou, pour mieux dire, s'enfuit ; car, selon l'expression proverbiale, il courait comme un voleur.

Dès que je fus seule avec ma belle-sœur, je lui contai ce qui venait de se passer. « Je vois, me dit-elle, que le roi craint de déplaire au duc de Choiseul, et de faire de la peine à ses filles. Il faut cependant se déterminer à une démarche qui vous mette à l'abri de toute disgrâce complète. Ne serait-il pas bon de lui faire parler par quelque seigneur de son intimité? Si le duc de Richelieu était ici..... —Mais, repris-je aussitôt, n'avons-nous pas son neveu, le duc d'Aiguillon ? Il est fort bien avec le roi, et je suis assurée qu'il prendra vivement mes intérêts. —Je n'en doute pas, repartit Chon avec un malin sourire. Écrivez-lui de venir, et vous vous entendrez avec lui sur les démarches ultérieures. »

D'après cet avis, qui était de mon goût, je me hâtai de me mettre à mon secrétaire, dernier cadeau que le roi m'avait fait. C'était un composé de vermeil et de plaques de porcelaines admirablement peintes. Lorsque je l'ouvrais, une glace se levait pour réfléchir mes traits. Je me mis donc à ce charmant secrétaire, et j'écrivis au duc d'Aiguillon le billet suivant.

« Vous serez content : j'ai besoin de vous; mais un besoin véritable. Le moment est venu de mériter toute ma confiance. La voulez-vous à vos risques et périls? Réfléchissez bien avant de vous engager. Si vous acceptez, venez aujourd'hui à cinq heures précises, ni plus tôt, ni plus tard. »

Peu après, on me rapporta la réponse suivante : « Une chose me déplait dans votre lettre, qui d'ailleurs m'enchante. Vous paraissez douter de mon obéissance. Ne suis-je point votre esclave? Et quand vous me dites *va*, ne dois-je point *aller?* Comptez sur moi comme sur vous-même; davantage encore; car votre vivacité peut vous égarer, et je conserverai toute ma raison. Oui, madame, je conserverai près de vous ma raison toutes les fois qu'il s'agira de vos intérêts. A l'heure précise, j'aurai l'honneur d'apporter à vos pieds mon respectueux hommage et un dévouement sans bornes. »

On ne pouvait pas exprimer un sentiment vrai avec plus de délicatesse. J'en demeurai charmée, ne doutant pas que le duc ne regardât en effet mes intérêts comme les siens. J'attendais donc cinq heures avec impatience, lorsque ma bonne fortune m'amena le prince de Soubise. Après les premiers compliments : « Eh bien, madame la comtesse, à quand votre présentation ? — Je ne sais, monsieur le maréchal. Il y a des bâtons dans nos roues. Je crains que ceux qui veulent me nuire n'abusent de leur ascendant sur le roi. — Je vois que Sa Majesté hésite, quoiqu'elle ait bonne envie de vous mettre à votre rang. Il ne s'agit que de stimuler le roi, de lui faire entendre qu'il est le maître; et que, s'il montre de la faiblesse dans cette circonstance, on en profitera pour le dominer toujours. » Bonne femme que j'étais, je m'applaudissais du langage de M. de Soubise. Je ne soupçonnais pas que le cher prince

avait une arrière-pensée. Le voilà qui, à la suite
de ce début, me dit : « Madame, vous n'en seriez
pas où vous êtes si vous m'eussiez mieux traité.
Je connais le roi, je sais comment il faut le
prendre. Je me flatte que vous seriez déjà présentée, si vous n'eussiez pas dédaigné mes conseils. — Et les ai-je repoussés? De quel côté sont
les torts? Devais-je vouloir de mademoiselle Guimard pour ambassadrice? Étiez-vous certain de
son silence? Ne pouvait-elle pas vous compromettre désagréablement? — Vous avez cent fois
raison. J'ai agi comme on aurait pu agir à votre
âge, et vous avez fait ainsi qu'au mien on aurait
dû faire; mais on est toujours à temps de s'a-
mender. — Certainement, prince. — Vous acceptez donc mes conseils? — Oui, répliquai-je,
m'apercevant du défilé où il voulait m'engager;
oui, si par vos soins je suis présentée, dès ce
moment-là vous devenez mon mentor, mon
guide. Mais il est important que cette présentation ne soit point retardée. Je compte sur vous
pour en parler aujourd'hui même au roi, et lui,
tout me l'assure, m'apprendra de point en point
le service immense que vous m'aurez rendu. »

Pour cette fois, ce fut la jeune femme étourdie
qui joua le vieux courtisan. M. de Soubise, pris
au piége, s'excusa avec politesse, et me quitta

en m'assurant qu'il parlerait au roi. Il parla en effet, mais il n'obtint rien, ni lui ni les autres. Vous verrez dans ma prochaine lettre que je n'arrivai pas sans peine à l'accomplissement de mes vœux. Il y eut, dans cette circonstance, plus de négociations entamées pour ou contre moi, qu'il n'y en a eu depuis pour décider la guerre d'A mérique.

———————

CHAPITRE XIV.

La comtesse et le duc d'Aiguillon. — M. de Soubise. — Louis XV et le
duc d'Aiguillon. — Lettre de la comtesse au roi. — Réponse du roi.
Les Nouvelles à la main. — La comtesse et Louis XV. — Le souper.
— Les grandes dames mystifiées. — La comtesse et M. de Sartines.

J'étais encore toute triomphante de l'habileté
que j'avais déployée dans ma conférence avec le
prince de Soubise, lorsque le duc d'Aiguillon
entra. « Mon Dieu ! me dit-il en me baisant tendrement la main, dans quelle inquiétude m'a
jeté votre chère et cruelle lettre. L'ambiguïté
de vos phrases m'a causé un trouble inexprimable, et vous y avez ajouté en ne me permettant
pas d'accourir à l'instant même. — Je ne le pouvais pas. Il me semblait dangereux de vous mettre en présence du roi avant de vous avoir vu. —
Est-ce que Sa Majesté trouverait étranges mes visites ? me demanda le duc, non sans quelque
émotion. — Nous n'en sommes pas là. La noire
malice de mes ennemis n'a pas encore songé à
me priver des conseils d'un ami. Mais, comme
il faudra parler au roi en ma faveur, je désire

qu'il ne sache pas que vous le faites à ma prière.»
A la suite de ce propos, je racontai au duc ma
conversation avec le roi. « Votre position est délicate, me dit-il; mais elle ne doit pas vous tourmenter. Le roi est faible : nous lui donnerons du
courage. C'est sa mollesse plus que sa résistance
qu'il faut combattre, et je vais m'y employer. »

J'instruisis alors le duc de ce qui s'était passé
entre moi et le prince de Soubise. Quand j'eus
fini, le duc reprit : « N'attendez rien du prince
de Soubise. Il parlera sans doute, mais comment?
en plaisantant, en riant. Au reste, si vous croyez
qu'il puisse le moins du monde servir vos intérêts,
je vous en supplie, accordez-lui toute votre confiance. — Non, non, jamais, répliquai-je avec
vivacité : ce n'est point une chose à faire légèrement, que le choix d'un confident, d'un conseiller, d'un ami. L'ignorez-vous, monsieur le
duc? Il faut que le cœur de celui qui parle ait du
plaisir à s'épancher dans le cœur de celui qui
écoute. Je vous le répète, je ne me sens rien d'affectueux pour M. de Soubise. D'ailleurs, ajoutai-
je avec une émotion visible de trouble et d'embarras, mon choix est fait; et vous auriez trop
d'héroïsme à vouloir le combattre. »

A ces paroles flatteuses, le duc se précipita à
mes pieds, et me jura de soutenir ma cause de

toutes les forces de son âme. Je lui répondis que je m'abandonnais à son dévouement et à sa prudence. Le comte Jean entra, et il fut arrêté entre nous trois que je ne dirais plus rien au roi de ma présentation, avant que le duc d'Aiguillon lui en eût parlé; que je me contenterais de me plaindre sans aigreur, et que nous laisserions l'initiative au prince de Soubise, afin qu'il rompît la glace auprès de Sa Majesté.

Le prince de Soubise dut se conduire exactement comme le duc me l'avait annoncé; car je le vis venir le lendemain avec un air de mystère qui m'en disait déjà assez; puis il me dit qu'il avait vainement tourmenté le roi; que sa majesté trouvait les choses bien comme elles étaient, et qu'elle désirait que jusqu'à nouvel ordre on n'y changeât rien. « J'en suis fâchée, monsieur le maréchal, répondis-je. Tant que je me trouverai dans cette situation précaire, tant que je resterai dans un coin de la scène comme une confidente de tragédie, je ne pourrai rien faire pour mes amis, pour vous en particulier, monsieur le maréchal.— Au contraire, madame, répliqua-t-il; le roi sera plus disposé à vous écouter tant qu'il s'imaginera qu'on ne connaît point votre influence.—Oh! m'écriai-je avec une sorte de colère, permis à vous, messieurs les cour-

tisans, de ne songer qu'à la politique. A moi, qui
suis femme, il me faut autre chose; il me faut
des honneurs, un titre, un rang. Mon amour-
propre souffre cruellement de me voir immolée
à la frayeur qu'inspirent les dames de Grammont, et trois ou quatre coquines de leur espèce. »

Le prince eut une espèce de peur de la franchise avec laquelle j'attaquais les femmes les
plus en crédit de la cour ; il me pria de me mo-
dérer, et m'engagea à la douceur, à la patience.
Par cette lâcheté, M. de Soubise perdit l'estime
que j'aurais pu lui rendre, et la seconde place
que je lui aurais accordée dans mon conseil.

Je fis part au duc, qui vint me voir un moment après, de l'inutilité de cette tentative. Il
me dit qu'il n'en espérait pas un meilleur résultat.. Il alla chez le roi, se flattant d'être plus
heureux; mais il ne le rencontra point. Les filles
de Louis XV étaient montées contre moi avec
une fureur que rien ne justifiait. Elles ne ces-
saient de parler du scandale de ma vie passée,
comme s'il n'y avait que des saintes à la cour,
comme si elles-mêmes n'avaient pas eu peut-
être de graves étourderies à se reprocher. Tout
le château connaissait leurs amants, et l'on avait
la preuve vivante des tendresses de madame

Adélaïde. Quant à madame Louise, celle-là était un ange sur la terre, et c'était aussi la seule qui ne hurlât point contre moi. D'un autre côté, le roi, tout en aimant fort peu ses chères filles, avait pour elles une complaisance en dehors, une bonté d'apparat qu'il prenait naïvement pour l'amour paternel. Quand Mesdames Royales criaient, il se bouchait les oreilles de ses deux mains, et semblait, regardant fièrement la France, lui dire : N'est-ce pas que je suis bon père, et que mes filles sont bien heureuses, car je les laisse crier tout leur soûl ?

Le lendemain, le duc d'Aiguillon étant retourné chez le roi, le trouva épouvanté à l'avance, et des scènes de famille, et des murmures des Choiseul. Quand mon ambassadeur eut fait son message, le roi lui demanda si, lui aussi, comme le prince de Soubise, était mis par moi à ses trousses.

Le duc, que cet accueil n'intimidait point, déclara au roi que, loin d'avoir voulu qu'il fût auprès de sa majesté mon interprète, je l'avais prié de se tenir en repos. « Pourquoi alors, dit Louis XV en riant, ne suivez-vous pas l'avis de la comtesse? — Parceque je professe pour elle un sincère attachement, et que, d'une autre part, je souffre d'entendre dire qu'il y

a des gens qui mènent Votre Majesté. — Je
voudrais connaître ceux qui tiennent ces propos insolents. — Ils vous entourent, sire. Il
n'est pas ici une femme qui n'affirme que vous
n'oserez jamais décider la présentation de la comtesse. — Je suis seul le maître, et je le ferai voir
dans l'occasion ; mais le moment n'est pas encore opportun. La comtesse sait combien je
l'aime, et, si elle veut à son tour me prouver son
amitié, elle se tiendra tranquille pendant quelque temps. » Ici le duc crut devoir se taire. Il
vint me trouver. Quand il m'eut raconté cette conversation : « Gardez-vous, me dit-il, de paraître
trop triste. Afin de ne pas vous voir de mauvaise humeur, le roi ne viendrait pas vous voir.
A votre place, je lui écrirais : un mot de paix le
mettrait à son aise. » J'approuvai ce conseil,
et je brochai à l'instant même la lettre suivante :

« Sire, on m'apprend que l'on a tourmenté
Votre Majesté à mon sujet. C'est une trahison
dont je me serais crue seule capable. Mais comment pourrais-je me plaindre? Vous avez tant
fait pour moi, que je dois m'estimer heureuse.
Votre auguste amitié me console de tous mes
chagrins. Rassurez-vous, désormais je ne bou-
derai plus ; je serai le meilleur mouton du monde, me reposant sur mon berger du soin de ne

pas me laisser tondre de trop près ; car enfin je
me flatte d'être la brebis chérie, etc. »

Peu après un page m'apporta une superbe
boite de bonbons, accompagnée d'une paire de
boucles d'oreilles en rubis, entourées de diamants. Il m'apportait aussi une petite lettre ainsi
conçue :

« Oui, certes, vous êtes ma brebis chérie, et
vous le serez toujours. Le berger a une forte hou-
lette dont il frapperait durement ceux qui voudraient vous dépouiller. Fiez-vous à ce berger
du soin de votre repos et de la tranquillité de
votre avenir. »

Le soir, le roi vint me voir. Il était embarrassé :
mais je le mis à son aise, en lui montrant un
visage riant et en ne lui parlant que de son cadeau. Je m'en étais parée ; je m'amusais à re-
muer la tête pour faire jouer les girandoles qui
lançaient de superbes feux. Il prit plaisir à me
voir faire ce manége, il ne me quitta pas de la
soirée, et le lendemain matin nous étions les
meilleurs amis du monde.

Quelques jours s'étaient écoulés lorsque le
comte Jean vint chez moi apportant deux articles
infâmes qui paraissaient dans les *Nouvelles à la
main*, bien entendu que ces articles étaient diri-
gés contre moi. Ils étaient atroces : ils me désolè-

DE MADAMÉ DU BARRI.

rent. Néanmoins, je les laissai sur la cheminée où tous ceux qui entrèrent purent en prendre connaissance. Le duc de Duras les ayant vus, me dit: «Cachez ces horreurs au roi.—Non, répondis-je; je veux qu'il les lise : il faut qu'il sache comme on respecte ses affections, et de quelle manière la police à Paris s'emploie dans l'intérêt du trône. »

Ces derniers mots tracassèrent M. de Duras. Il existait entre lui et M. de Sartines une espèce de liaison. Le duc devait de la reconnaissance au lieutenant de police pour la surveillance spéciale dont il entourait une jeune grisette, de laquelle, lui, duc de Duras, s'était amouraché bêtement, à son ordinaire. Tremblant pour *son cher ami*, *M. de Sartines*, il trouva le moyen de lui écrire et de lui faire porter un billet en toute hâte ; néanmoins, il n'eut pas l'esprit de prendre la défense du coupable.

Le roi vint comme de coutume : il se tenait presque toujours debout adossé à la cheminée, et, pour passer le temps, il prenait l'une après l'autre les babioles dont elle était ordinairement couverte. Les *Nouvelles à la main* tombèrent sous la sienne. Il les lut une première fois ; il les relut une seconde, puis, sans rien dire, il les jeta au feu. Je l'observais : il était plein d'une émotion

qu'il cherchait à dissimuler pour le moment. Sa
colère ne tarda pas à éclater. Le prince de Soubise qui, ce soir-là, soupait avec nous, demanda
au duc de Duras s'il avait lu la Gazette de France.
— Non, répliqua l'interpellé ; je lis rarement ces
niaiseries. — Et bien vous faites, mon cher, dit
le roi. Il y a aujourd'hui une rage d'écrire inconcevable. A quoi bon, je vous le demande, messieurs, ce déluge de livres et de pamphlets dont
on inonde la France ? Tout cela ne fait qu'entretenir l'esprit de révolte. La liberté d'écrire ne
devrait pas être donnée à tout le monde. Il faudrait, dans un État bien policé, sept à huit écrivains, pas davantage, et encore sous l'inspection
du gouvernement. Les auteurs sont la peste de
la France : vous verrez où ils la conduiront. »

C'est ainsi que parla le roi, d'un air animé.
Si dans ce moment M. de La Vrillière était venu
demander une lettre de cachet contre un écrivain, le roi ne la lui eût pas refusée. « Au reste,
poursuivit Louis XV avec moins de colère, mais
d'un ton plus pénétré, je vois avec peine que la
police ne mette pas bon ordre à toutes ces in-
dignités. — M. de Sartines fait pourtant des
merveilles, dit le duc de Duras. — Alors, pourquoi souffre-t-il des sottises ? Je lui ferai savoir
mon mécontentement. » Le duc de Duras, ter-

rifié, n'osa plus souffler le mot. Après cela, le
roi reprenant un peu de gaieté plaisant a tous ceux
qui étaient là sur leurs intrigues secrètes. Puis,
changeant tout-à-coup de conversation, il parla
de la prochaine arrivée du roi de Danemarck.
« Duc de Duras, dit-il, vous et votre fils vous
ferez le service auprès de Sa Majesté *Polaire*.
J'espère que vous tâcherez de l'amuser. — Oui,
sire. — Prenez garde ! vous ne savez pas ce à
quoi vous vous engagez. Il n'est pas facile d'a-
muser un roi. »

C'était une vérité dont je m'apercevais chaque
jour, et notre monarque n'était pas celui que
l'on pouvait amuser à moins de frais. Souvent,
en entrant dans mon appartement, il se ren-
versait sur une ottomane, et là il bâillait; oui,
devant moi, il bâillait à faire pitié. Je n'avais
qu'un moyen de l'arracher à cette apathie, mais
il était sûr. Je lui parlais de la haute magistrature et de sa résistance permanente à la couronne. Alors le roi, comme réveillé en sursaut,
se soulevait de son siége, parcourait la salle à
grands pas, et pérorait avec vivacité contre *ces
robes noires* : il appelait ainsi les parlements.
J'avoue, du reste, que je n'avais recours *à ces
robes noires* qu'à la dernière extrémité. Je ne
pensais pas encore devoir plus tard me liguer

contre elles. D'un côté, le duc d'Aiguillon les haïssait à la mort ; et, de l'autre, le comte Jean, en franc Toulousain, les aurait portées dans ses petits souliers : de sorte que, flottante entre cette admiration et cette haine, je ne savais à laquelle entendre, ni à quel parti m'arrêter. Revenons à notre propos.

Le roi avait toujours sur le cœur les *Nouvelles à la main*. Il résolut de me venger comme l'on m'avait outragée, traîtreusement. Deux ou trois jours après, il donna un souper auquel il invita la duchesse et la comtesse de Grammont, madame de Forcalquier, la princesse de Marsan, la maréchale de Mirepoix et les comtesses de Coigny et de Montbarrey. On se met à table. On rit, on s'amuse ; on parle du bonheur d'être *entre soi*, de n'avoir point d'*étrangers* ; on me pique de cent coups d'épingle ; on triomphe ! et cependant le roi riait en sa barbe. A un signal convenu, le duc d'Aiguillon, l'un des convives, demande à Sa Majesté si elle a ce jour-là vu la comtesse du Barri. Ce terrible nom, jeté brutalement au milieu de mes ennemies, fit sur elles l'effet de la foudre. Toutes les dames se regardent d'abord dans un profond silence ; et puis elles regardent tour à tour le duc d'Aiguillon et le roi. Sa Majesté répond alors qu'elle n'a pas eu le bonheur de trouver un moment pour me visiter, fait longuement mon éloge, et termine en disant au duc : « Si vous voyez la comtesse avant moi, ne manquez pas de lui dire que j'ai bu ce verre de vin à la conservation de sa santé. »

Ces dames n'y tenaient plus. La duchesse de Grammont surtout, malgré son long usage de la cour, pâlit jusqu'aux oreilles; et je crois que sans l'étiquette, elle serait tombée en pâmoison. J'ai su depuis, par la maréchale de Mirepoix, que la duchesse, en rentrant chez elle, se livra à un accès de fureur dont le lendemain elle n'était pas bien remise. Lorsque le roi me raconta cette plaisanterie, il en était fier comme de l'action du monde la plus courageuse.

Mais la suite de la narration m'a fait passer sur une journée dont je ne vous ferai pas grâce pourtant, parcequ'elle n'est pas sans importance. Je veux parler du jour qui suivit celui où je m'étais plainte au duc de Duras de M. le lieutenant de police.

Le matin, de très bonne heure, ma belle-sœur entra dans ma chambre. « Ma sœur, me dit-elle, le comte Jean est là avec M. de Sartines qui demande la faveur de vous rendre ses hommages. Vous plait-il de le recevoir ? — M. de Sartines! oui, qu'il entre, je le traiterai comme il

14.

le mérite. » Le comte Jean entre donc précédé
du lieutenant de police. Celui-ci portait une
énorme perruque poudrée à blanc, et frisée avec
un soin extrême. Les perrúques étaient sa manie; il avait une chambre toute décorée du haut
en bas de ce singulier ornement. A ce propos,
le duc d'Ayen disait qu'il ne serait jamais en
peine du conseil d'État; car, en cas de besoin, on
le retrouverait en double chez le lieutenant de
police. Laissons là les perruques, et revenons
à M. de Sartines.

Il se présenta devant moi d'un air de Tartufe,
et, passez-moi le terme, *en vrai capon*, « Madame, me dit-il, on m'a prévenu que j'étais
tombé dans votre disgrâce. Je viens savoir comment j'ai pu m'attirer ce malheur. — Vous devriez le savoir, monsieur. Voilà deux fois que je
suis salement insultée depuis un mois. Cependant, le premier coup de cloche aurait dû vous
avertir de vous mettre sur vos gardes. » M. de
Sartines, que ma vivacité avait surpris, essaya
de se justifier. « Mon cher lieutenant de police,
reprit le comte Jean, tout ce que vous nous dites
ne sert de rien. Il y a un fait, c'est que l'on manque à ma belle-sœur. Vous prétendez que ce
n'est point votre faute; et quelle preuve en don-
nerez-vous ? quelles recherches avez-vous faites ?

quelles mesures avez-vous prises? aucune. A quoi
sert de venir nous voir, si vous soutenez nos ennemis?» M. de Sartines voulut se renfermer dans
sa dignité. «Monsieur du Barri, dit-il, je rendrai
compte au roi de ma conduite. — Fort bien,
monsieur, répliquai-je; mais, songez-y, ni vous
ni les Choiseul ne me faites peur. » M. de Sartines resta interdit; mon audace l'étonnait. A la
fin : « Madame, me dit-il, vous êtes mal à propos
irritée contre moi. Je suis plus négligent que coupable. Il est inutile de dire tout cela au roi.—Je
ne vous cacherai point, monsieur, qu'il sait tout,
et qu'il n'est pas content de vous. — Je suis donc
perdu! s'écria M. de Sartines. — Perdu, non
pas précisément, reprit le comte Jean; mais il
faut que nous sachions pour quel parti vous vous
décidez définitivement. Si vous tenez pour nous,
on vous épaulera; si c'est pour nos ennemis,
gare la culbute! Choisissez. » Après quelques
tergiversations, accompagnées de compliments,
M. de Sartines déclara qu'il se rangeait sous notre bannière. Je lui tendis alors la main en signe
de réconciliation. Il la prit avec respect, et la baisa
avec galanterie. Jusque là nous avions causé debout; nous nous assîmes et entamâmes une conférence en règle sur la manière d'empêcher que
je fusse trop violemment outragée. Pour me don-

ner une preuve de sa bonne foi, M. de Sartines me fit connaître l'auteur des deux articles dont j'avais tant à me plaindre. C'était un misérable, nommé Ledoux, qui, à raison de douze cents livres par an, devait écrire contre tous ceux qui déplaisaient à la duchesse de Grammont. Cette dame n'avait pas craint de faire elle-même les démarches nécessaires pour que la publication de ces infamies ne rencontrât point d'obstacle.

Après que M. de Sartines nous eut donné tous les détails que nous désirions, et après que je lui eus bien promis de le raccommoder avec le maître, il partit enchanté de m'avoir vue. Croyez-moi, mon ami, il faut être jolie comme je le suis, c'est-à-dire comme je l'étais alors, pour séduire un lieutenant de police.

CHAPITRE XV.

Le sieur Ledoux. — La lettre de cachet. — Le duc de La Vrillière. —
Madame de Langeac. — M. de Maupeou. — Louis XV. — Le comte
Jean.

Ce soir-là, le roi étant venu, je lui dis : « Sire,
j'ai fait connaissance avec M. de Sartines. —
Ah! il est venu vous demander pardon. — Quelque chose à peu près. D'ailleurs, il m'a paru
moins coupable que je ne le croyais. Il n'avait
fait que céder aux sollicitations de mon ennemie personnelle.—Vous ne pouvez en avoir à ma
cour, madame : des envieuses, à la bonne heure ;
et le lieutenant de police aurait bien fait de ne
pas vous la nommer. — Grâce à lui pourtant, je
sais désormais de qui je dois me méfier. Je sais
aussi quel est l'auteur de ces deux infâmes satires. — Quelque va-nu-pieds sans doute, quelque polisson de la rue. — Un monsieur Ledoux.
— Ah! je connais déjà ce drôle-là. Sa mauvaise
réputation est venue jusqu'à moi. Il faut enfin
que cela finisse. » En disant ces mots, Louis XV

s'approcha de la cheminée et tira le cordon de
la sonnette avec une telle violence, que dix personnes accoururent à la fois. — Qu'on fasse venir le duc de La Vrillière ; s'il n'est pas vêtu con-
venablement, qu'il se présente en caleçon, peu
importe ; qu'il vienne. » En entendant un ordre
donné de cette manière, un étranger aurait pu
croire la monarchie compromise ; et il ne s'agissait que d'emprisonner un misérable libelliste.
J'intercédai en sa faveur. Louis XV, enchanté de
trouver l'occasion de faire le roi à peu de frais,
me fit observer que cela ne me regardait pas et
qu'il ne voulait être mené par personne. Je me
tus, me réservant de prendre plus tard la défense de ce pauvre diable.

Le duc de La Vrillière arriva, non pas en caleçon comme le roi l'avait autorisé à paraître,
mais au contraire dans un magnifique costume.
Il se piquait de luxe et se montrait toujours su-
perbement vêtu, sans que la richesse de ses habits relevât en rien la pauvreté de sa mine. Il
puait le Turcaret d'une lieue. C'était le plus ancien secrétaire d'état, et certes c'était le moins
habile, le moins estimé, le moins considéré.
Quelque temps après sa mort, on disait de lui,
devant le duc d'Ayen, qu'il avait joué de mal-

heur, car il était demeuré toute sa vie en butte
à la haine publique et au mépris. « Dites donc,
répliqua le duc, qu'il a joué de bonheur; car
si justice lui avait été faite selon ses mérites, il
aurait dû être pendu dix fois. »

Le duc d'Ayen avait raison; M. de la Vrillière
était un effronté coquin, voleur comme jamais
il n'en fut, sans dignité, sans caractère, sans
cœur. Son avidité n'avait point de bornes. Les
lettres de cachet étaient dans son département,
et il en faisait un commerce exécrable. Si on
voulait se débarrasser d'un père, d'un frère,
d'un mari, on n'avait qu'à s'adresser à M. de La
Vrillière. Il vendait la signature du roi à tous
ceux qui la lui payaient comptant. Cet homme
m'inspirait une répugnance, un dégoût invinci-
ble. De son côté, comme je n'étais point dégoû-
tante, il se contentait de me haïr. Il était animé
contre moi par sa vieille et cupide maîtresse,
madame de Langeac, autrefois femme Subutin.
La Langeac ne pouvait me souffrir. Elle sentait
à merveille que catin pour catin, il valait mieux
être celle du roi de France que celle du *petit
La Vrillière*: c'est ainsi qu'à la cour on appelait
son amant. Je savais qu'elle n'était pas de mes
amies, et que son amant tenait contre moi pour

les Choiseul. Aussi fus-je enchantée de voir le
petit fripon venir pour recevoir l'ordre de me
venger. Il entra chez moi l'air embarrassé, et
tandis qu'il me faisait un salut aussi bas que lui,
le roi, d'une voix brève et sévère, lui ordonna de
faire jeter tout de suite le sieur Ledoux à Saint-
Lazare. Il partit sans répliquer. Une demi-heure
après il revint annoncer que c'était fait. Le roi
lui dit alors : « Connaissez-vous madame ? —
Non, sire. — Eh bien ! je vous ordonne d'a-
voir désormais le plus grand égard pour sa
recommandation. Elle est ma meilleure amie,
et qui voudra me prouver son zèle, doit l'hono-
rer et la chérir. » Cela dit, le roi lui fit la grâce
de l'inviter à souper avec nous. Je vous assure
que, de tout le repas, je lui fus le morceau de
plus dure digestion.

Quelques jours après, je fis la connaissance
d'un personnage bien autrement important que
le petit duc, et destiné à jouer un grand rôle dans
l'histoire de France. Je veux parler de M. de
Maupeou, dernier chancelier, et qui, dans sa
disgrâce, n'a jamais voulu renoncer à sa charge.
M. de Maupeou possède une de ces âmes fermes
et supérieures qui changent malgré tout la face
des empires. Ardent et calme, audacieux et ré-

fléchi, ni les cris du peuple ne l'étonnent, ni les obstacles ne l'arrêtent. Il marche droit où le conduit sa volonté. Sorti de la magistrature il en a été le plus implacable ennemi, et après un combat à mort entre elle et lui, la victoire lui est restée. Il avait senti que le moment était venu d'affranchir la royauté des chaînes qu'elle s'était imposées elle-même. Il fallait, m'a-t-il dit cent fois, il fallait aux rois de France, dans les siècles passés, un pouvoir populaire sur lequel ils pussent s'appuyer pour renverser la puissance féodale. Ce pouvoir, ils le trouvèrent dans la haute magistrature ; mais depuis le règne de Louis XIII, la mission des parlements était finie, la noblesse était réduite, et ils ne devinrent pas moins redoutables que l'ennemie qu'ils avaient aidé à vaincre. « Avant cinquante ans ; poursuivait M. de Maupeou, les rois ne seront plus rien en France : les parlements seront tout. » Spirituel, beau diseur, éloquent même, M. de Maupeou possédait les qualités qui font réussir les grands projets. Il était convaincu que tous les hommes sont à acheter et qu'il faut seulement savoir la monnaie qui leur convient. Brave de sa personne comme aurait pu l'être un maréchal de France, ses ennemis, et il en avait beaucoup, le disaient brutal et querelleur. Haï de tous les hommes, il les méprisait en masse et les persiflait en détail ; peu sensible aux charmes de notre sexe , il ne songeait à nous que par boutades et par forme de délassement. Voilà M. de Maupeou peint au moral. Quant à sa personne ; vous la connaissez aussi bien que moi. Je n'ai pas besoin de vous dire qu'il est petit, laid, et d'un teint jaune tirant sur le vert. Avouons cependant que sa physionomie, pleine de malice et d'intelligence, fait bien passer tout le reste.

Vous savez comment, premier président au parlement de Paris, il succéda à son père dans la place de vice-chancelier. A la démission du titulaire, M. de Lamoignon (1), le vieux Maupeou reçut ses lettres de nomination, et dès qu'elles furent enregistrées, il se démit en faveur de son fils. Les Choiseul avaient laissé nommer celui-ci, comptant sur une créature. Je ne tardai pas à voir que les Choiseul s'étaient trompés.

C'était dans le mois d'octobre. Henriette, toujours ma favorite, vint avec un plus grand mystère que de coutume me dire qu'un monsieur tout noir et tout laid avait demandé à me parler, que, sur sa réponse ordinaire que je n'étais pas

(1) En septembre 1768.

visible, il avait insisté, et remis en même temps
ce billet soigneusement cacheté. Je le pris, l'ou-
vris, et y lus ces mots : Le chancelier de France
souhaite d'avoir l'honneur de présenter ses hommages respectueux à madame la comtesse du
Barri. « Faites entrer, dis-je à Henriette. — Je
gage, Madame, que c'est quelque solliciteur. —
Je crois, répliquai-je, qu'on le sollicite plus souvent qu'il ne sollicite les autres. » Henriette
partit, et peu après m'amena, à travers les cor-
ridors particuliers qui communiquaient à mon
appartement, Sa Grandeur monseigneur René-
Nicolas-Charles-Augustin de Maupeou, chevalier
et chancelier de France. Dès qu'il entra, j'eus
bonne opinion de lui, rien qu'à le voir marcher.
Son pas était ferme et assuré comme celui d'un
homme qui a confiance en ses talents. «Madame
la comtesse du Barri, me dit-il, aurait eu droit
de se plaindre de moi si je n'étais pas venu présenter ma personne à ses pieds. J'avais d'autant
plus d'impatience de lui exprimer mon dévouement, que je craignais qu'elle ne fût prévenue
contre moi. — Et pourquoi donc, monseigneur?
— Mais la porte par où je suis entré au ministère.... — Ne m'est point agréable, comme étant
celle de mes ennemis. Mais je m'assure que vous

ne vous rangerez pas de leur parti contre moi.
—Non, certainement, madame; mon ambition
est de vous complaire en toute chose. Et je me
flatte de mériter votre amitié. » Après d'autres
compliments, le chancelier, avec une familiarité gracieuse, me demanda quand viendrait ma
présentation, et pourquoi elle n'avait pas eu encore lieu. Je lui répondis que cela provenait des
intrigues des Choiseul, et que le roi reculait devant le mécontentement d'une poignée de courtisans. « J'en suis fâché, me dit M. de Maupeou;
d'abord, madame, à cause de l'intérêt que je
vous porte, et ensuite parceque, pour Sa Majesté, ce serait un moyen de faire peur au colosse
qui le menace. Vous savez, madame, combien
les parlements sont funestes à tous vos amis, et
avec quel acharnement ceux de Bretagne et de
Paris poursuivent en ce moment le duc d'Aiguillon. — Pensez-vous, répliquai-je avec émotion, que l'état des choses pût lui être défavorable ? — J'espère que non; mais il a besoin
d'être soutenu chaudement.—Oh! je l'appuierai
de tout mon crédit. Sans doute qu'il est innocent des torts qu'on lui impute. — Oui, certes.
Il n'en a eu d'autre que de défendre l'autorité
royale contre l'inimitié des parlements. » Nous

continuâmes quelque temps à causer des parlements et des parlementaires ; ensuite, nous convînmes ensemble que M. de Maupeou reviendrait me voir accompagné du duc d'Aiguillon, qui serait censé me le présenter, et il sortit mystérieusement comme il était entré.

Quand le roi vint me voir, je lui dis : « J'ai fait connaissance avec votre chancelier ; c'est un fort aimable homme, et j'espère que celui-là ne se conduira pas mal envers moi. — Où l'avez-vous rencontré ?— Mais ici et tantôt, sire. — Il est venu vous visiter ! — Oui, en personne, afin d'obtenir la faveur d'être admis à me faire sa cour. — Mais ce que vous me contez là est incroyable. Il a donc déjà pété dans la main des Choiseul ? Cela m'amuse. Ce pauvre Choiseul, en me sollicitant pour Maupeou, s'est furieusement trompé. — Au moins, sire, vous conviendrez qu'il ne vous a pas donné un imbécile. — C'est vrai. Le chancelier est un homme plein de talents, et je ne doute pas qu'il ne rende à ma couronne la force que les circonstances lui ont fait perdre. Cependant, si vous le voyez familièrement, conseillez-lui de ne pas me pousser à des mesures extrêmes. Je voudrais que tout allât pour le mieux, sans secousses violentes et sans pé-

nibles ébranlements. » Ces dernières paroles me
montrèrent à fond la timidité naturelle du roi.
«Au reste, ajouta-t-il, je savais bien que Maupeou
ne serait pas l'homme des Choiseul. L'essentiel
est qu'il soit le mien, et je suis content. »

Louis XV était donc satisfait du chancelier.
Mais il n'en était pas de même du comte Jean.
« Je ne l'aime pas, me disait-il, votre j.... f....
de singe. C'est un maître fourbe qui a trahi sa
compagnie ; et j'espère qu'un de ces matins nous
apprendrons que le diable lui a tordu le cou. »
C'est ainsi que :

On ne peut contenter tout le monde...

Qui a dit cela ? Je n'en sais rien.

CHAPITRE XVI.

Le roi de Danemarck. — Les filles de Paris. — Le duc de Choiseul et
l'évêque d'Orléans. — Reparties spirituelles du roi de Danemarek. —
Sa visite à madame du Barri.—*La Cour du roi Petaud*, satire.—Lettre
du duc d'Aiguillon à Voltaire.—La duchesse de Grammont mystifiée.
— Lettre inédite de Voltaire.

Dès ce moment, et quoi que pût dire le comte
Jean, un nouveau conseiller fut admis dans ma
confiance : ce fut le chancelier. Le duc d'Aiguillon s'accommoda parfaitement avec lui, et tous
les deux, avec l'abbé Terray, dont je ne tarderai
pas à vous parler, formèrent le triumvirat qui
gouverna la France depuis la disgrâce de M. de
Choiseul jusqu'à la mort du roi. Mais avant que
je me lance tout-à-fait dans cette politique où
vous verrez que j'entends quelque chose, permettez-moi de vous continuer l'histoire de ma
présentation, et, pour le moment, de vous dire
un mot de Christian VII.

Vous savez que sa majesté danoise était at-

tendue avec ennui par le roi de France, et avec
curiosité par le reste de la nation. Hommes et
femmes étaient impatients de voir un roi âgé
de moins de vingt ans qui parcourait l'Europe dans le dessein de s'instruire. Marié à une
femme charmante, la princesse Caroline-Ma-
thilde, il l'avait abandonnée momentanément,
sans se douter que cette séparation ne tarderait
pas à être funeste à l'un et à l'autre. On ne
connaissait pas à Paris le vrai caractère de ce
prince. Cependant, il s'était répandu un bruit
confus de sa galanterie. Sur ce bruit, les filles
célèbres de Paris se mirent en frais pour lui
plaire, espérant chacune l'attirer à soi et puiser
dans son coffre-fort. M. de Sartines nous amusa
un soir, le roi et moi, en nous racontant le manége de ces créatures. Les unes allaient à la rencontre de sa majesté danoise, d'autres devaient
l'attendre à la barrière; et deux des plus fa-
meuses, mesdemoiselles Gradi et Laprairie, se
faisaient peindre pour lui envoyer leur portrait
dès qu'il entrerait à Paris.

Christian VII arriva enfin à Paris vers la fin
d'octobre 1768. MM. de Duras le complimen-
tèrent au nom du roi, et le prévinrent qu'ils
étaient nommés pour prendre ses ordres pen-

dant son séjour à Paris. L'entrevue de notre roi
et de l'illustre étranger eut lieu à Versailles.
Christian VII y vint dans les voitures de la cour,
et fut d'abord conduit par le duc de Duras dans
l'ancien appartement de madame la dauphine,
où il se reposa en attendant que Louis XV pût le
recevoir. J'avais entendu discuter fort au long
cette réception. On prétendait que pour faire
une distinction entre le souverain d'un petit
État et celui du superbe royaume de France, il
fallait que le premier attendît quelque temps
l'audience que le second accordait. Je suis sûre
que lors de la paix avec Frédéric, la figure de
Louis XV n'était pas plus grave ni plus sérieuse
que pendant ce puéril débat sur l'étiquette.

Le duc de Choiseul, qui avait dans ses attri-
butions le portefeuille des affaires étrangères, se
trouva dans le cabinet pour recevoir le roi danois,
avec ses collègues le duc de Praslin, le comte
de Saint-Florentin, que j'ai appelé par anticipation duc de La Vrillière, M. Bertin, M. Mainon
d'Invau, contrôleur des finances, et M. de Jarente, évêque d'Orléans et ministre de la feuille.
Celui-ci se tenait un peu à l'écart comme par humilité. Le duc de Choiseul s'approcha de lui:
« Monseigneur, lui demanda-t-il en riant, que ve-

nez-vous faire près d'un hérétique ?—Guetter le
moment de la grâce.—Mais que deviendriez-vous
s'il fallait lui enseigner le *Credo ?*—M. de Jarente
entendait à merveille la plaisanterie et était le
premier à se moquer de sa conduite peu épis-
copale. Aussi se contenta-t-il de répondre au
duc de Choiseul : « Voilà quelqu'un qui le sait
de reste; il me le soufflera, et même au besoin
le *Veni Creator.* »

Le roi de Danemarck fut complimenté par
M. de Choiseul, qui s'acquitta de ce devoir avec
autant de grâce que d'esprit. Après cela, M. Des-
granges, maître des cérémonies, étant venu
annoncer que Louis XV était visible, le roi de
Danemarck, précédé de ses gentilshommes et
des ministres et seigneurs français, se rendit dans le cabinet du roi, où deux fauteuils
égaux avaient été préparés. Mais sa majesté danoise refusa obstinément de s'asseoir. Elle en-
tama la conversation, en se félicitant de voir un
monarque dont la renommée remplissait l'Europe, et qu'elle tâcherait de prendre pour modèle. Pendant tout cet entretien, Christian VII
fut de la plus grande amabilité. Notre roi lui
ayant dit en parlant de la disproportion de leur
âge : « Je pourrais être votre père, » il répondit

« Toute ma conduite envers vous sera celle d'un fils. » Cela fut trouvé parfait. A la suite de cette entrevue, Louis XV me parut charmé de son frère de Danemarck. « Il est tout Français, me dit-il, et je serais fâché qu'il me quittât mécontent. »

Ce même soir, Christian VII voulut visiter monseigneur le dauphin, en qui il ne trouva pas l'urbanité de son grand-père. L'entretien fut court : on l'abrégea par égard pour notre prince, qui ne fit que balbutier sans pouvoir trouver une phrase polie. Jamais il ne fut dans sa jeunesse prince plus timide et plus maladroitement élevé que le roi actuel. Je reviendrai plus tard sur lui et sur ses frères ; maintenant, je ne m'occuperai que du roi de Danemarck. Il soupa le même soir avec Louis XV, à une table où furent appelées vingt-quatre femmes de la cour choisies parmi celles qui étaient les plus célèbres par leurs charmes ou par leur esprit. Comme sa majesté danoise ne se lassait pas d'admirer madame de Flavacourt, le roi lui demanda quel âge, à son avis, cette dame pouvait avoir. « Mais, trente ans. — Trente ans ! monsieur mon frère ; elle en a cinquante. — C'est qu'il n'y a pas d'âge à votre cour. »

Je ne copierai point la Gazette de France pour vous parler du séjour de Christian VII à Paris. Ce n'est point le journal de ce prince que j'écris, c'est le mien. Le roi me dit un jour : « Mon frère de Danemarck a témoigné au duc de Duras le vif désir qu'il aurait de vous présenter ses hommages. S'il vous plaît d'accéder à ses vœux, je vous en laisse la maîtresse souveraine ; non cependant sans quelque crainte que sa jeune majesté ne m'enlève votre cœur. — Ah ! sire, répliquai-je, voilà un soupçon bien offensant ; je m'en fâcherais si ce n'était pas une plaisanterie, et je me refuserais à voir le roi de Danemarck si je ne savais combien vous êtes assuré de ma tendresse. — Je n'en serais pas aussi jaloux, madame, si je n'y tenais pas autant, » me répliqua le roi, en me baisant la main.

Le duc de Duras m'apporta le lendemain la requête de son nouveau roi. Il fut convenu, pour que cette visite demeurât secrète, que je la recevrais à Paris dans mon hôtel rue de la Jussienne ; que l'on y viendrait sans suite aucune et dans le plus strict incognito. Au jour et à l'heure convenus, le duc de Duras entra chez moi escortant deux étrangers de bonne mine. L'un était le roi de Danemarck sous le nom du comte de...... et l'autre un seigneur de sa suite. Christian VII me parut fort bel homme. Il avait de grands yeux singulièrement expressif, et trop peut-être ; car leur éclat fixe n'état pas de bon augure. Aussi, dans la suite, ne fu-je que médiocrement surprise lorsque j'appris que sa raison l'avait abandonné. Certes, il la psséda tout entière, et tout son esprit, pendant otre conversation. Il y déploya une galanterie prfaite. Je ne pûs lui reprocher une expression hasardée, quoique le sujet qu'il traitât fût scabreux. Il rôda perpétuellement autour du sentimet que le roi avait pour ma personne, et cependat il ne dit rien d'inconvenant, rien qui ne fût lu goût le plus fin, de la plus exquise délicatesse Je lui demandai s'il y avait de belles femmes en Danemarck. « Je croyais, madame, me rpondit-il, je croylis jusqu'à présent que les femnes de mon royaume étaient les plus belles de 'Europe. » Nous ne causâmes pas seulement de moi. Christian VII me parla avec enthousiasme de Paris. « C'est la capitale du monde, me dit-l nos États ne sont que vos provinces. » Il avai cherché à voir nos savants et nos littérateurs les plus célèbres et il me vanta particulièrement d'Alembert, Diderot, La Harpe et M. le comte de Buffon. Il regrettait

beaucoup que Voltaire ne se trouvât pas sur sa
route : il serait allé admirer à Ferney le grand
génie qui instruit et amuse le monde : ce sont
ses expressions. Il me parut fatigué des fêtes
qu'on lui donnait, et surtout de l'assommante
compagnie de MM. deDuras. Il y avait de quoi
mourir d'ennui quan. on en avait un avec soi ;
jugez de ce que ce deait être lorsqu'on les avait
tous les deux. Le du avait cependant promis à
Louis XV d'être amusat ! Après une conversation
de trois heures que, seon l'usage, le roi de Danemarck prétendit n'avoir duré qu'un instant, il
partit, me laissant enhantée de sa personne, de
son esprit et de ses manières.

Lorsque Louis XV me vit, il me demanda
comment j'avais trouvé Sa Majesté Danoise. « C'est,
répondis-je, un roi brt bien élevé, et l'on prétend que la chose est rare. — Cela est vrai, reprit
Louis XV. Il y a tant de gens qui ont intérêt à
notre ignorance que c'est un miracle si nous échap-
pons raisonnables de leurs mains. » Je poursui-
vis, et racontai au roi notre conversation. « Ah !
s'écria-t-il, en voilà encore un qui veut donner
de la vanité aux gens de lettres. En vérité ils ont
bon besoin de cela. Tous ces beaux esprits sont
nos ennemis naturels. Ils se croient au-dessus de

nous, et plus nous leur rendons d'honneurs, plus ils se croient en droit de nous censurer et de nous mépriser. »

C'était là son refrain ordinaire. Il ne pouvait souffrir les gens de lettres. Voltaire surtout était sa bête noire. Il lui en voulait particulièrement à cause des épigrammes nombreuses que ce grand homme avait faites contre lui, et Voltaire venait de lui donner un nouveau sujet de mécontentement en publiant *la Cour du roi Petaud*, satire visiblement dirigée autant contre Louis XV que contre votre servante. M. de Voltaire avait sans doute été encouragé à ce libelle par les Choiseul. Il était loin de nous, jugeait mal ma position; et il crut que, sans se compromettre, il pouvait me flageller.

Ce fut le comte Jean qui m'apporta cette pièce de vers où il y avait moins de poésie que de méchanceté. Je la lus, et j'étais indignée et je pleurais. Le duc d'Aiguillon vint. Il me trouva toute en larmes et m'en demanda la cause. « Tenez, lui dis-je en lui donnant les vers, voyez si je puis supporter une insulte aussi grossière. » Il prit le papier, y jeta un coup d'œil, et l'ayant chiffonné le mit dans sa poche. « On a fort mal fait, me dit-il, de vous montrer cette sottise. Je la connais depuis hier, et je venais vous en parler. — Je

compte que le roi en fera justice. — Miséricorde !
s'écria le duc, voulez-vous vous perdre aux yeux
de toute la France ? Vous jetteriez un beau coton
en vous déclarant la persécutrice de Voltaire. Un
ennemi seul a pu vous donner ce conseil. — Cet
ennemi, c'est moi, dit le comte Jean. — En ce
cas, votre imprudence égale votre zèle. Ne voyez-
vous pas l'avantage que nous donnerions aux adversaires de madame en agissant de cette manière ? A la haine de la cour se joindrait celle des
littérateurs, des femmes, des jeunes gens. Voltaire
est un dieu qu'on ne peut frapper sans sacrilège.
— Il faut donc que je me laisse battre ? — Oui, il
le faut, pour le moment. Mais cela ne durera
pas. Voici une lettre que je vais écrire à M. de Voltaire, afin d'amener la paix entre vous deux.

« Monsieur,

» La supériorité de votre génie vous met au
nombre des puissances de l'Europe. Chacun désire non seulement être en paix avec vous, mais
encore, s'il se peut, obtenir votre estime. Je me
flatte d'être compté au rang de vos admirateurs;
mon oncle vous a parlé maintes fois de mon attachement pour votre personne, et je m'empresse
de saisir une occasion qui se présente de vous le
prouver.

» Des gens, en qui vous avez beaucoup trop de confiance, répandent sous votre nom une pièce de vers qui a pour titre : *La Cour du roi Petaud.* Dans cette pièce, où est insulté un personnage qu'aucune offense ne peut atteindre, est aussi outragée de la manière la plus violente une femme charmante que vous adoreriez comme nous, si vous aviez le bonheur de la connaitre. Et c'est vous, monsieur, qui l'affligez. Est-ce au chantre de l'amant de Gabrielle qu'il appartient de porter la désolation dans le royaume des Grâces ?

» Vos correspondants vous servent mal en vous laissant ignorer que cette personne jouit ici d'un crédit immense, que nous sommes tous à ses pieds, qu'elle peut tout ce qu'elle veut, et que sa colère est fort à craindre. Elle est d'autant plus à ménager, qu'hier, devant quelqu'un que ces vers avaient fortement irrité contre vous, elle a pris votre défense avec autant de grâce que de générosité. Vous voyez, monsieur, qu'il ne vous convient pas d'être mal avec elle.

» Mon oncle me fait part, comme à un adepte, de vos rogatons, comme vous les appelez, lesquels sont pour nous des mets délicieux. Je les lis à la personne en question, pour laquelle c'est un vrai bonheur de réciter ou d'entendre réciter

vos vers, et elle vous prie de lui en envoyer
comme un témoignage de votre repentir. Dans
tous les cas, si votre humeur belliqueuse vous
poussait à la guerre, on espère qu'avant de
la continuer, vous la déclarerez loyalement et
franchement. Au reste, soyez assuré que je vous
défendrai de mon mieux, et que je suis pour la
vie, etc. »

Pendant que nous attendions la réponse de
Voltaire, je résolus de me venger de la duchesse
de Grammont, qui l'avait conseillé dans son
agression. Voici le tour que je jouai à cette dame.
Persuadée qu'elle ne connaissait pas l'écriture
de sa majesté danoise, je lui fis écrire la lettre
suivante :

« Madame la duchesse, j'ai lutté jusqu'à ce
jour pour vous avouer ma défaite. Heureux si je
pouvais mettre mon hommage à vos pieds. Mon
rang peut seul faire excuser mon audace. Rien
n'égalerait ma joie si, ce soir, au spectacle chez
madame de Villeroi, vous vouliez paraître vêtue
en bleu avec des plumes bleues à votre coiffure.
Je ne signe pas. Il est des noms qui ne doivent
pas se trouver au bas d'une déclaration d'a-
mour. »

Malgré tout son esprit, la duchesse de Gram-

mont n'eut pas celui de voir au ton emphatique
de cette lettre que c'était une mauvaise plaisanterie ; son amour-propre lui laissa croire qu'à
quarante ans passés une femme pouvait plaire
à un roi qui n'en avait pas vingt. Elle alla donc
le soir chez madame de Villeroi, vêtue en bleu
avec des plumes bleues à sa coiffure. Elle fut
justement placée à côté de sa majesté danoise.
Christian VII lui parla de la manière la plus affectueuse ; mais d'amour, pas un mot. La duchesse s'imaginant que le prince était timide, le
regardait avec les yeux les plus doux, et lui faisait les mines du monde les plus plaisantes. Sa
majesté ne comprenait pas. Alors la duchesse
lui adressa quelques paroles propres à amener
une explication, et pour le coup sa majesté fit
semblant de ne pas comprendre. Madame de
Grammont était furieuse de sa mésaventure. Le
duc d'Aiguillon, qui était près d'elle, avait tout vu,
tout entendu, et me raconta tout le lendemain. Ce
même jour, je fis part au roi de ma plaisanterie
et de son succès. Il en rit comme un fou, et puis
me gronda de ce que je pouvais compromettre
sa majesté danoise. « Et en quoi, sire ? répondis-je, je n'ai point signé son nom, point con-
trefait son écriture. La vanité de la duchesse a

fait seule tous les frais de cette plaisanterie. **Tant pis pour elle si elle n'a pas mieux réussi.** »

Au reste, je ne bornai pas là ma vengeance. Une seconde lettre de la même écriture fut adressée à ma malheureuse ennemie. Cette fois on lui apprenait qu'on s'était moqué d'elle, et qu'elle était mystifiée. Je sus par M. de Sartines, qui, depuis notre raccommodement, me rendait compte de tout, qu'elle mettait la police en jeu pour découvrir l'auteur de ces deux épîtres. Je fis cesser les recherches en me dénonçant moi-même à M. de Sartines. Il donna alors une telle tournure à l'affaire, que la duchesse ne put jamais y voir clair.

Cependant Voltaire n'avait point tardé à nous répondre. Comme j'imagine que vous ne serez point fâché de connaître sa lettre, je vous la transcris :

« Monsieur le duc,

» Je suis un homme perdu, un homme mort. Si j'avais assez de force pour fuir, je ne sais où j'aurais le courage de me réfugier. Moi ! grand Dieu ! je suis soupçonné d'avoir attaqué ce que je respecte avec toute la France ! Lorsqu'il ne me reste qu'un pauvre filet de voix, tout au plus bon pour psalmodier un *De profundis*, je l'em-

ploierais à hurler contre la plus belle et la plus
aimable des femmes! Croyez-moi, monsieur le
duc, ce n'est pas au moment où il va rendre
l'âme qu'un homme bien élevé outrage la divinité qu'il adore.

» Non, je ne suis pas l'auteur de *la Cour du
roi Petaud*. Les vers de cette rapsodie ne valent
pas grand'chose, il est vrai : cependant ils ne
sont pas de moi. Ils sont trop méchants, et d'un
trop mauvais ton. Toutes ces turpitudes que l'on
répand sous mon nom, ces pamphlets sans esprit, me font perdre le mien, et maintenant je
ne m'en trouve plus assez pour me défendre.
C'est au vôtre, monsieur le duc, que je me con-
fie. Ne refusez point d'être l'avocat d'un malheureux que l'on accuse injustement. Veuillez bien
dire à cette jeune dame que l'on m'a déjà brouillé
autrefois de la même manière avec madame de
Pompadour, pour laquelle je professais la plus
haute estime ; dites-lui qu'aujourd'hui surtout,
l'amie de César est sacrée pour moi ; que ma
plume lui appartient comme mon cœur, et que
je n'aspire qu'à vivre et mourir sous sa bannière.

» Quant aux rogatons que vous me demandez,
je n'en ai point de présentables. On ne sert que

des mets choisis à la table des déesses. S'il m'en venait de quelque part, je me hâterais d'en faire hommage à la personne dont vous me parlez. Assurez-la qu'un jour le plus grand mérite de mes vers sera d'avoir été récités par sa bouche; et suppliez-la, en attendant qu'elle me donne l'immortalité, de me permettre de me prosterner mourant à ses jolis pieds.

» Je ne finirai point cette lettre, monsieur le duc, sans vous remercier un million de fois de l'avis que vous avez bien voulu me donner. Cette preuve de votre bienveillance augmentera, s'il se peut, l'attachement sincère que je vous porte. Je vous salue avec le plus profond respect. »

Comme il est trop hardi de tenir la plume, quand on vient de transcrire quelque chose de M. de Voltaire, je m'en tiens là pour aujourd'hui.

CHAPITRE XVII.

A quand la présentation. — Conversation à ce sujet entre le roi,
MM. de Maupeou et de La Vauguyon. — Conversation du roi avec
le duc de Richelieu sur le même sujet. — M. de La Vrillière. —
M. Bertin. — Louis XV et la comtesse. — Promesse du roi. — Le
feu d'artifice, anecdote. — La marquise de Castellane. — M. de
Maupeou chez le duc de Choiseul. — La duchesse de Grammont.

Malgré l'amour de la duchesse de Grammont,
le roi de Danemarck partit enfin. Louis XV étant
rendu à ses habitudes, je repris sérieusement
mon projet de présentation, et mes amis s'em-
ployèrent de leur mieux à le faire triompher.

Le chancelier, qui chaque jour s'attachait davantage à mes intérêts, fut celui qui ouvrit la
campagne. Un jour que le roi était dans une
de ses colères contre les parlements, le chancelier saisit cette occasion pour lui dire que la
cabale qui s'opposait ainsi à ma présentation ne
montrait tant de résistance que dans l'espoir
d'être soutenue, au besoin, par les parlementaires de Paris. « Si Votre Majesté, ajouta le chan-

celier, avait moins de condescendance pour les
mécontents, ils craindraient plus son autorité.
— Vous verrez, répliqua le roi, que ce sera leur
audace qui me portera à faire ce qui ne me convient pas. »

Pendant que la haine que M. de Maupeou portait aux parlements me servait de cette façon,
l'amour de M. de La Vauguyon pour les jésuites
tournait de même à mon plus grand avantage.
Le bon duc ne cessait de me parler de ses chers
jésuites, et moi, je ne cessais de lui répondre
que ma faveur leur serait inutile tant que je ne
serais pas présentée. M. de La Vauguyon avait
assez d'esprit pour sentir l'embarras de ma position. Il vit bien qu'avant de songer aux autres,
je devais songer à moi. Ayant donc pris conseil
des fortes têtes de la compagnie, il me prêta
franchement son secours auprès de Sa Majesté.

La fortune m'envoya un auxiliaire non moins
puissant que ces deux messieurs ; je veux parler
du maréchal duc de Richelieu. Au mois de janvier 1769, il revint de son gouvernement de
Guyenne pour entrer au service ; il avait beaucoup de crédit sur l'esprit de Sa Majesté, et ce
crédit, le croiriez-vous, venait de sa réputation
d'homme à bonnes fortunes. Il était en droit de

dire au roi tout ce qui lui passait par la tête; il
lui dit donc un jour que les Choiseul se vantaient que lui, roi de France, n'oserait jamais
faire entrer sa maîtresse dans les grands appartements de Versailles. « Oui, ajouta le duc, ils
s'en vantent si hautement, qu'on ne parle d'autre chose en province ; et à Bordeaux, par exemple, il y a tel négociant qui, sur la foi des ennemis de la comtesse, ose parier qu'elle ne sera
jamais présentée. — Et pourquoi ne faisiez-vous
pas enfermer ces drôles-là ? répliqua le roi avec
colère. — Parceque, sire, il me paraît injuste
de punir l'écho des sottises de Paris. — Je me
conduirai pour la présentation de madame du
Barri comme il me plaira. Mais n'est-ce pas une
rage inconcevable, aux uns de vouloir à toute
force que cela soit, et aux autres de prétendre
y mettre obstacle ? En vérité, je suis bien malheureux, et l'on exerce sur moi une cruelle
tyrannie. » Le duc de Richelieu ne voulant pas
avoir l'air d'être le tyran du roi, fut obligé de
changer de conversation.

Cependant ma présentation était pour moi et
les miens de la plus haute importance. Il fallait
me faire des partisans : on me gagna le duc de
La Vrillière, en lui faisant entendre que tôt ou

16.

tard le roi céderait à mes vœux, et qu'alors je
desservirais tous ceux qui se seraient opposés à
mon élévation. Le duc d'Aiguillon attira aussi
à mon parti M. Bertin, qui n'aimait pas les
Choiseul, et qui sentit qu'il y aurait plus d'a-
vantage pour lui à se ranger sous ma bannière.
Quand je me fus assurée un assez bon nombre
de défenseurs, je pensai pouvoir frapper le grand
coup. Voici comment je m'y pris.

Un soir, le roi était chez moi avec MM. de
Maupeou et de Richelieu : nous causions de
choses indifférentes, et le roi était fort tranquille,
ne se doutant pas de la scène que je lui prépa-
rais. Tout-à-coup je me lève de mon fauteuil, je
vais à Sa Majesté, et après une profonde révérence, je me jette à ses pieds. Louis XV veut me
relever. « Non, lui dis-je, je resterai où je suis,
tant que vous ne m'aurez pas accordé la grâce
que je désire.—Si vous restez dans cette posture,
je m'y mettrai moi-même. — Eh bien, puisque
vous ne me voulez pas à vos genoux je me mettrai dessus. » Et je m'assis sur lui sans façon.
«Écoutez, monsieur, lui dis-je, ce que j'entends
que vous répétiez mot à mot au roi de France. Il
faut qu'il autorise ma présentation ; car, autrement, un beau jour, devant toute la cour, j'irai

dans les grands appartements, et nous verrons
s'il me fera mettre à la porte. — C'est qu'elle
aurait cette audace, dit le roi au chancelier.—Je
le crois, sire. Une femme jeune et belle, honorée de vos bontés, se croit en droit de tout oser.
N'est-il pas désolant pour moi, continuai-je,
que, comblée des faveurs de Votre Majesté, je
reste ainsi cachée, tandis que des femmes que
vous ne pouvez souffrir vous assiègent de leur
présence et vous ennuient en grande pompe?
— Madame a raison, reprit le duc de Richelieu;
je m'aperçois que vous la cherchez tous les soirs
où elle n'est pas et où elle devrait être. — Ah!
vous aussi, duc de Richelieu, vous partagez la
félonie de mon chancelier. — J'arracherais les
yeux à ces messieurs, ajoutai-je, s'ils étaient
d'un autre avis que le mien. — Oh! dit le roi
en riant, cette punition n'en serait pas une pour
M. de Maupeou; la justice doit être aveugle; et
quant à vous, Richelieu, il vous reste votre bâ-
ton. — Qu'il a noblement gagné, répliquai-je,
en combattant les ennemis de Votre Majesté, et
dont il se rend digne aujourd'hui en me proté-
geant contre les miens. — Cette rebellion, dit le
roi, ne peut pas durer; je me verrai contraint de
tenir un lit de justice. — Et moi, je vous jure que

je ne recevrai personne dans le mien, tant que je ne serai pas présentée. » Cette nouvelle boutade excita la gaieté du roi. « Eh bien, dit-il, puisque vous le voulez absolument, vous serez présentée. »

A ce mot, je sautai au cou du roi en poussant un cri de joie qui dut être entendu de mes rivales. Après cela, je m'avançai vers les deux messieurs qui m'avaient si bien soutenue, et je leur tendis à chacun une main. Ils la prirent et la baisèrent avec galanterie.

Cependant Louis XV était redevenu soucieux. Il ne cessait de murmurer entre ses dents : « Je m'en lave les mains.... On criera, on clabaudera.... Mais enfin il le fallait. » Je m'aperçus de la mélancolie où était le roi. Je me gardai bien de l'y laisser ; et pendant que je cherchais à le distraire par mes gentillesses, le duc de Richelieu nous raconta une de ses mille et une aventures qu'il racontait si bien. Je ne sais si elle vous plaira : à tout hasard je l'écris telle quelle, me contentant de l'abréger.

« J'étais jeune, dit-il, assez joli garçon et fort mauvais sujet : les femmes ne détestent pas cela. Je voyageais. Je passe à M...... M. l'intendant de la ville veut absolument que je loge à son hôtel.

Madame l'intendante se joint à lui pour m'en
prier, et j'accepte. Je dois vous dire que la
dame était jolie. J'avais passé la nuit avec elle,
lorsque, le lendemain matin, voulant sortir de
son appartement, je trouve la première porte
fermée à triple tour et verrouillée. Je cherche de
tous côtés : point d'issue. Pendant que je me désolais avec la femme de chambre de madame,
qui ne valait guère mieux que sa maîtresse ; je
vois dans un cabinet isolé une foule de machines
recouvertes de papier, toutes de forme différente. Sur ma question, on me dit que c'était
le lundi suivant la fête de madame, et qu'on
devait la célébrer avec un feu d'artifice. Je regardais ces belles fusées, ces beaux soleils dans
une admiration muette. Tout-à-coup songeant
à l'honneur de madame que je pouvais compromettre, je prends le flambeau des mains de la
soubrette et mets le feu à une chandelle romaine.
Tout s'enflamme, tout part. Grand émoi dans
l'intendance. On accourt, on enfonce la porte,
on entre. L'hôtel est sens dessus dessous ; et moi,
au milieu de ce tapage, je vais, je viens, et chacun admire et loue mon zèle. Il faut partir néanmoins. Je fais atteler ma chaise, et M. l'intendant me remercie du service immense que je lui

ai rendu. Je vous assure, sire, que jamais je n'ai
ri de meilleur cœur. »

Ce récit amusa le roi. M. de Richelieu nous
certifia que nous en avions l'étrenne. Mille con-
sidérations l'avaient retenu jusqu'à présent.
« Mais à cette heure, dit-il, la troisième géné-
ration de madame l'intendante n'est plus jeune,
et je n'ai pas peur que l'on m'appelle en duel(1).»

Le lendemain , le bruit se répandit dans le
château que je serais présentée. Mes amis dirent
que j'avais la parole du roi. Ce fut une grande
imprudence de leur part. Ils nuisirent à mes intérêts en voulant flatter ma vanité. Ils donnèrent
l'éveil à la cabale Choiseul, et celle-ci intrigua
si bien, qu'il n'y eût plus une personne à Versailles qui voulût me servir de *marraine*. Vous
savez l'usage : la présentation a lieu par l'intermédiaire d'une autre dame qui conduit la nouvelle venue chez les princesses, et lui sert ainsi
d'introductrice. Cette coutume était passée en

---

(1) Le duc de Richelieu conservait son sang-froid et son esprit de
repartie dans les circonstances les plus indifférentes. On a souvent cité
l'anecdote de cet homme qui vint lui demander ses bienfaits, en se disant
un peu son parent. — « Et de quel côté ? reprit le duc. — Monseigneur,
du côté d'Adam. — Donnez un sou à cet homme, dit le duc en se tournant vers les gens de sa suite; si tous ses parents lui en donnent autant,
il sera plus riche que moi. »

force de loi; et d'ailleurs, il aurait été trop humiliant de m'en dispenser.

Ce coup était funeste pour moi. Je m'en désolais. J'en pleurais dans mon intérieur devant mes amis. Le duc de Richelieu me disait : « Avec de l'argent et des promesses on vient à bout de tout à la cour. Il n'y a pas de lieu où l'on sache mieux combien vaut la complaisance et à quel prix on peut la vendre. Ne vous inquiétez de rien : nous trouverons. » Nous trouvâmes bien en effet, mais la complaisance était fort chère. Deux dames auxquelles on s'adressa y mirent les conditions les plus extravagantes. L'une, la marquise de Castellane, consentait bien à me présenter, mais elle demandait qu'on la fît duchesse et qu'on lui donnât cinq cent mille livres; l'autre, dont j'ai oublié le nom, demandait pour son mari le cordon du Saint-Esprit et un gouvernement, pour son fils un régiment, et pour elle, je ne sais quoi. Ces dames croyaient apparemment, comme don Quichotte et Sancho Pança, que les gouvernements et les cinq cent mille livres se trouvent sous le pas d'un cheval. En vérité, il n'y avait rien à entendre.

Sur ces entrefaites, le chancelier eut une singulière conversation à mon sujet avec les Choi-

seul. Il était allé un matin voir le duc. Tandis
qu'ils causaient ensemble, la duchesse de Grammont entra chez son frère, et, dès les premiers
mots, elle engagea le combat. « Ah ! vous voilà,
monsieur le chancelier. C'est vraiment une bonne
fortune de vous voir. Vos nouveaux amis vous en-
lèvent à vos anciens. C'est mal à vous d'adorer le
soleil levant. — Ce fut l'idolâtrie d'un grand nombre de peuples... Mais ayez, je vous prie, l'extrême bonté de ne me point parler par figures,
si vous voulez être intelligible pour moi. — Oh !
vous faites bien l'ignorant. Vous savez comme moi
ce que je veux dire ; et vos visites journalières
à cette *fille*...—A laquelle ? madame la duchesse.
C'est qu'il y en a tant à la cour ! » Cette réponse
maligne fit sourire le frère et la sœur, qui étaient
tous les deux en état d'apprécier le mérite d'une
épigramme. Le duc craignant que la duchesse
n'allât trop loin, d'après la manière dont elle
avait commencé, prit à son tour la parole : «Vous
êtes donc devenu l'un des adorateurs de la comtesse du Barri ? — Oui, monsieur le duc ; et plût
à Dieu que, dans vos intérêts, vous aussi vous
voulussiez le devenir ! — Mon frère mettrait les
pieds chez cette créature ! — Et pourquoi pas,
madame? On voit chez elle bonne compagnie ; le

prince de Soubise, les dúcs de Là Trimôuille, de La Vauguyon, de Duràs, de Richelieu, d'Aiguillon, qui sais-je encore? Sans compter le Roi de France, dont je ne parle pas. On peut, sans se déshonorer, se trouver en semblable société.— Monsieur le chancelier, reprit le duc, pour faire assaut de franchise avec vous, permettez-moi de vous demander si quelqu'un qui doit avoir de l'amitié pour notre maison peut se montrer dans celle-là?—Pardon, monsieur le duc, ce n'est pas la question. Permettez-moi, à mon tour, de vous demander pourquoi ceux de votre maison n'iraient pas dans celle-là? Voilà, je crois, la vraie question à faire. — Vous nous proposez une belle alliance, dit la duchesse avec colère.—Je ne propose rien, madame, j'interroge. Pour ma part, je ne vois aucun motif légitime à cette proscription de madame du Barri.— Une femme perdue, sans mœurs!...—Des mœurs! Eh! madame, où y en a-t-il maintenant? M. de Crébillon le fils serait très embarrassé pour nous l'apprendre. » Cette réponse piquante fit sourire une seconde fois le duc et sa sœur. Le chancelier poursuivit : « Il me semble qu'on était moins difficile, du temps de madame de Pompadour. —Mais une créature qui a été à chien et à chat?— L'avez-

vous vu, madame? Et quand cela serait, inter-
dit-on l'entrée de la cour à toutes les dames d'une
conduite non moins blâmable? Combien en
voyez-vous, vous, madame la duchesse, qui ont
mené une vie bien plus scandaleuse? Comptons
sur nos doigts. D'abord, la maréchale de Luxem-
bourg, une; ensuite... —Ensuite, la comtesse
de Choiseul, ma belle-sœur, reprit le duc; nous
le savons aussi bien que vous, monsieur le chancelier. Mais ce n'est pas de cela qu'il s'agit. Vous
n'ignorez pas que nos ennemis entourent cette
dame du Barri, et c'est de votre alliance avec eux
que je me plains. — Vous voyez tout en noir,
monsieur le duc. Mais si vous craignez l'influence
de cette dame auprès du roi, que ne vous pré-
sentez-vous chez elle? Elle serait charmée de
vous recevoir. —Non, non! s'écria la duchesse;
jamais mon frère ne se présentera chez une pareille créature. S'il se dégradait à ce point, je ne
lui pardonnerais de ma vie. Puisque vous mon-
trez votre reconnaissance de ce qu'on a fait pour
vous en vous liguant avec cette femme, dites-lui
de ma part que je la déteste, et que je n'aurai
de repos qu'après l'avoir renvoyée sur son fumier.
—Madame, répliqua le chancelier, je montrerai
ma reconnaissance à M. le duc, en ne me char-

geant pas d'un pareil message. » Et le chancelier
sortit.

M. de Maupeou vint me rapporter tout au long
cette conversation que *Chon* écrivit sous sa dictée
pour que je pusse la montrer au roi. Vous verrez, dans ma prochaine lettre, ce qu'il advint
de tout ceci, et comment la maladroite inimitié
des Choiseul servit mes intérêts.

CHAPITRE XVIII.

Un mot sur la duchesse de Choiseul. — L'appartement du comte de Noailles. — Les Noailles. — Intrigues pour la présentation. — La comtesse de Béarn. — Encore M. Morand. — Visite de la comtesse de Béarn à la comtesse du Barri. — La conversation. — La complaisance intéressée. — Le roi et la comtesse du Barri. — Dispute et raccommodement.

Je montrai donc au roi cette conversation où j'étais si maltraitée par la duchesse de Grammont. Louis XV aurait eu bonne envie de témoigner son mécontentement à cette dame, mais il était retenu par les égards qu'il croyait devoir au duc et surtout à la duchesse de Choiseul. Cette dernière dame n'était point aimée de son mari, mais ses nobles qualités, son bon cœur la faisaient adorer de toute la cour. On n'y pouvait parler à personne de madame de Choiseul sans qu'on ne vous répondît par son éloge. Le roi même était plein de respect pour elle ; si bien que, lors de la disgrâce du duc, il demanda en quelque sorte pardon à la duchesse du chagrin qu'il lui causait. Une

bonne conduite ne fait pas avancer à la cour :
mais elle emporte l'estime des courtisans. Retenez bien, mon ami, cette maxime morale. Il n'y
en a pas trop dans mon journal.

Le roi donc ne pouvant interposer son autorité dans une querelle de femmes, voulut du moins
donner une éclatante preuve de l'attachement
qu'il me portait. J'avais, jusque là, occupé dans
le château l'appartement de Lebel. Il paraissait
peu convenable à ma position. Le roi imagina de
me donner celui de madame de Pompadour, auquel j'avais quelque droit. Mais cet appartement
était occupé, pour lors, par le comte de Noailles,
gouverneur du château, qui, bête comme tous
ceux de sa famille, commença à jeter les hauts
cris quand on lui eut signifié la volonté du roi.
Le voilà qui vient trouver Sa Majesté, et se plaint,
se lamente. Le roi écoute tranquillement la kyrielle de ses doléances. Quand il s'est bien plaint
et lamenté : « Mon cher comte, dit le roi, qui a
bâti le château de Versailles ? — Mais, sire, c'est
votre illustre aïeul. — En ce cas, comme je suis
chez moi, je prétends y demeurer le maître. Vous
établirez le siége de votre gouvernement où vous
voudrez, mais, dans deux heures, la place doit
être nette. Tenez-vous cela pour dit. » Le comte

de Noailles se retira l'oreille basse, fit sortir ses meubles de son appartement, et, le même soir, je m'y installai. Vous pensez bien que ce fut un nouveau grief, et que je me fis par là de nouveaux ennemis. Il est certaines familles qui regardent la cour comme leur domaine héréditaire. La famille des Noailles est de celles-là. Cependant, on ne conçoit pas de leur part une pareille prétention. Leur illustration remonte à un certain Adhémar de Noailles, capitoul de Toulouse, ennobli, selon toute apparence, par l'exercice de sa charge, en 1459. L'aïeul des Noailles d'aujourd'hui était domestique chez M. de Turenne; et sa famille fut impatronisée à la cour par madame de Maintenon. Tout le monde sait cela. Mais revenons à ma présentation.

M. de Maupeou, dont je ne vanterai jamais assez les bons services, vint me trouver un jour. « Je crois, me dit-il, que nous tenons nôtre *présenteuse*. J'ai en main une dame qui fera votre affaire. — Qui donc est-ce? demandai-je avec joie. — Une comtesse d'Escarbagnas, une plaideuse à trente-six carats. Il faut la voir, causer avec elle, et vous entendre toutes les deux. — Mais où la voir? — Cela est facile. Elle réclame, contre la maison de Saluces, une succession de

trois cent mille livres. Elle est fort affamée d'argent. Envoyons-lui quelqu'un qui lui souffle à
l'oreille que je vous vois souvent, et que votre
protection peut lui servir beaucoup dans son
procès. Elle accourra chez vous. »

J'approuvai le conseil du chancelier, et, d'accord avec le comte Jean, j'employai encore une
fois le ministère de ce bon M. Morand, que j'avais
déjà récompensé largement pour ses bons et
loyaux services. Ce fut, au reste, le dernier qu'il
me rendit ; car, quelques mois après ma présentation, j'appris qu'il était mort d'une indiges-
tion : mort digne d'une telle vie et d'un tel
homme.

Voilà donc M. Morand qui, après s'être enquis
du procureur de madame la comtesse de Béarn,
va chez lui sous prétexte d'une petite affaire, et
je ne sais à quel propos, vante mon immense
crédit auprès du chancelier. Le procureur, à qui
madame la comtesse fait une visite ce jour-là
même, ne manque pas de lui répéter ce que lui
a dit M. Morand. Le lendemain, la comtesse, en
vraie plaideuse, fait une descente chez celui-ci.
Elle lui conte son procès, et le prie de s'intéresser
pour elle auprès de moi. « Je le ferais avec grand
plaisir, lui dit notre homme, si je ne croyais plus

convenable que vous vissiez vous-même la comtesse du Barri. Soyez persuadée qu'elle sera
charmée de vous obliger. » Madame de Béarn
vint donc chez moi, amenée par M. Morand. Mon
Dieu ! que nous étions simples de prendre tant
de détours avec cette dame. Si nous l'eussions
mieux connue, nous ne nous serions pas ainsi
tracassés. Il ne fut presque rien dit à cette première visite. Je me contentai d'assurer la plaideuse de ma bonne volonté. Le même jour, le
vicomte Adolphe du Barri dit à son père que le
jeune de Béarn lui avait demandé la veille si j'a-
vais trouvé une marraine pour me présenter ; que,
dans le cas où je n'en aurais point, sa mère ne
refuserait pas de m'en servir si le roi la priait ou
lui commandait de le faire. Le comte Jean et moi
comprîmes fort bien la dame. Elle revint. Je lui
renouvelai l'expression du désir que j'avais de lui
être utile. Elle me répondit par la phrase banale,
qu'elle serait charmée à son tour de me prouver
sa reconnaissance. Je la pris au mot. « Madame,
lui dis-je, vous ne devez pas ignorer que je souhaite vivement d'être présentée. Mon mari a fait
ses preuves ; elles ont été admises. Je n'ai plus
besoin que d'une *marraine*. Si vous voulez l'être,
je vous serai redevable toute ma vie. — Madame,

je suis toujours aux ordres du roi. — Mais, madame, il ne s'agit pas du roi dans tout cela. Je veux être présentée : voulez - vous être ma marraine?—Madame, je désire vous être agréable, et pour peu que le roi veuille me témoigner que la chose lui fera plaisir. — Allons, m'écriai-je avec impatience, c'est un parti pris, vous ne me répondrez pas. Pourquoi voulez-vous que le roi intervienne là où il n'a que faire? Avez-vous le dessein de m'obliger, oui, ou non?—Oui, madame, certainement. Mais vous n'ignorez pas la cabale affreuse qui est montée contre vous. Pourrai-je seule lutter contre elle, et qui me soutiendra? — Moi d'abord, tant que je serai ici, et le roi toujours; je vous assure qu'il reconnaîtra votre bon procédé à mon égard. — Je voudrais bien un mot du roi qui me servît de sauvegarde. — Et voilà ce que vous n'aurez pas. La signature du roi ne doit pas être compromise dans cette affaire', et je ne crois pas devoir la demander. Ainsi, madame, cessons cette conversation, puisque vous mettez à votre complaisance une pareille condition. » La comtesse de Béarn se leva : je me levai, et nous nous séparâmes très mécontentes l'une de l'autre.

Mes amis, mon beau-frère et les demoiselles

17.

du Barri attendaient impatiemment le résultat
de mon entretien avec madame de Béarn. Je le
leur fis connaître, tout en disant de cette dame
ce que je pensais, beaucoup de mal. « Que vous
êtes prompte à vous affliger ! me dit le chancelier ; vous ne voyez pas que cette femme veut se
faire acheter. Elle est à vous corps et âme ; mais
auparavant, il faut qu'on la paie. — Et qu'à
cela ne tienne, reprit le comte Jean, on lui donnera de l'argent ; mais qu'elle nous présente. »
A la suite de ce début, il fut arrêté que, dès le
lendemain, mon beau-frère irait à Paris trouver M. Morand, et le charger de cet accommo-
dement.

Le lendemain, mon beau-frère se rendit chez
M. Morand. Quand il eut entamé son message
concernant la comtesse, le bon Morand se prit à
rire. Il dit au comte que, la veille, cette dame
l'avait fait prier de passer chez elle ; qu'il y était
allé, et que là, madame de Béarn, vu les incon-
vénients qui pouvaient résulter pour elle de ma
présentation, lui avait demandé certains dédommagements ; tels, par exemple, qu'une somme
de deux cent mille livres comptant, la promesse
par écrit d'un régiment pour son fils, et pour
elle-même une charge dans la maison de la

future dauphine. C'était là le point de mire de
toutes les ambitions de la cour. Le comte Jean
trouva ces prétentions exagérées. Il avait mes
pleins pouvoirs. Il chargea donc M. Morand d'offrir à la dame une somme de cent mille livres en
espèces, et de l'assurer en outre que je ne laisse-
rais pas le roi tranquille qu'il n'eût placé le jeune
de Béarn avantageusement, et qu'il n'eût fait
pour la mère ce qu'elle souhaitait. Là-dessus,
mon beau-frère revint à Versailles.

Le comte Jean était à peine de retour depuis
une heure, que nous reçûmes de M. Morand une
lettre par laquelle il nous annonçait qu'il avait
été, d'après les intentions du comte Jean, chez la
comtesse de Béarn ; qu'il avait trouvé cette dame
assez traitable sur le premier point, et disposée à
se contenter de la moitié de la somme demandée ;
que sur le second point, je veux dire les places
auxquelles elle prétendait pour elle et pour son
fils, elle n'avait rien voulu entendre, et tenait
plus que jamais à la promesse écrite du roi ; que
lui, Morand, pensait qu'on n'arrangerait point
l'affaire, à moins que nous ne souscrivissions à
cette condition. Cette lettre me fit faire bien
du mauvais sang. Je voyais ma présentation renvoyée aux calendes grecques, ou tout au moins

ajournée indéfiniment. J'interrogeai mes amis.
L'avis unanime fut que je devais en parler au
roi à une de ses visites du soir. Je me promis d'en
finir ce jour-là même.

Quand sa majesté se présenta, je la reçus très
gracieusement, et puis je lui dis : « Félicitez-
moi, sire, j'ai trouvé ma marraine. — Ah! tant
mieux. (Je suis sûre qu'au fond de son cœur il
disait tant pis.) Et qui? me demanda Louis XV
avec une sorte d'inquiétude.—Madame de Béarn,
fille de qualité en son nom, et de noblesse excellente par son mari. — Oui, qui a été garde
du corps, et dont le fils vient de sortir des pages. Ah! elle se charge de vous présenter. C'est
fort bien à elle, et je lui en sais bon gré.— N'est-
ce pas, sire, que vous le lui direz à elle-même?
— Oui, oui, certainement; mais après la cérémonie. — Et pourquoi pas auparavant? —
Pourquoi? parceque je ne veux pas avoir l'air de
forcer votre présentation. — Bien! répliquai-je
en frappant le parquet du pied, vous ne feriez
pas pour moi ce que vous feriez pour la femme
qui vous est le plus étrangère. Grand merci de
votre tendresse. — Allons, voilà encore que vous
boudez. La colère ne vous va pas. — Pas plus
qu'à vous cette indifférence, qui m'est cruelle.

Si vous reculez pour dire un mot, vous reculerez bien plus vite devant les exigences de madame de Béarn. — Qu'est-ce qu'elle demande donc cette bonne comtesse ?—Des choses de l'autre monde.—Mais, quoi?—Elle a des prétentions à n'en plus finir. — Mais encore, lesquelles ? — Cent mille livres pour elle. — N'est-ce que cela? nous verrons à les lui donner. — Puis, un régiment pour son fils. — Il est du bois dont on fait.les colonels, et pour peu qu'il se conduise bien..... Et puis? — Elle veut appartenir d'une manière quelconque à la maison de la future dauphine. —Oh! pour cela, c'est impossible : les choix sont faits ; mais on la dédommagera en plaçant un des siens près de l'un des princes mes petits-fils. Est-ce tout? — Oui, sire, c'est tout, sauf une petite formalité. Cette dame, qui est pleine d'ordre, ne regarde comme valables que les obligations écrites. Elle voudrait un mot de la main de Votre Majesté. — Voilà une femme bien impertinente! s'écria le roi en se promenant à grands pas dans ma chambre. Elle est bien osée de ne pas me croire sur parole !.... Un écrit!.... une signature !.... On se méfie de moi comme du dernier escogriffe de France. Un écrit! ma signature !.... Mon aïeul Louis XIV se

repentit d'avoir donné la sienne aux Charost. Je
ne veux pas faire la même sottise — Mais, sire,
quand un prince a bonne envie de tenir sa parole, peu lui importe de la donner par écrit. »
A ces mots, Louis XV fronça le sourcil; mais
comme il avait le plus droit sens du monde, il
sentit bientôt son tort; et n'ayant rien à me répondre, il prit le parti de fuir. Je courus après
lui, et le saisis par le bras. « Laissez-moi, madame, me dit-il avec un courroux joué dont je
ne fus pas la dupe. Vous m'avez offensé dans
mon honneur. — Eh bien ! monsieur Lafrance,
répliquai-je en faisant ma grosse voix, je vous
en rendrai raison. Choisissez les armes et le lieu;
je m'y rendrai, et nous verrons si vous avez le
courage de tuer une femme qui ne vit que pour
vous, et que vous rendez la plus malheureuse
du monde. » Louis XV me donna un baiser en
riant. « Je devrais, me dit-il, vous faire coucher
ce soir à la Bastille. — Je suis donc meilleure
que vous, car je pensais vous faire coucher dans
le lit que vous aimez. »

Cette drôlerie acheva de dérider le roi. Lui-
même alors me proposa de faire venir chez moi
madame de Béarn. Je parlerais devant lui de ma
présentation ; et là, sans prendre aucun enga-

gement formel, il verrait ce qu'il pourrait dire pour la contenter. Faute de mieux, j'acceptai ce *mezzo termine*.

CHAPITRE XIX.

La comtesse de Béarn. — Le souper. — Louis XV. — Intrigues contre la présentation. — M. de Roquelaure. — Le pied brûlé. — La comtesse d'Aloigny. — Le duc d'Aiguillon et madame de Béarn. — Colère de Mesdames. — Madame Adélaïde et la comtesse du Barri. — Mécontentement du roi.

M. Morand se met donc en course de nouveau, et va de ma part inviter madame de Béarn à venir souper chez moi. Nous devions être en petit comité; mes belles-sœurs, moi et le comte Jean. La comtesse fit d'abord quelques difficultés, sous prétexte qu'elle craignait de me refuser une seconde fois. Notre mandataire la rassura en lui disant qu'un souper n'engageait à rien, et qu'elle resterait maîtresse de donner la réponse qu'il lui plairait. Madame de Béarn se laissa persuader, et me manda par un petit mot, qu'elle acceptait mon invitation. Elle se serait bien gardée d'accepter si elle eût soupçonné le tour que nous lui préparions. Mais je vis à la tournure de

son billet qu'elle espérait que le roi, de guerre
lasse, m'accorderait la promesse écrite que je sol-
licitais pour elle.

Elle vint donc. Je la reçus de mon mieux,
néanmoins pas fort bien. J'avais toujours sur le
cœur les conditions effrayantes qu'elle mettait à
sa complaisance. Quoi qu'il en soit, le souper ne
fut point triste. Le comte Jean et mes belles-
sœurs, qui savaient fort bien dissimuler, en firent les honneurs d'une manière charmante. Au
sortir de table, dans le salon, nous abordâmes
la question sérieuse de notre réunion. Aux premiers mots que prononça le comte Jean sur
ce sujet, madame de Béarn me prenant les
mains avec une familiarité mêlée de respect :
« J'espère, madame, me dit-elle, que vous n'aurez point trop mauvaise opinion de moi si je
mets ainsi des conditions à mon désir de vous
obliger. La situation de ma famille l'exige ; mais
cela n'est rien pour le roi. — Beaucoup plus que
vous ne pensez, madame, répondis-je. Le roi ne
se soucie point de prendre de tels engagements.
Il n'aime pas d'ailleurs que l'on doute de sa
parole sacrée. — Ah ! répliqua la fine plaideuse,
Dieu me préserve de ne pas m'en rapporter
aveuglément à la parole du roi ; mais la mé-

moire peut lui manquer ; il peut oublier comme
les autres hommes. — Madame, reprit le
comte Jean avec gravité, madame est une personne aussi prudente qu'obligeante ; mais aussi
un peu trop exigeante. Madame veut une promesse signée pour elle et pour son fils : cela est
trop. Ne consentirait-elle pas à partager la difficulté, à se contenter d'une promesse verbale
pour ce qui la concerne, et d'un écrit bien en
règle, pour ce qui concerne monsieur son fils.
— Mon Dieu ! monsieur le comte, répliqua la
comtesse, je voudrais arranger tout à notre commune satisfaction. Mais Sa Majesté ne refuserait
sûrement pas aux instances de madame ce que
je demande. — Je lui en parlerai la première
fois que je la verrai. — Oh ! vous êtes une femme
charmante. Vous obtiendrez tout du roi et vous
acquerrez une amie.... — dont l'amitié est bien
difficile à acquérir, dis-je en l'interrompant. » La
comtesse allait répondre à cette épigramme, lorsque mon premier valet de chambre, ouvrant les
deux battants de la porte du salon, annonça le roi.

A ce nom inattendu, ma convive frémit, et
malgré le rouge épais qui couvrait ses joues, je
m'aperçus qu'elle pâlissait. Elle vit alors la scène
que nous avions préparée ; elle aurait voulu fuir

à cent lieues ; mais il n'y avait plus à s'en dé-
dire. Je pris par la main la comtesse de Béarn
toute tremblante, et je la présentai au roi en
disant : « Sire, je fais pour madame, dans l'intérieur de mon salon, ce qu'elle aura plus tard
la bonté de faire pour moi dans les grands appartements. — Ah ! répondit le roi, c'est madame
de Béarn qui vous présentera ; j'en suis bien
aise. Son mari était un de mes serviteurs fidèles ;
j'ai été fort satisfait de son fils quand il était
parmi mes pages, et je vois qu'elle-même est
désireuse de me témoigner son attachement à
ma personne. Je vous remercie, , madame : vous
ne pouviez me faire plus de plaisir, et je saisirai
toutes les occasions de vous en prouver mon contentement. » Chaque parole qui sortait de la
bouche du roi allait déchirer le cœur de la comtesse de Béarn. Néanmoins, faisant de la nécessité vertu, elle répondit qu'elle était fière et heureuse de ce que le roi venait de lui dire, et
qu'elle tâcherait toujours de lui complaire, se
flattant que sa majesté se rappellerait les services
des Béarn, et songerait à elle au moment de la
dispensation des grâces. — « Vous pouvez, madame, compter là-dessus, répliqua Louis XV,
surtout si la comtesse du Barri me sollicite en...

votre faveur. » Puis se retournant vers moi : « A quand donc cette fameuse présentation? — Mais, sire, au jour que Votre Majesté désignera, répliquai-je. — Eh bien! je vous enverrai le duc de Richelieu, qui réglera ce point avec vous. » Cela dit, nous parlâmes d'autre chose ; mais madame de Béarn avait perdu la parole. Malgré tous ses efforts, son front se rembrunissait à chaque instant, et je suis sûre qu'elle partit désolée.

Mais le lendemain, le comte Jean et ma belle-sœur coururent chez elle. Ils lui témoignèrent leurs regrets de ce qui s'était passé la veille ; ils l'assurèrent qu'on ne voulait pas profiter de l'engagement sans conditions qu'elle avait pris de me présenter, et que quoiqu'il ne fût plus possible de demander des garanties au roi, on n'en tiendrait pas moins toutes les clauses du traité ; ils ajoutèrent qu'ils venaient lui demander à quelle époque elle voulait toucher les cent mille livres promises. La comtesse répondit que, malgré le désavantage réel qu'elle éprouvait désormais dans cette affaire, elle se sentait beaucoup d'amitié pour moi, et ne refuserait pas de m'obliger ; qu'elle se flattait que, de mon côté, je la soutiendrais auprès du roi. Le comte Jean l'assura que oui, et convint avec elle de l'époque du paiement des cent mille livres, lequel lui serait fait à vue, par M. de La Borde, banquier de la cour.

J'étais donc certaine de ma présentation ; rien dorénavant ne pourrait l'empêcher, au moins je me le figurais. Mais je comptais sans mon hôte, comme on dit. Je ne connaissais pas bien encore toute la malice de messieurs les courtisans et de mesdames les courtisanes : prenez ce dernier mot dans toutes ses acceptions. Il fallait sûrement que M. de Choiseul et sa vilaine sœur eussent gagné quelqu'un de mes domestiques, car ils savaient tout ce qui se passait chez moi. Ils ne tardèrent pas à savoir que madame de Béarn était venue souper chez moi, et qu'à la suite du souper, une visite de Sa Majesté avait décidé cette dame à ma présentation ; ils résolurent de l'empêcher.

A cet effet, ils envoyèrent comme ambassadeur le chevalier de Coigny chez madame de Béarn. Celui-ci, d'après les instructions qu'il avait reçues du ministre, chercha tour à tour à séduire et à intimider la comtesse; mais tout cela ne servit de rien. Madame de Béarn dit au chevalier de Coigny qu'elle n'était venue chez moi que pour me demander ma protection auprès du chancelier. Le chevalier sortit sans avoir pu obtenir aucun autre aveu.

Ce mauvais succès ne découragea pas les Choiseul. Ils envoyèrent chez madame de Béarn M. de Roquelaure, évêque de Senlis et premier aumônier du roi. Ce prélat était fort aimé à la cour et jouissait d'un grand crédit auprès de Mesdames. Nous fûmes bons amis ensemble dans la suite; mais, dans cette circonstance, il faillit me faire beaucoup de tort. M. de Roquelaure étant allé trouver madame de Béarn, lui fit entendre que l'on savait parfaitement à quoi s'en tenir sur ses rapports avec moi. « Ne vous flattez pas, lui dit-il, d'obtenir par le crédit de la comtesse du Barri tout ce que l'on a pu vous promettre. Vous aurez contre vous les adversaires les plus puissants et les plus augustes personnages. Il ne peut vous être caché que *Mesdames* verront avec un vrai déplaisir la présentation de cette créature. Elles ne manqueront pas d'obtenir beaucoup d'influence sur la future dauphine, et vous desserviront auprès d'elle; de sorte que, soit dans l'état actuel des choses, soit dans celui que l'âge et la santé du roi laissen entrevoir, vous vous trouverez à la cour en mau

vaise posture. » Le vieil évêque, avec sa méchante
bonhomie, catéchisa si bien madame de Béarn,
qu'à la fin celle-ci lui répondit qu'elle était remplie de respect pour Mesdames, et qu'elle ne se
déciderait jamais à me présenter aux princesses
tant qu'elles ne m'auraient pas permis de paraître devant elles. M. de Roquelaure reporta cette
réponse aux Choiseul. Madame de Grammont
enchantée, croyant déjà la partie gagnée, envoya le lendemain à madame de Béarn une invitation à souper; mais cela ne convenait pas à
la comtesse. Il aurait fallu alors qu'elle se dé-
cidât tout-à-fait, et il entrait dans ses projets de
garder jusqu'à nouvel ordre une honnête neutralité. Que fait-elle donc? elle nous écrit, à madame de Grammont et à moi, qu'elle s'est brûlé
le pied, et qu'il lui est impossible de sortir.

A la réception de ce billet, je me crus abandonnée, trahie. Le comte Jean et moi, nous
soupçonnâmes que le fait était simulé, et nous
allâmes au plus vite chez la comtesse de Béarn.
Elle nous reçut avec sa grâce accoutumée, se
plaignit que nous fussions arrivés au moment du
pansement et nous dit qu'elle le remettait à plus
tard. Je n'eus garde d'y consentir. Mon beau-
frère passa dans une autre pièce; et madame de

I.   18

Béarn se mit à défaire devant moi, avec précau-
tion, les bandages qui entouraient son pied et sa
jambe. Je m'attendais à la prendre en flagrant
délit de mensonge ; quelle fut ma surprise, lorsque je vis de mes yeux une horrible brûlure! Je
ne doutai pas un instant de ce dont je fus assurée
dans la suite : c'est que madame de Béarn s'était
fait elle-même, de gaieté de cœur, un mal affreux. Je maudissais ce courage vraiment ro-
main, et j'aurais envoyé à tous les diables mon
héroïque marraine.

Voilà donc ma présentation arrêtée par le pied
de madame de Béarn. Ce contre-temps ne ralentit
pas le zèle de mes amis. D'un côté, le comte Jean,
après avoir remué ciel et terre, mit la main sur
une comtesse d'Aloïgny. Cette dame allait être
présentée. Elle consentit à me servir de marraine
sitôt après sa présentation, moyennant quatre-
vingt mille livres et les frais de la cérémonie.
Mais Mesdames la reçurent si mal que mon conseil décida que je ne devais point paraître à la cour
sous ses auspices. On remercia donc la comtesse
d'Aloigny et on lui envoya en forme de dédit, de
la part du roi, vingt mille livres.

Pendant que le comte Jean échouait de ce côté,
le duc d'Aiguillon réussissait d'un autre. Il était un

peu parent de madame de Béarn. Il alla la trouver,
il lui fit sentir que, les Choiseul ne lui donnant
rien, ne lui promettant rien, elle aurait tort de
se déclarer pour eux ; que si au contraire elle se
déclarait pour moi, je lui gagnerais à jamais la
bienveillance du roi. Madame de Béarn avait de
l'esprit, elle se rendit aux instances du duc d'Aiguillon, et le chargea de me dire, m'écrivit même,
qu'elle se donnait toute à moi, et que, dès sa guérison, je pouvais compter sur elle. Ce qui acheva,
je crois, de décider cette dame, fut la crainte
qu'en désespoir de cause, je ne me contentasse
de la comtesse d'Aloigny.

Certaine à cette heure d'avoir une marraine,
je ne songeai plus qu'à lever le dernier obstacle
qui s'opposait à ma présentation : je veux dire le
mécontentement de Mesdames. Je ne parle point
de madame Louise, dont je n'ai jamais eu qu'à
me louer ; mais j'avais contre moi mesdames Victoire et Sophie, et surtout madame Adélaïde qui,
comme leur aînée, leur donnait le mot d'ordre.
Cette dernière, qui avait trop fait parler d'elle pour
avoir le droit de parler sur les autres, ne cessait
de se plaindre du scandale de ma vie, et je venais
tout récemment d'encourir auprès d'elle, bien à
mon insu, une complète disgrâce. Voici le fait.

18.

L'appartement dont j'avais fait déloger M. de Noailles avait été demandé au roi par madame Adélaïde. Ignorant cela, je m'y installai. Je ne tardai pas à apprendre que j'avais irrité la princesse. Je m'empressai alors de lui offrir cet appartement qu'elle désirait tant. Elle y entra. Cependant, comme il fallait me loger quelque part, le roi me donna l'ancien appartement de sa fille. Ce fut là ce que madame Adélaïde appelait un acte de tyrannie; elle fit retentir le château de ses cris; elle prétendait que je l'avais chassée, que je voulais la séparer de ses sœurs, que ma présence détournait d'elle l'amour de son père. Une pareille injustice me mit au désespoir. Je fis demander le roi, et quand il fut entré je me jetai à ses pieds, le conjurant d'apaiser sa fille à tout prix, et de me laisser partir puisque je portais le trouble dans sa famille.

Le roi, irrité de la conduite de madame Adélaïde, alla la trouver et lui fit, en tête à tête, des reproches qu'il menaça de lui faire publiquement si elle ne se taisait. Celle-ci, effrayée, ne cria plus, ou, pour mieux dire, se contenta de crier à demi-voix.

CHAPITRE XX.

De la présentation. — Le roi et le duc de Richelieu chez la comtesse du Barri. — M. de La Vauguyon. — La conversation. — Lettre du duc à la comtesse du Barri. — Réponse. — La comtesse se livre au parti jésuite. — Madame Louise. — Madame Sophie. — Madame Victoire. — M. Bertin. — Madame de Bercheny.

Cette petite colère de madame Adélaïde avait donné de l'audace à la cabale. Elle se mit à clabauder de plus belle contre moi, espérant par là intimider le roi, et empêcher définitivement ma présentation. Tout cela ne fit que la hâter. Un soir, que le roi se trouvait chez moi avec le maréchal de Richelieu, il me dit : « Il faut que ces clabauderies finissent. Je vois que tant que vous ne serez pas présentée, on craindra à chaque instant que vous ne le soyez, et jusque là on ne me laissera pas un instant de repos. Parbleu ! prenons le seul parti qui puisse réduire les mécontents au silence. — Sire, reprit le maréchal, manifestez votre volonté, et vous verrez toute la cour s'y soumettre. — Oui ; mais mes

filles.—Mesdames, mieux que personne, savent
la déférence qu'elles doivent à vos ordres. — Je
vous assure, répliqua le roi, que ce sera pour
moi un mauvais quart d'heure à passer. — Eh
bien, sire, chargez un de nous de cette mission : l'évêque de Senlis, par exemple, ou M. de
La Vauguyon. J'ai l'assurance que l'un ou l'autre
de ces messieurs s'acquittera à merveille de cette
négociation ; seulement Votre Majesté lui pro-
mettra de le soutenir de sa puissance. — Je le
ferai, sans doute ; mais il serait bon de n'en venir là qu'à la dernière extrémité. Il ne faut pas
que je sois un objet de terreur pour ma famille.
— Quant au choix à faire, dis-je à mon tour, je
désire qu'il ne tombe pas sur votre M. de Roquelaure. Il a travaillé contre moi ces jours passés.
— Pourquoi n'emploierions-nous pas M. de Jarente ? demanda le roi. — Ah ! sire, reprit le
duc, parcequ'il est trop mauvais sujet. Madame
Sophie serait capable de lui dire qu'il ne prend
le parti de la comtesse que parcequ'il passe sa
vie avec des cotillons. — Il est vrai, dit le roi,
j'aime mieux le duc de La Vauguyon. Il jouit
d'une bonne réputation.... — Bien méritée, repartit le vieux maréchal en ricanant. Oui, sire,
c'est un saint homme ; celui-là du moins joue

bien son rôle. — Taisez-vous, langue de vipère,
vous n'épargnez personne. — Sire, c'est une revanche que je prends. — Pourquoi donc n'aimez-
vous pas le gouverneur de mes petits-fils? — Ma
foi, Sire, je vous l'avoue, hors vous et les dames, je n'ai guère eu de tendresses à Versailles.»
Louis XV sourit, je tire le cordon de la sonnette,
un valet se présente. « Allez, dis-je, chercher
de la part du roi M. de La Vauguyon. » Quand
nous fûmes seuls : « Quoi, déjà! dit Louis XV.
— Madame la comtesse a raison, reprit le duc,
il faut battre le fer pendant qu'il est chaud. »
Le roi se mit à marcher dans la chambre, ce
qu'il faisait toujours quand quelque chose l'in-
quiétait ; puis s'arrêtant tout-à-coup : « Je ne
serais pas étonné d'un refus sec et net de M. de
La Vauguyon. — Eh! sire, soyez tranquille, le
gouverneur n'a aucune envie de recommencer
les Montausier ni les Beauvilliers. En vérité vous
êtes d'une candeur admirable, et, je dois vous
le dire, vous avez trop bonne opinion de nous.»
Sur ces entrefaites, M. de La Vauguyon entra.
Il salua le roi avec humilité, et lui demanda
d'un ton cafard ce qu'il voulait. « Une vraie
marque de votre zèle, dit le roi. — Et de votre
galanterie, » ajouta le maréchal qui s'aperçut

de l'hésitation du roi. Louis XV fut enchanté qu'un autre parlât pour lui. M. de Richelieu poursuivit : « Sa Majesté, monsieur le duc, veut que la comtesse du Barri soit présentée. Sa majesté veut aussi que vous disposiez Mesdames à bien recevoir notre chère comtesse lorsqu'elle apportera devant elles l'hommage de son respect et de son dévouement. » Le roi, un peu enhardi par ces paroles, reprit : « Oui, mon cher duc, je ne vois dans le château que vous seul qui ayez de l'influence sur les princesses mes filles. Elles ont pour vous beaucoup de considération et non moins d'amitié. Vous leur ferez aisément entendre raison. » Comme M. de La Vauguyon ne se hâtait pas d'accepter, le maréchal ajouta . « Oui, sire, pour bien conduire cette négociation, il n'y a dans le royaume que M. le duc et M. de Senlis. » Le maréchal avait ses raisons pour parler ainsi. Une jalousie secrète régnait entre le gouverneur et le premier aumônier. Aussi M. de La Vauguyon se hâta-t-il de répondre qu'il ne pouvait résister aux ordres de Sa Majesté, et au désir de m'être agréable. — Ah ! vous ferez donc quelque chose pour moi ? lui répondis-je, j'en suis charmée et glorieuse. — Madame, répliqua le duc avec gravité, on connaît ses amis dans l'occasion. — Celle-ci, dis-je à mon tour, me prouve tout votre attachement ; et Sa Majesté ne trouvera pas mauvais que, pour vous récompenser, je vous embrasse devant elle. » En disant ces mots, j'allai au duc de La Vauguyon, et lui donnai deux gros baisers. Le pauvre homme se laissa faire.

Voilà qui est bien, dit le roi. Vous êtes, La Vauguyon, un homme parfait. Écoutez-moi avec attention. Je veux absolument que la comtesse du Barri soit présentée. Je le veux, et cela malgré tout ce qu'on pourrait dire ou faire. Mon indignation est acquise d'avancé à ceux ou à celles qui voudraient y mettre obstacle. Ne laissez pas ignorer à mes filles que, si elles ne se rendaient pas à ma volonté, je ferais tomber toute ma colère sur les personnes dont elles prennent les conseils ; car je suis seul le maître, et je le prouverai à la fin. Voilà vos instructions, mon cher duc. Ajoutez-y de votre chef ce qui vous paraîtra convenable ; je ne vous démentirai en rien. — Miséricorde ! me dit à voix basse le duc de Richelieu, le roi a déposé toute son énergie dans ses paroles ; il n'en aura plus assez pour agir si on lui résiste. » Le maréchal connaissait le roi de longue main. « Je ne doute pas, sire, reprit le

duc de La Vauguyon, que la tendresse respectueuse de Mesdames ne se hâte de se conformer
à vos désirs. — Le croyez-vous bien ? répliqua
le roi avec empressement. Je suis bon père. Je
ne voudrais pas que mes filles me donnassent
lieu d'être fâché contre elles. Faites entendre à
madame Adélaïde qu'elle a eu dernièrement des
torts envers moi, et que dans cette circonstance
il convient qu'elle les répare. Les princesses n'i-
gnorent pas que j'ai souvent fermé les yeux sur
certaines choses.... Il suffit ; c'est à elles maintenant de me témoigner leur amitié. Pourquoi
s'opposeraient-elles à la présentation de madame? Mon Dieu! mon Dieu! elles n'étaient pas
si collets-montés du temps de madame de Pompadour.» A ces derniers mots, je ne pus m'empêcher de rire. Messieurs de La Vauguyon et de
Richelieu nous quittèrent, et la conversation en
resta là.

Le lendemain matin, on m'apporta un billet
du duc de La Vauguyon. Ce billet était ainsi
conçu : « Madame, prêt à vous servir avec amitié, je voudrais vous parler quelques instants.
Soyez persuadée que je ne vous dirai que ce qui
peut vous être agréable et utile..»

Je me hâtai de répondre : « Vous êtes un trop

excellent ami pour que je ne cause pas volontiers
avec vous dans toutes les circonstances, et surtout dans celle-ci. Votre conduite d'hier au soir
vous assure de ma part un attachement éternel.
Venez tout de suite ; mon cœur reconnaissant
vous attend avec impatience. » Ma belle-sœur, à
qui je montrai cette petite correspondance, me
dit « Ce monsieur-là ne vient pas vous voir pour
vos beaux yeux : cependant, sa visite n'est point
désintéressée. — Quel intérêt peut-il y mettre? —
Pour lui, aucun ; mais pour ses vilains jésuites.
Est-ce que vous les aimez, ma sœur? — Je ne
hais personne. »

M. de La Vauguyon arriva. Dès qu'il fut seul
avec moi : « Eh bien, madame, me dit-il, me
voilà au moment d'aller combattre pour vous.
J'ai affaire à un ennemi bien redoutable. — Est-
ce que vous avez peur ? — Mais je ne suis pas
très rassuré. Ma position est fort délicate. Mesdames obéiront, je n'en doute pas, aux ordres
du roi ; mais elles ne verront pas avec plaisir que
je me sois chargé de ce message. Tout ce qu'il
y a de Choiseul au monde vociférera contre moi.
Néanmoins, pour vous prouver mon dévouement, je braverai tout. — Vous pouvez compter que, de mon côté, je n'oublierai jamais le

service que vous allez me rendre. — J'ai seulement une grâce à vous demander. Autorisez-moi
à dire à Mesdames que, si les plaisirs de la vie
vous détournent de vos devoirs religieux, votre
âme, au fond, est toute dévouée à notre sainte
religion, et que, loin de soutenir le parti des
philosophes, vous provoquerez auprès de Sa Majesté une mesure avantageuse à la société de
Jésus. »

Au ton cafard avec lequel le bon duc prononça
ces derniers mots, je fus prête à partir d'un grand
éclat de rire; mais le sérieux de ma situation
me retint. Je répondis donc gravement : « Non
seulement, monsieur le duc, je vous autorise
à dire cela : mais je vous prie de déclarer à
Mesdames que je suis remplie d'amour et de
respect pour les jésuites, et qu'il ne tiendra pas
à moi qu'ils ne reviennent bientôt parmi nous.
— Ah! vous êtes un vrai trésor de sagesse, reprit le duc en me baisant la main avec ferveur,
et j'ai horreur de la manière dont on vous calomnie. — Je ne sais pourquoi, car je n'ai jamais
fait de mal à personne. Assurez Mesdames que
je ressens une douleur sincère de leur être désagréable, et que je donnerais la moitié de ma vie
pour obtenir, non leur amitié que je ne mérite

pas, mais leur indifférence. Veuillez leur dire aussi que dans toutes les occasions je suis à leurs ordres, et que je les supplie de me regarder comme leur humble servante. — On ne peut mieux se conduire que vous le faites, et je suis persuadé que Mesdames reviendront bientôt de leurs préventions injustes. Ainsi, il est bien convenu que nos amis seront les vôtres. — Oui, oui, pourvu qu'ils soient les miens. — Certainement. Je vous réponds d'eux, comme je leur réponds de vous. »

Et voilà, mon ami, comment je me trouvai engagée dans le parti jésuite.

Le duc commença par attaquer madame Louise, la plus raisonnable des filles du roi. Cette céleste princesse, déjà tout occupée de la résolution pieuse qu'elle devait accomplir l'an d'après, se contenta de dire quelques mots sur l'inconvenance de ma présence à Versailles; et puis, comme si sa délicatesse eût craint de traiter d'un pareil sujet, elle demanda au duc de La Vauguyon si le roi lui ordonnait de recevoir la comtesse du Barri. « Oui, madame, répliqua le duc, c'est la volonté expresse de Sa Majesté. — Je dois m'y soumettre. Cette dame peut venir quand elle voudra. »

Le duc, content de ce premier succès, alla

trouver madame Sophie. Cette princesse n'était
point méchante; mais elle était sujette à des attaques de nerfs qui altéraient peu à peu son bon
naturel. Elle avait des caprices de haine, des fantaisies d'amitié. Le jour où le duc lui parla de ma
présentation, elle était fort montée contre moi,
et, dès les premiers mots de mon ambassadeur,
elle lui jeta à la tête le fait du malencontreux
appartement, cette histoire que je vous ai racontée déjà une fois. Le duc lui expliqua les
choses, sans néanmoins leur donner une tournure qui fût défavorable à madame Adélaïde,
et il finit en la priant de m'octroyer la grâce demandée. Madame éluda en disant qu'avant de
rendre une réponse définitive elle souhaitait en
conférer avec ses sœurs.

Madame Victoire ne fut pas plus facile à persuader. Cette princesse avait de belles qualités,
des vertus solides qui la faisaient chérir et respecter de toute la cour ; mais elle avait peu d'esprit et se laissait mener par les Choiseul, qui,
pour la flatter, lui disaient qu'elle seule avait hé-
rité de l'énergie de son aïeul Louis XIV. On lui
conseilla de la déployer dans cette circonstance.
En vérité, ce n'était pas la peine. La comtesse de
Bercheny, l'une de ses dames pour accompagner,

fut celle qui lui souffla le plus la résistance. Cette dame ne cessait de crier contre moi, et d'entretenir un mécontentement qui, sans elle, n'aurait pas duré. Je fus instruite du tracas que madame de Bercheny se donnait pour me nuire. Je fis venir M. Bertin, qui m'était tout dévoué, et le priai d'aller parler à cette dame. Il y alla et lui fit entendre que le roi, furieux contre elle, la chasserait de Versailles si elle ne se taisait. La comtesse de Bercheny eut peur, et, sous prétexte de faire un voyage, quitta la cour pendant un mois. Vous verrez tout à l'heure le résultat de ces longues conférences.

CHAPITRE XXI.

Mesdames consentent à recevoir la comtesse du Barri. — Manière ingénieuse dont le roi fait un présent au duc de La Vauguyon. — Lettre de la comtesse à ce sujet. — Réponse du duc. — Lettre du roi. — Désespoir de la cour. — Couplets contre madame du Barri. — Sa présentation. — Changement dans l'opinion publique. — Réunion chez la comtesse. — Joie de ses partisans. — Conversation du chancelier sur la maréchale de Mirepoix.

Le départ de la comtesse de Bercheny fut annoncé à Mesdames de manière à ne pas les fâcher. Cependant, comme tout se sait à Versailles, un bruit sourd se répandit dans le château que ce voyage inattendu avait été provoqué par la volonté du roi, fatigué d'entendre toujours crier contre moi. On comprit alors qu'une disgrâce pareille attendait celles qui offenseraient le maître suprême en cherchant à m'humilier. Il n'en fallut pas davantage pour réprimer l'orgueil de ces héroïnes qui prétendaient tout braver tant que le roi ne disait rien, et qui tremblèrent comme la feuille aussitôt que le soupçon de sa volonté se fut manifesté. La cabale n'en fut pas démontée.

pour cela, elle était trop forte pour que ce choc pût la dissoudre; et, tout en cessant de parler contre moi à voix haute, on ne renonça point à me chercher des entraves.

Cependant madame Victoire, abandonnée à elle-même, ne put pas se maintenir long-temps au niveau de tant d'animosité. Le duc de La Vauguyon profitant alors de l'espèce de lassitude que l'on apercevait dans la manifestation de sa résistance, l'amena sans peine à se conformer aux désirs du roi.

Madame Adélaïde restait seule à conquérir; et la chose devenait plus difficile, par la position élevée qu'elle occupait à la cour. Comme fille aînée du roi, elle y tenait la première place, et elle jouissait de cette supériorité de rang sans contestation, surtout depuis que la mort avait frappé la reine sa mère et la dauphine sa belle-sœur. Elle ne voyait qu'avec peine l'apparition d'une femme dont le crédit serait supérieur au sien, et qui, en attendant l'âge mûr de la jeune dauphine, l'obligerait à se contenter des seuls honneurs dus à sa naissance. Madame Adélaïde a de l'esprit, de l'affabilité dans les manières, elle est compatissante envers les malheureux, son intérieur est excellent; mais elle aime la domination, et toute

résistance lui est pénible. Elle voulait maintenir
le duc de Choiseul, et la manière dont j'en usais
envers ce ministre lui faisait bien penser que je
ne cherchais pas à l'étayer. Il y avait donc plusieurs raisons pour que ma présence à la cour ne
fût pas agréable à Madame.

Aussi, ce fut contre elle que le duc de La Vauguyon eut à dresser ses principales batteries. Elle
lui tint tête d'abord avec une opiniâtreté désespérante. Rien ne put la faire céder, et les ressorts de
l'esprit le plus adroit ne purent surmonter sa résistance. Il fallut avoir recours au clergé que les
jésuites conduisaient encore. Il n'y eut pas jusqu'à l'archevêque de Paris qu'on fit intervenir, et
dont on sut employer le nom à défaut de sa présence. On démontra à madame Adélaïde que j'a-
vais d'excellentes intentions, un fond de piété
naturelle, étouffé, il est vrai, par l'effervescence
de l'âge, mais dont l'église ne pourrait manquer
de profiter. Que vous dirai-je enfin ? Le duc se
surpassa dans cette circonstance ; il éblouit, il
entraîna Madame, qui, de guerre lasse, donna
son consentement à ma présentation. Après ces
négociations particulières, les quatre sœurs se
réunirent chez leur aînée, et là elles décidèrent
que, puisque le roi avait expressément manifesté

sa volonté, relativement à ma présentation, elles se conformeraient à ce désir de leur père, et que même elles se montreraient bienveillantes à mon égard.

Le duc de La Vauguyon s'empressa de m'instruire de cette résolution; ma joie en fut si grande que je l'embrassai avec un véritable transport. Je l'assurai que je le regarderais toujours comme le meilleur de mes amis, et que je le lui prouverais dans toutes les circonstances.

Quelques jours après, le roi m'apporta un solitaire de trente-six mille livres. « Il faut, me dit-il, que vous l'envoyiez au duc. — Je n'oserai pas, lui répondis-je, je craindrais de l'offenser. — On ne blesse personne ici, quand on fait un cadeau, répliqua le prince, mais faites-le d'une manière détournée. » Et après avoir rêvé un moment : « Parbleu, ajouta-t-il, voici un bon expédient. Mettons le diamant au doigt du mandarin chinois que voilà, et donnez la pagode avec la bague, qui n'en sera que l'ornement. Assurément l'homme le plus désintéressé ne saurait refuser une statue de porcelaine. » J'applaudis à l'idée du roi, elle était vraiment charmante. On accommoda la bague au petit doigt du mandarin, et je fis porter le tout chez le duc de La Vauguyon, avec le billet suivant :

« Vous êtes mon sauveur, monsieur le duc, ce sont vos bons offices qui assurent mon bonheur ; mais il me faut la continuation de votre amitié. Voici un fétiche que je vous envoie, c'est une figure constellée qui, placée dans votre cabinet, vous obligera malgré vous à penser à moi. Je compte beaucoup (tant je suis superstitieuse) sur l'influence de ce talisman. Au reste, ce n'est pas moi qui en ai fait l'emplette et qui l'ai équipé. Je n'aurais, moi, osé vous offrir que mon attachement. Ceci vient de plus haut, et vous adorez ainsi que moi la main auguste qui a présidé à cet arrangement. Si vous y trouvez quelque chose qui vous soit désagréable, ne m'en veuillez en aucune façon, car certes je n'oserais pas faire ce que fait celui qui possède tout notre amour et tout notre respect. »

Le duc me répondit :

« Votre talisman est le bien-venu. Cependant son pouvoir magique, loin d'augmenter le vif sentiment qui me pénètre pour vous, l'aurait diminué à cause de certain accessoire très inutile dont mon amitié aurait pu se fâcher ; mais ce que vous me dites me ferme la bouche. Je sais les bontés journalières dont me comble la

main auguste dont vous me parlez, et je recevrai d'elle avec respect, mais non sans peine, le
souvenir qu'elle daigne m'adresser. J'aurais préféré pourtant une belle Chinoise en regard du
mandarin, afin que l'on pût dire avec raison :
Les deux font la paire. Quant à vous, qui n'ê-
tes pour rien dans cela, je vous remercie de
votre bon souvenir; j'y suis très sensible, et vous
me trouverez toujours disposé à employer pour
vous mon faible crédit et le peu d'influence que
je possède au château. Adieu, madame la comtesse; je mets à vos pieds l'hommage de mon
respectueux dévouement. »

Le roi ayant lu le billet de M. de La Vauguyon,
fit chercher dans le dépôt de porcelaine une jolie
Chinoise, et, selon le désir manifesté par le duc,
il la lui fit porter avec ces mots :

« Vous êtes, mon cher gouverneur, un homme
bien bon; vous voulez que la paix règne dans
le ménage, et pour cela il faut réunir la femme
au mari. Dieu veuille que ce soit le meilleur
moyen d'arriver au but que vous vous proposez.
Voici la dame chinoise; je crains qu'elle ne vous
cause des distractions. Vous êtes galant, quoique
saint, et vous la regarderez avec plus de plaisir
que ne le fera son mari peut-être. Je vous prie

d'être convaincu que mon intention n'est pas
de payer les services qu'on me rend, mais de
montrer seulement ma gratitude. J'ai en ce
moment à mes côtés quelqu'un qui me donne
un baiser pour vous le transmettre; devinez qui
a l'audace de se servir de moi pour un tel message. »

- C'était là une partie des dédommagements que
le prince accordait au duc de La Vauguyon, en
compensation des peines que pouvait lui faire
éprouver la clameur publique qui s'éleva contre
lui. A Versailles, l'irritation générale fut portée à son comble, lorsqu'on apprit qu'il avait
triomphé de toutes les résistances et décidé ma
présentation. Rien ne fut épargné contre lui ; ce
fut un déchaînement universel : on attaqua ses
qualités, sa réputation, ses vertus. Mais les chefs de
la cabale n'en furent pas moins frappés de cette
nouvelle comme d'un coup de foudre. La folle
princesse de Gueméné, qui depuis a fait avec son
mari une banqueroute si énorme et si scandaleuse, courut l'apprendre à la duchesse de Grammont. Celle-ci la reçut comme son coup mortel.
Toute sa constance l'abandonna ; elle versa des
larmes amères, et montra une faiblesse d'autant
plus ridicule qu'elle semblait tenir d'un vérita-

ble désespoir. Elle se rendit chez madame Adélaïde., chez laquelle elle se conduisit d'une manière presque indécente. La bonne princesse, déjà intimidée par la faiblesse qu'elle avait montrée elle-même en reculant après s'être mise en frais de paroles, n'osa pas se fâcher ; elle essaya même de se justifier en se retranchant derrière la volonté expresse du roi à laquelle elle n'avait pas pu résister.

Les autres princesses ne se montrèrent pas plus fermes en se laissant accabler par les plaintes de la cabale ; elles fléchirent le genou, pour ainsi dire, devant les femmes de la haute noblesse de France, leur demandant en quelque sorte pardon de ce que le roi leur père avait obtenu leur consentement pour se choisir une maîtresse dans d'autres rangs que les leurs. C'est à cette époque qu'on fit circuler une chanson très jolie et qui me plut beaucoup. Mes ennemis prétendirent qu'elle était faite contre moi : je ne fus pas de leur avis. Elle était attribuée aux hommes les plus aimables de Paris, et j'en ai connu quatre qui prétendaient chacun en être l'auteur ; elle aurait dû rester à celui qui paraissait être le plus spirituel, et qui la revendiqua lui-même, le chevalier de Boufflers. Je ne sais si vous vous la

rappelez ; je la transcris de mémoire, en y ajoutant un couplet, qui ne fut connu que de notre
société intime, et qui prouve d'une manière in-
contestable le bon esprit dans lequel elle fut
composée.

Lise, ta beauté séduit,
Et charme tout le monde.
En vain la duchesse en rougit,
Et la princesse en gronde,
Chacun sait que Vénus naquit
De l'écume de l'onde.

En vit-elle moins tous les dieux
Lui rendre un juste hommage?
Et Pâris, le berger fameux,
Lui donner l'avantage
Même sur la reine des cieux
Et Minerve la sage?

Dans le sérail du Grand-Seigneur,
Quelle est la favorite?
C'est la plus belle au gré du cœur
Du maitre qui l'habite.
C'est le seul titre en sa faveur,
Et c'est le vrai mérite.

Que Grammont tonne contre toi,
La chose est naturelle.
Elle voudrait donner la loi,
Et n'est qu'une mortelle :
Il faut, pour plaire au plus grand roi,
Sans orgueil être belle.

Cette chanson fut répandue dans toute la France, et presque partout on supprima ce dernier couplet, tant il y avait de partialité dans cette affaire. J'admirais parfois la bonhomie du peuple qui, lui aussi, trouvait mauvais que la maîtresse du roi ne fût pas une femme titrée.

Les bourgeois n'entendaient pas plus raison là-dessus que les seigneurs de la cour. Leur colère était plaisante, et je m'en amusais surtout alors que ma présentation était décidée.

Les intrigues que l'on fit jouer près de Mesdames, et la nécessité d'attendre la guérison complète de madame de Béarn, retardèrent ce jour si important pour moi jusqu'à la fin du mois d'avril 1770. Le 21 au soir, le roi, selon l'usage, annonça à son grand coucher qu'il y aurait, le lendemain, une présentation ; mais il n'osa point aborder franchement la question, il hésita, parut embarrassé, et ne prononça mon nom que du bout des lèvres. Il semblait qu'il n'eût point assez de son autorité pour entreprendre un pareil acte. Je ne sus cela que longtemps après, et j'osai lui exprimer librement tout ce j'en pensais.

Le lendemain 22, je m'occupai uniquement de ma parure. C'était le jour de ma grande re-

1.   19*

présentation, et je ne voulais pas qu'elle eût lieu
à mon désavantage. Depuis plusieurs jours, le
roi m'avait envoyé, par le joaillier de la couronne
Bœmer, une parure de diamants du prix de cent
cinquante mille livres dont il me faisait cadeau.
Ravie d'un aussi magnifique présent, je me mis
à ma toilette avec une ardeur et un désir de
plaire que justifiait assez l'importance de l'évènement. Je ne vous dirai point comment j'étais
habillée; c'est un soin que je me donnais si
j'écrivais à une femme ; mais ces détails ne seraient pas de votre goût, et je les passe entièrement sous silence.

Paris et Versailles étaient en rumeur. Dans les
rues, dans les avenues, dans l'intérieur du château, on se pressait de questions, comme si le
salut de la monarchie eût été en danger. A chaque instant, il partait des courriers pour aller
porter de tous côtés la grande nouvelle. On re-
marquait partout une agitation extraordinaire ;
la rage et la consternation de mes nombreux
ennemis contrastaient d'une manière singulière
avec la joie de mes partisans, répandus çà et là
dans la foule immense qui remplissait les appartements; car tout le monde avait voulu assister à ma présentation.

L'impatience avec laquelle on m'attendait était extrême ; on comptait les minutes, tandis que mon coiffeur et ma faiseuse de robes me faisaient oublier que l'heure s'écoulait. Le roi lui-même était en proie à une inquiétude extraordinaire ; la journée lui paraissait interminable, et le vif désir qu'il avait de me voir paraître lui faisait remarquer davantage encore mon retard. Dans la foule, on faisait mille conjectures sur ce qui pouvait le causer. On prétendait que ma présentation, d'abord retardée, n'aurait pas lieu ; que Mesdames s'y étaient opposées de la manière la plus prononcée ; qu'elles ne voulaient à aucun prix m'admettre en leur présence. Tous ces propos charmaient mes ennemis, et leur donnaient un espoir que les chefs de la cabale, mieux instruits, ne partageaient pas.

Cependant le roi allait et venait ; il s'approchait fréquemment de la fenêtre pour regarder dans les cours du château, et, ne voyant point venir ma voiture, il commençait à prendre de l'humeur. On a prétendu qu'il avait même donné l'ordre de remettre la présentation à une autre époque, et que le duc de Richelieu m'avait fait entrer de force. Cela est

faux en partie. Dans l'ignorance où il était
de ce qui pouvait occasioner mon retard, le
roi dit au premier gentilhomme de la chambre :

« Vous verrez que cette pauvre comtesse aura
éprouvé quelque accident, ou bien que sa joie
l'aura incommodée. Si par cas elle ne pouvait
point venir aujourd'hui, je ne veux pas que sa
présentation soit remise à plus tard que demain.
— Sire, répondit le duc, Votre Majesté peut or-
donner ce qu'elle voudra. »

Ces paroles mal entendues furent interprétées
défavorablement par des gens avides de tout ce
qui pouvait m'être nuisible.

Je parus enfin, et jamais je n'avais eu meilleure
grâce : j'étais conduite par ma marraine ; elle
aussi, parée comme un autel et fort satisfaite
de voir la pompe qui nous environnait. Mesdames
me firent un très bon accueil ; l'affabilité feinte
ou naturelle qui brilla sur leur visage, à mon
approche, et les paroles bienveillantes qu'elles
m'adressèrent, portèrent un coup mortel aux
personnes qui les environnaient, et principale-
ment aux dames de compagnie. Les princesses
ne me laissèrent pas fléchir le genou devant elles.
Au premier mouvement que je fis pour leur

rendre ce devoir, elles s'empressèrent de me
relever, en m'adressant les paroles les plus tou-
chantes.

Mais je triomphai véritablement auprès du roi.
Je parus devant lui dans toute ma gloire, et ses
yeux apprirent d'une façon non équivoque, à
tous les assistants, l'amour impétueux dont son
cœur était rempli pour moi. Il m'avait menacée
la veille de me laisser tomber à ses pieds sans
faire aucun geste pour m'en empêcher. Je lui
ava is répondu que sa galanterie ne lui permet-
trait pas d'en agir de la sorte, et nous avions
parié une bagatelle. Aussitôt que je m'appro-
chai de lui, et qu'il me prit la main pour me
retenir, lorsque je commençais à me pencher :
«Vous avez perdu, sire, lui dis-je. — Eh! le
moyen de conserver ma dignité en présence de
tant de grâces ! » me répondit-il.

Ces mots si aimables du roi furent entendus.
Mes ennemis en furent accablés ; mais ce qui
acheva de les confondre, ce fut le démenti public
que ma personne donna à leurs sottes allégations.
Ils avaient proclamé partout que j'avais les manières d'une servante, que j'étais ridicule et em-
pruntée dans mes gestes, et qu'il suffisait de me
voir pour reconnaître, et la bassesse de mon

extraction, et la classe dans laquelle j'avais passé ma vie.

Mais je parus avec des manières si faciles et si élégantes, que le peuple ne tarda pas à revenir de cette prévention contre moi. J'entendis vanter mes manières autant que mes attraits, et le luxe de ma parure. Rien ne pouvait m'être plus agréable. En un mot, j'obtins un succès complet, et j'eus lieu d'observer dès lors combien les formes extérieures du corps et un noble maintien ajoutent à la considération que l'on porte à la personne. J'ai vu depuis des individus d'un haut rang et d'un caractère plein de fierté qui pourtant n'en imposaient point, parceque leurs traits étaient communs et leur visage familier, tandis que des gens du peuple, dont la figure respirait un air de dignité naturelle, n'avaient qu'à se montrer pour s'attirer le respect de la multitude.

Rien en moi n'annonçait que je fusse une fille parvenue; aussi les propos cessèrent-ils du jour de ma présentation, et l'opinion publique en ayant fait justice, il fallut me chercher d'autres torts.

Le même soir il y eut grand cercle chez moi. J'avais le chancelier, l'évêque d'Orléans, M. de Saint-Florentin, M. Bertin, le prince de Soubise, les ducs de Richelieu, de La Trimouille, de Duras, d'Aiguillon et d'Ayen. Celui-ci ne craignait pas de venir espionner ce qui se passait dans mon intérieur, pour aller le répandre ensuite en y ajoutant les plus malicieux commentaires. J'avais aussi M. de Sartines, mon beau-frère, etc.... Il ne manquait que le duc de La Vauguyon; je savais d'avance qu'il ne viendrait pas, et que c'était un sacrifice qu'il se croyait obligé de faire à la cabale. Je n'avais en femmes que mesdames de Béarn et d'Aloigny, avec mes belles-sœurs. Parmi les dames présentées, c'étaient les seules avec lesquelles j'entretenais quelque liaison. Pour les autres, j'étais toujours la brebis galeuse dont elles ne voulaient entendre parler à aucun prix.

Le roi, en entrant, m'embrassa devant tout le monde. « Vous êtes une femme charmante, me dit-il, et l'éclat de votre beauté m'a rappelé aujourd'hui la devise de mon glorieux aïeul. » Ce début était flatteur; le reste de la compagnie se conforma aux paroles du maître, et chacun se hâta de faire chorus avec lui. Le duc d'Ayen lui-même vanta ma bonne grâce. « Ah! monsieur, lui dis-je, j'ai eu le temps de l'apprendre, depuis Pharamond jusqu'au roi régnant. »

Mon allusion était méchante; elle n'échappa
point au duc, qui pâlit, malgré son aplomb, en
voyant que j'étais instruite de la méchanceté
qu'il avait dite au roi à mon sujet, et que je vous
ai déjà rapportée. Le chancelier me dit : « Vous
avez produit un grand effet, mais vous avez
surtout triomphé de la cabale par la noblesse
de vos manières et la dignité de votre maintien,
et vous l'avez ainsi privée d'un de ses plus
grands moyens, celui de calomnier votre personne. — Ils s'imaginaient donc, lui dis-je, que
je ne savais ni parler, ni me taire, ni marcher,
ni m'asseoir. — Comme on avait le désir que
vous fussiez ignorante et gauche, on a supposé
que vous l'étiez. Tel est l'ordinaire de la passion humaine ; quand on haït quelqu'un, on dit
d'abord qu'il est capable de tout, ensuite qu'il
s'est rendu coupable de tout ; et, pour en finir,
on adopte pour vrai le lendemain ce qu'on a
inventé soi-même la veille. — Vous n'avez pas
eu peur, me demanda le roi. — Pardonnez-
moi, sire, lui répondis-je, je craignais de ne
pas plaire à Votre Majesté, et je désirais surtout
convaincre Mesdames de mon respectueux attachement. »

On trouva cette réponse spirituelle : je n'avais

pas songé à la préparer. Le fait est que j'étais
dans l'appréhension de déplaire aux filles du roi,
et je redoutais qu'elles manifestassent trop ouvertement le peu d'amitié qu'elles avaient pour ma
personne. Heureusement tout se passa à merveille, et ma bonne étoile ne pâlit point dans cette
circonstance décisive.

Parmi ceux qui se réjouissaient le plus de mon
triomphe, je ne puis oublier le duc d'Aiguillon.
Pendant toute la journée il fut d'une agitation
extrême. Son avenir était en quelque sorte attaché à ma fortune; il savait que toute son existence
dépendait de la mienne, et il attendait de moi
un secours puissant pour se défendre contre les
nombreux ennemis qui s'étaient acharnés contre
lui. Il eut besoin de toute sa force d'âme et de son
grand usage du monde po... contenir au fond de
son âme l'inquiétude et la perplexité dans laquelle il se trouvait.

Le comte Jean participait aussi à cette grande
joie. Sa place à la cour n'était plus équivoque, il
n'avait plus à rougir de son alliance avec moi, et
il pouvait former, sans trop de présomption, des
espérances brillantes pour la splendeur de sa
maison. Son fils, le vicomte Adolphe, était destiné à une haute fortune, et je vous assure que

1. 20

je l'ai bien regretté lorsqu'une mort violente et prématurée l'a enlevé à sa famille. Ma présentation permettait à son père de réaliser la chimère qu'il avait poursuivie avec tant de persévérance. Il se flattait de prendre part à ma faveur. Je ne l'oubliai pas dans la distribution de mes récompenses, et la bourse du roi fut pour lui une source à laquelle il puisa souvent à pleines mains.

Le jour suivant, je reçus la visite du chancelier. « Vous voilà, me dit-il, au comble de vos vœux : il s'agit maintenant d'arranger les choses de telle sorte que le roi trouve chez vous des distractions continuelles. Il n'aime pas la foule ; un petit cercle lui suffit, il y est à son aise, et il aime surtout à revoir les mêmes visages. Si vous m'en croyez, voyez peu de femmes, et choisissez-les bien. — Et le moyen de choisir, quand on voit peu de monde ? lui répondis-je. Je n'ai point de liaison positive avec les femmes de la cour, et dans le nombre je serais fort embarrassée de désigner celles que je voudrais voir plus particulièrement. — Cela ne doit point vous tourmenter, me répliqua-t-il ; elles vous laissent seule aujourd'hui, parceque chacune d'elles s'observe et veut voir ce que feront les autres. Mais qu'une seule se dé-

taché et vienne à vous ; les autres accourront à la
hâte, comme les moutons de Panurge. Ou je me
trompe fort, ou elles désirent ardemment que
l'une d'elles se dévoue et s'expose la première au
qu'en dira-t-on, pour pouvoir profiter ensuite de
la prétendue faute qu'elle aura commise. Je sais
bien quelle est celle qui ne sera pas la dernière
à venir meubler honorablement votre salon. La
maréchale de Mirepoix a été trop long-temps la
complaisante de la marquise de Pompadour pour
ne pas devenir bientôt l'amie de la comtesse du
Barri. — Mon Dieu ! m'écriai-je, que je serais satisfaite d'obtenir l'amitié de cette dame ; on vante
son esprit et ses manières aimables... — Oui, me
répondit M. de Maupeou en riant, c'est le type de
la femme de cour, un mélange de dignité et de
souplesse, de majesté et de *bonnéautisme* qui
vaut son pesant d'or. Elle fut destinée de toute
éternité à faire la compagnie des amies de notre
royal maître. »

Cette dernière phrase nous fit rire, et le chancelier poursuivant : « Il en est d'autres que je
vous indiquerai plus tard, reprit-il ; quant à
celle-ci, je me charge de savoir moi-même si nous
pouvons l'amener la première. Elle m'a fait demander une audience pour me parler d'un pro-

cés qu'elle veut entamer. Je profiterai de la
circonstance pour m'expliquer avec elle sur
votre compte. Elle n'aime pas trop les Choiseul,
et j'augure cela depuis que je la vois leur faire
une meilleure mine. »

———————

CHAPITRE XXII.

Le comte de La Marche, prince du sang. — Madame de Beauvoir, sa
maitresse. — Madame du Barri se plaint au prince de Soubise de
la princesse de Guémenée. — Le roi gronde à ce sujet la comtesse. —
Le duc de Choiseul. — Le roi lui parle de madame du Barri. —
Voltaire écrit à celle-ci. — Ce que Richelieu et le roi pensent de
Voltaire.

Au nombre des personnages qui vinrent me
complimenter le soir de ma présentation , se
trouvait M. le comte de la Marche, fils du prince
de Conti, et par conséquent prince du sang. Il
était depuis long-temps dévoué aux volontés de
Louis XV. Dès que son altesse sérénissime eut
vent de ma faveur, elle s'empressa de venir gros-
sir ma cour, et je vous laisse à penser combien
je fus flattée de la voir s'augmenter d'un aussi
auguste personnage.

Cette conquête était d'un grand prix à mes
yeux ; je prouvais ainsi à tout le monde qu'en
attirant le roi auprès de moi, je ne l'isolais pas
entièrement de toute sa famille. Il est bien vrai

que le comte de La Marche avait perdu depuis
long-temps la faveur du public par son trop de
complaisance envers les ministres des plaisirs
du maître; mais il n'en était pas moins un prince
du sang, et, à Versailles, ce rang effaçait presque tous ses défauts. D'ailleurs il était gai; sa
société offrait de l'agrément, et le titre qu'il portait achevait de le distinguer de la foule des
courtisans. Je devais donc me trouver fort heureuse qu'il daignât se rapprocher de moi. Aussi
le recevais-je de mon mieux, et le bon accueil
que je m'efforçais de lui faire le ramenait bien
souvent chez moi.

L'amitié dont il m'honorait n'était point une
chose agréable à mes ennemis; aussi tentèrent-
ils toute sorte de moyens pour l'éloigner. On lui
fit parler par ses plus proches parents, par ses
amis les plus intimes, comme aussi par les femmes qu'il voyait avec une préférence marquée.
Il n'en fut pas une de celles qu'il honorait de
ses caresses qui n'essayât de me nuire dans son
esprit, en lui représentant qu'il se déshonorait
avec moi. Il y eut, entre autres, une marquise
de Beauvoir, issue de petite noblesse, qu'il payait
au poids de l'or, quoiqu'elle ne fût pas sa maîtresse en titre. Gagnée par les Choiseul, elle

tint au prince des propos si ridicules sur mon
compte, que celui-ci, dans son impatience, lui
dit : « Ma foi, ma chère, comme aux yeux du
monde toute femme qui se livre à un homme
qui n'est pas son mari est une catin, je trouve
que l'on fait bien de la choisir la plus jolie possible, et, d'après cette règle, le roi est dans ce
moment bien mieux loti que ses sujets. » Vous
devinez quelle dut être la fureur de la marquise
de Beauvoir; elle cria, pleura, eut une attaque
de nerfs. Le comte de La Marche la contempla
avec une tranquillité désespérante; mais cette
scène se prolongeant au-delà des bornes permi-
ses, il en fut tellement ennuyé qu'il partit. Ce
n'était pas là ce que voulait la marquise; aussi
s'empressa-t-elle d'écrire une lettre soumise,
dans laquelle, pour se justifier, elle avoua au
prince qu'en agissant contre moi, elle n'avait fait
que céder aux instigations de la cabale, et elle
désignait particulièrement mesdames de Grammont et de Guémenée.

Le comte de la Marche me montra cet écrit;
je m'en emparai malgré sa résistance, et je sus
le garder, quelques efforts qu'il fit pour me le
reprendre. Mon intention était de le montrer au
roi. Je ne manquai pas de le mettre sous ses

yeux la première fois qu'il vint; il le lut, et haus-
sant les épaules, comme c'était son habitude :
« Ce sont des diables incarnés, me dit-il, et de
la plus méchante espèce. Elles cherchent à vous
nuire de tous les côtés, mais elles n'y réussiront
pas. Je reçois aussi des lettres anonymes contre
vous ; on en jette dans la boîte de la poste de
gros paquets portant des noms imaginaires, dans
l'espoir qu'elles me seront présentées. Ces ma-
lices ne doivent aucunement vous inquiéter. Du
temps de madame de Pompadour, c'était la
même chose. De semblables ruses avaient déjà
été employées pour perdre madame de Châteauroux. Toutes les fois qu'on m'a soupçonné
un goût, une préférence pour une femme quelconque, on a mis en usage toutes les ressources
de l'intrigue. D'ailleurs, poursuivit-il, madame
de Grammont vous attaque avec trop d'obstina-
tion pour ne pas croire qu'elle emploie tous les
moyens possibles pour arriver à son but. — Ah !
m'écriai-je, parcequ'elle a eu part à votre amitié, vous êtes toujours prêt à la soutenir. — Ne
dites pas cela trop haut, me répondit-il en riant,
sa joie serait trop grande si elle pouvait croire
qu'elle vous inspire de la jalousie. — Mais, répliquai-je, cette insolente Guémenée doit - elle

aussi se targuer de vos faveurs pour m'accabler
de sa haine, et pour me déchirer à belles dents.
— Non, me dit-il, celle-ci a tort, et je le lui
ferai dire par son beau-père. — Moi aussi je me
charge de m'expliquer sur son compte avec le
prince de Soubise ; nous verrons si je me laisserai égorger comme un mouton. »

Je ne manquai point à ma parole. Le prince
de Soubise vint le lendemain ; un malin hasard
le poussa ce jour là à être envers moi galant
jusqu'à l'excès : jamais il ne m'avait loué avec autant de franchise ou d'exagération (comme vous
le voudrez). Je le laissai parler à son aise ; mais
lorsqu'enfin il eut terminé son panégyrique :
« Monsieur le maréchal, lui dis-je, vous êtes
pour moi rempli de bonté, et je voudrais que
tous les membres de votre famille me traitassent
avec la même indulgence. » En vrai courtisan
il feignit de ne pas me comprendre, et il ne me fit
aucune réponse, espérant sans doute que la chaleur de la conversation m'entraînerait vers un
autre sujet ; mais celui-là m'occupait trop pour
que j'y renonçasse avec facilité, et voyant qu'il
gardait le silence, je continuai : « Loin de me
traiter aussi bien que vous, madame votre belle-
fille agit à mon égard comme une ennemie dé-

clarée; elle me provoque par toute sorte de mauvais procédés; elle en fera tant, qu'à la fin je me
verrai contrainte de lutter contre elle à force ouverte. »

Il faut être courtisan, il faut se trouver en
présence d'un roi que l'on flatte du matin au
soir dans tous ses caprices pour apprécier l'état
affreux dans lequel mon attaque directe plaça le
prince de Soubise. Ni son instinct de politique,
ni le ton de plaisanterie qu'il essaya de prendre,
ni la ressource plus dangereuse de la dignité offen-
sée, ne purent le tirer de l'embarras où je venais
de le jeter par ces paroles. Il ne fit que balbutier
quelques phrases inintelligibles, et sa peine fut
si grande et si visible que le marquis de Chauvelin, son ami peu sincère, en fut lui-même
touché et vint à son secours. Le roi, également
surpris de ce que je venais de dire, se hâta de se
retourner pour parler à Chon; celle-ci me conta
plus tard que l'étonnement de Louis XV avait
été pareil à celui du prince de Soubise, et qu'il
s'était manifesté de même chez lui par la pré-
occupation qu'il avait montrée dans son discours
et dans ses manières.

M. de Chauvelin venant donc à moi : « Eh! madame, me dit-il, sur quelle herbe malfaisante avez-

vous marché aujourd'hui? est-il possible que vous
rendiez monsieur, qui est votre ami, responsable
d'une haine dont vous devriez être moins peinée
qu'orgueilleuse, puisque c'est un hommage écla-
tant rendu à votre beauté?—D'abord, répondis-je,
je n'ai pas eu l'intention de faire peser sur monsieur
le maréchal, que j'aime de tout mon cœur, la
moindre responsabilité relativement à l'objet dont
je me plains. J'ai voulu seulement lui témoigner le
regret de ne pas voir tous les membres de sa famille semblables à lui ; voilà tout : je serais désolée d'avoir dit quelque chose qui pût le blesser,
et dans ce cas je lui en demande bien sincèrement pardon. » En disant ces mots, je présentai
ma main au prince qui se hâta de la baiser.
« Vous venez d'être à la fois bien cruelle et bien
aimable, me dit-il ; mais si vous avez le triste
avantage de vieillir à la cour, vous y apprendrez
que mes enfants n'ont pas pour moi toute la déférence et tout le respect qu'ils doivent à leur
père, et j'éprouve bien souvent le regret de les
voir agir d'une manière entièrement opposée à
mes désirs, quelque manifestes qu'ils soient pour
eux. Si ma belle-fille ne vous aime pas, c'est
peut-être à moi qu'il faut vous en prendre ; c'est
parceque je vous aime trop qu'elle vous est con-

traire. J'ai fait la faute de vous louer si haut devant elle, que sa jalousie n'aura pu y tenir. —
C'est très aimable à vous, lui dis-je, et maintenant, quelque rancune que je puisse garder à la
princesse de Guémenée, je tâcherai de la dissimuler par égard pour vous, et je vous assure
que pour peu que madame votre belle-fille
veuille me ménager, je me montrerai bonne de
mon côté; tâchez de faire cette paix plâtrée : je
ne demande que le repos, et ne cherche point
du tout à devenir l'ennemie de personne. »

Quoique M. de Soubise prétendît n'avoir aucune influence sur la princesse de Guémenée, je
sus plus tard que le lendemain de cette scène,
il manifesta à sa fille quelques craintes sur son
avenir à la cour. Il la supplia de ne plus s'em-
porter contre moi, de garder le silence à mon
égard et de se tenir un peu dans l'ombre, si
elle ne voulait pas me faire quelque avance. Sa
belle-fille, dont l'arrogance égalait la dissipation
et les mœurs dissolues, lui répondit qu'elle était
trop au-dessus d'une femme de mon espèce pour
me craindre et pour me ménager; que mon
règne au château ne serait pas de longue durée,
tandis que le sien ne finirait qu'avec sa vie; que
jamais elle ne consentirait à un acte de faiblesse

indigne de son caractère et de son rang. Le prince eut beau la presser de s'adoucir, de considérer que mon crédit sur l'esprit du roi était immense, il prêcha dans le désert, et il fut obligé d'abandonner la partie sans avoir rien pu obtenir.

Je reprends le fil de ma conversation avec lui. Pendant tout le temps qu'elle dura, le roi ne cessa de s'entretenir avec Chon en écoutant cependant avec attention ce que nous disions le prince et moi; et il ne se rapprocha de nous que lorsque l'intervention de M. de Chauvelin eut mis fin à cette espèce de querelle. Il revint se placer devant la cheminée, et quand nous fûmes seuls il me dit : « Vous avez été bien méchante envers ce pauvre maréchal, et j'ai souffert pour lui. — Vous êtes un excellent ami, et c'est sans doute l'affection qne vous avez pour M. de Soubise qui vous porte à me traiter avec autant de rigueur. Ne puis-je donc, sans vous déplaire, me défendre quand on m'attaque? — Je ne dis pas cela, mais faut-il qu'il soit responsable des folies de ses proches. — Ma foi, sire, tant pis pour le père qui ne sait pas se faire respecter de ses enfants. Si le maréchal était respecté du public, croyez qu'il le serait de sa famille. » Ma

réplique était peut-être un peu trop aigre ; je
m'en aperçus au silence du roi ; mais dans le
fait il m'importait peu, et Dieu aidant, j'étais
accoutumée à ne pas me gêner avec lui. Je le vis
rougir, puis il me dit : « Au reste, je me charge
de maintenir madame de Guémenée pour peu
qu'elle s'émancipe encore. La grâce que je
vous demande, c'est de ne pas vous en mêler.
J'ai en main assez de pouvoir pour vous satisfaire ; mais pour Dieu ne vous faites pas plus de
querelles que vous n'en avez. Il me semble que
vous devriez les éviter bien loin de les faire
naître. »

Il avait pris un ton grave en me donnant cette
leçon ; mais comme nous étions dans un lieu où
la majesté n'était pas de mise, je me pris à rire,
et pour lui faire peur, je lui signifiai que dorénavant je voulais conduire ma barque moi-même,
et me défendre en attaquant ouvertement les
personnes qui me montreraient de l'aversion.
Il y avait plaisir à voir le désespoir comique dans
lequel cette détermination jeta le roi. Il lui
semblait voir toute sa cour bouleversée, et il ne
put s'empêcher de s'écrier, qu'il aimerait mieux
cent fois avoir à lutter contre le roi de Prusse et
l'empereur d'Allemagne réunis, que contre trois

ou quatre femmes du château. En un mot, je lui
fis une telle peur, qu'il se décida au plus grand
acte de courage qu'il eût jamais tenté en ma faveur ; c'était de faire intervenir le duc de Choiseul dans toutes ces tracasseries.

Le crédit de ce ministre était immense, et ce
crédit était fondé sur quatre puissants auxiliaires,
savoir : les parlements, les philosophes, les gens
de lettres et les femmes. La haute magistrature
trouvait en lui un protecteur public et caché.
Les parlements avaient eux-mêmes une clientèle
nombreuse, et leurs voix acquises au duc de Choiseul lui donnaient un grand empire dans les diverses provinces. Les philosophes rangés sous la
bannière de Voltaire, qui était leur dieu, et de
d'Alembert leur patriarche, connaissaient tout
son penchant pour eux, et savaient combien ils
pouvaient compter sur son appui dans toutes les
entreprises qui tendraient à affaiblir l'influence
du clergé et à diminuer les richesses gigantesques
qui étaient au pouvoir des prélats et des monas-
tères. Les écrivains lui étaient également dévoués;
ils marchaient avec le siècle, et comme de toutes
parts on aspirait à d'importantes réformes, il
était naturel qu'on se réunît autour de celui qui
avait dans ses mains le pouvoir de les opérer. Les

dames aimaient sa galanterie; le duc de Choiseul, en effet, était un homme qui savait allier merveilleusement le goût des travaux sérieux à celui des plaisirs. J'étais peut-être la seule des femmes de la cour qu'il ne voulût pas aimer, et cependant je n'étais ni la plus laide, ni la plus désagréable. Il était bien naturel qu'elles exaltassent son mérite et le prissent sous leur protection spéciale. Aussi, elles le prônaient en tous lieux, elles vantaient ses mesures, et à force de répéter aux oreilles des hommes que M. de Choiseul était le ministre par excellence et le soutien de la monarchie, elles avaient fini par le leur persuader. Enfin, si la France se trouvait délivrée des jésuites, c'était au duc de Choiseul qu'elle le devait, et ce bienfait éminent lui assurait la reconnaissance générale.

Le roi n'ignorait point cet accord unanime de l'opinion publique en faveur de son ministre. Il était d'ailleurs persuadé qu'en concluant le pacte de famille et en arrêtant les bases de l'alliance avec la maison impériale, le duc de Choiseul avait montré de grands talents diplomatiques, et rendu à la France de véritables et importants services. Son attachement pour lui était donc forcé, et il reposait sur des fondements solides :

si plus tard il le renvoya, c'est qu'il fut trompé par une intrigue funeste qu'il m'en coûtera de vous dévoiler, parceque je n'y pris que trop de part, ce dont j'éprouve aujourd'hui de grands regrets.

Maintenant, par le fait de ma présentation, le duc de Choiseul devait se trouver souvent en face de moi, ce qui rendait notre position respective assez désagréable. Aussi le roi essaya-t-il d'opérer notre rapprochement : cela n'eût pas éprouvé de grandes difficulté, s'il n'y avait eu à vaincre que la seule résistance du ministre et de sa femme, celle-ci n'ayant pas un grand pouvoir sur son esprit, et douée d'ailleurs de trop de bon sens pour vouloir lutter ouvertement contre le roi; mais la duchesse de Grammont était là, et cette femme hautaine et impérieuse avait pris tant d'ascendant sur l'esprit de son frère, elle en agissait avec si peu de mesure à son égard, que les bruits les plus odieux circulèrent sur leur intimité.

On ne pouvait guère se promettre de dompter cet esprit altier qui voyait en moi une odieuse rivale. Louis XV ne se flattait pas d'opérer ce prodige, mais il espérait avoir plus d'ascendant sur son ministre. Ce fut donc au duc de Choiseul qu'il

s'adressa d'abord, voulant s'assurer du mari et
de la femme avant d'arriver à la redoutable sœur.
Le lendemain du jour où j'avais dirigé une si
vive attaque contre le prince de Soubise, il
profita d'une audience que le duc lui demanda
à une heure inaccoutumée pour entamer cette
négociation d'un nouveau genre; et les détails
que je vous transmets de cette scène sont d'autant plus fidèles que le roi vint me les rendre,
encore tout échauffé, immédiatement après
qu'elle eut été finie.

La part des affaires de l'État ayant été ample-
ment faite, le roi, cherchant à déguiser son embarras involontaire, dit au duc, en souriant :
« Duc de Choiseul, je me suis donné dans mon
intérieur une société agréable; mes sujets les
plus affectionnés se regardent comme très favo-
risés lorsque je les invite à ces soirées nécessaires
à ma distraction. Je vois avec peine que vous ne
m'ayez pas encore demandé de vous y admettre.
— Sire, répondit le duc, la multiplicité des travaux dont Votre Majesté me charge ne me permet
guère de donner trop de temps à mes plaisirs —
Oh ! vous n'êtes pas si occupé qu'il ne vous reste
encore quelques heures à perdre avec les dames,
et il me semble que je vous rencontrais assez fré-

quemment chez la marquise de Pompadour. —
Sire, elle était mon amie. — Eh! pourquoi la
comtesse du Barri ne le serait-elle pas? Qui a pu
vous mettre dans la tête qu'elle vous était contraire? Vous la connaissez mal; c'est une femme
excellente; non seulement elle ne vous hait pas,
mais encore elle ne désire rien tant que d'être
bien avec vous. — Je le crois, puisque Votre Majesté me l'assure; mais, sire, les affaires nombreuses dont je suis chargé.... — Ne sont pas une
excuse suffisante, il ne me convient pas que
vous vous déclariez sans un motif spécial contre
une personne que j'honore de ma protection.
Comme vous ne la connaissez pas, et que vous
ne pouvez avoir contre elle que des préventions
fondées sur des rapports et des commérages in-
fidèles, je vous engage à souper ce soir chez
moi, avec elle, et je me flatte que lorsque je
vous désignerai pour faire son jeu, vous voudrez
bien ne pas avoir de raisons toutes prêtes pour
nous abandonner. — Je sais ce que je dois
d'obéissance à Votre Majesté, dit alors M. de
Choiseul, en s'inclinant profondément. — Soit,
faites d'abord par devoir ce que je me plais à
croire que vous ferez ensuite par plaisir. Duc de
Choiseul, ne vous laissez pas influencer par des

conseils qui vous seraient nuisibles. Ce que je vous demande ne saurait vous compromettre ; mais j'aimerais qu'autour de vous on demeurât tranquille, qu'on ne luttât pas contre moi, tout en ayant l'air de ne combattre qu'une tierce personne. Ne me répondez pas, vous savez parfaitement ce que je veux vous dire, et je sais aussi à quoi m'en tenir. »

La conversation finit là. Le duc de Choiseul n'en devint pas pour cela un meilleur ami, mais il observa à mon égard toutes les convenances. Il mit de la grâce et de la finesse dans ses procédés, sans y rien mêler qui ressemblât à du persiflage. Il ne se permit jamais, quoi qu'on en ait dit, de me lancer en face aucune de ces épigrammes que la malignité publique lui attribue. Il se peut bien qu'à la manière de beaucoup de gens dans le monde, il ait fait à tête reposée des plaisanteries qu'il aura données comme me les ayant adressées directement. Mais, je vous le répète, il n'a jamais prononcé en ma présence un seul mot dont j'aie eu à me fâcher.

Sur ces entrefaites, je reçus une lettre dont j'eus la folie d'être glorieuse, quoiqu'un peu de réflexion eût dû me faire penser que ma position seule l'avait inspirée : elle était de M. de Voltaire. Ce grand génie était né courtisan. Soit qu'il aimât la protection des grands, soit qu'il se la crût nécessaire, il s'était constamment attaché, depuis sa jeunesse, à s'attirer la bienveillance des personnes qui parvenaient à un haut rang, ce qui ne l'empêchait pas de leur tirer la langue par-derrière tant qu'ils étaient au pouvoir, et de leur faire la grimace quand le vent de la faveur cessait de souffler. C'est ainsi que mesdames de Châteauroux et de Pompadour avaient eu son hommage. Il les avait chantées, et il était de toute justice qu'il ne m'oubliât pas. Vous vous rappelez la lettre qu'il écrivit au duc d'Aiguillon, à l'occasion de la pièce de vers intitulée : *la Cour du roi Pétaud.* Il s'était défendu de l'avoir composée, mais cette dénégation ne m'avait pas été adressée directement. Ayant appris sans doute que mon crédit augmentait, il se crut obligé de m'écrire, afin de me ranger de son parti. Il aurait pu se servir de l'intermédiaire du duc d'Aiguillon; il préféra mettre le duc de Richelieu dans sa confidence : il le pria donc de remplir auprès de moi la mission délicate de Mercure littéraire. J'étais seule quand le maréchal vint me trouver avec un air de mystère goguenard. Son premier

soin fut de regarder avec attention autour du
salon, sans rien me dire, et ce ne fut qu'après
avoir secoué les rideaux des croisées et examiné
tous les coins de l'appartement, qu'il s'approcha
de moi, très étonnée de ces singeries. « Je suis
porteur, me dit-il à voix basse, d'une pièce
secrète et bien importante, pour la communi-
cation de laquelle on me conjure de prendre
cinq ou ou six cents précautions. c'est une défection du camp ennemi, et certes ce n'est pas la
plus médiocre. »

Tout occupée de ma querelle de position avec
es femmes de la cour, je crus qu'il m'apportait
des paroles de paix de quelque haute dame, et,
pleine de cette idée, je lui demandai avec précipitation le nom de celle dont j'allais acquérir
l'amitié. — « Bon, me dit-il, il s'agit bien d'une
femme : c'est un personnage autrement important qui vient à vous, c'est un géant de con-
vention, dont les paroles retentissent d'une
extrémité de l'Europe à l'autre, et que les Choiseul croient tout à eux. — C'est M. de Voltaire,
m'écriai-je. — Précisément ; votre perspicacité
vous l'a fait deviner. — Mais que me veut-il ? —
Être en paix avec vous, se ranger d'abord en
secret sous votre bannière, pour se déclarer plus

tard ouvertement. — Est-ce qu'il craindrait aujourd'hui de se montrer mon ami ? répliquai-je d'un ton piqué. — Un peu, et néanmoins vous ne pouvez pas lui en vouloir pour cela. La situation de ce malin et spirituel vieillard est toute particulière. Sa pétulance inquiète fait naître sans cesse autour de lui de nouveaux périls. Il faut qu'il se fasse des amis partout, à gauche et à droite, en France et dans les pays étrangers. Il résulte de là qu'il ne peut suivre son droit chemin. Les Choiseul l'ont servi avec un zèle parfait; ne vous étonnez point s'il ne les abandonne pas tant qu'ils pourront le servir encore. S'ils tombent, il leur dira bonsoir, et il prendra hardiment votre cocarde. — Mais, répliquai-je, voilà un bien vilain caractère. — Ah ! je ne prétends pas vous le donner pour un Aristide ou un Épaminondas, ou quelque âme de cette trempe. C'est un homme de lettres rempli d'esprit, un penseur profond, un génie supérieur; et nos réputations sont entre ses mains. S'il nous flatte, la postérité le saura; s'il se moque de nous, elle le saura aussi. Je vous conseille donc de le bien traiter si vous voulez qu'il vous rende la pareille. — Je me conformerai à vos avis, dis-je au maréchal; d'aille urs je vous avoue que je le crains comme

le feu. — Comme vous, je pense qu'il y a en lui
quelque chose de la pierre infernale ; il brûle
lors même qu'il ne fait que toucher en passant.
Au demeurant, voici sa lettre, vous allez voir ce
qu'il vous dit ; mais il me recommande surtout
de cacher à tout le monde la démarche qu'il fait
auprès de vous. Ce qu'il redoute le plus, c'est
que vous alliez crier sur les toits qu'il entretient
correspondance avec vous. Je vous conjure donc
pour lui, d'avoir une grande discrétion, et je
crois que vous êtes intéressée à le faire; car, si
sa démarche venait à être ébruitée, il ne man-
querait pas de diriger sur vous les traits de son
esprit mordant. »

Notre conversation fut interrompue par le
mouvement que nous aperçûmes dans le château,
et qui nous annonçait le roi. Le maréchal se hâta
de me dire de ne pas montrer à Louis XV la
lettre de Voltaire, avant de l'avoir lue en particulier. — « Il n'aime pas cet homme extraordinaire, ajouta-t-il ; il l'accuse de lui avoir manqué
de respect, et peut-être trouverez-vous dans ce
papier quelques expressions qui pourraient lui
déplaire. » A peine avais-je mis l'épître dans ma
poche, que le roi entra. —« De quoi parliez-vous,
nous dit-il, vous semblez agités ? — De M. de

Voltaire, sire, répliquai-je avec une, présence d'esprit dont le duc de Richelieu me sut très bon gré. — Est-ce qu'il aurait fait des siennes? auriez-vous à vous plaindre de lui? — Bien au contraire, il a chargé M. d'Argental de dire à M. de Richelieu qu'il était fâché de ne pas pouvoir venir se mettre à mes pieds. — Ah! dit le roi, en se rappelant la lettre au duc d'Aiguillon, il persiste à vous faire des coquetteries; cela vaut encore mieux que d'être déchirée par lui. Mais il ne faut pas trop vous fier à ce gentilhomme de la chambre; il pèse tout à deux poids, et je doute fort qu'il vous ménage, lorsqu'il ne m'épargne pas moi-même. »

Certainement, Richelieu avait là une belle occasion de prendre la défense de son illustre ami. Il n'en fit rien, et j'ai toujours pensé que Voltaire était le personnage que le duc détestait le plus sincèrement. Il le redoutait trop en effet pour avoir pour lui une véritable amitié. « M. d'Argental, ajouta le roi, cumule donc à ma cour les deux fonctions de ministre de Parme et de chargé d'affaires de Ferney? Est-ce qu'il n'y a pas incompatibilité? — Non, sire, répondit le duc en riant, tant qu'il n'aura pas présenté officiellement à Votre Majesté les lettres de créance du comte de

Tournay. » Le roi se mit à rire. C'était le titre
d'une terre que Voltaire avait acquise, et dont il
se parait quelquefois.

CHAPITRE XXIII.

Lettre inédite de Voltaire à madame du Barri.—Réponse de la comtesse. **La maréchale de Mirepoix.** — Sa première entrevue avec madame du Barri. — Anecdote des diamants de madame de Mirepoix. — Le roi les paie. — Singulière reconnaissance de la maréchale. — Le portefeuille et la lettre inédite de la marquise de Pompadour.

A la manière dont le roi continua à me parler de M. de Voltaire, je reconnus clairement combien le duc avait eu raison de me conseiller de prendre connaissance de la lettre avant de la montrer à mon auguste protecteur. Je ne pus la lire que le lendemain, et voici en quels termes elle était conçue :

« Madame la comtesse,

» Je me sens poursuivi par le désir extrême d'avoir une explication avec vous, depuis la réception d'une lettre que m'écrivit l'an passé M. le duc d'Aiguillon. Ce seigneur, neveu d'un homme aussi recommandable par le nom qu'il porte que par sa propre gloire, et qui est mon ami depuis

plus de soixante ans, m'a communiqué la peine
que vous avait faite une certaine pièce de vers
sortie de ma fabrique, à ce que l'on affirme, et
dans laquelle on reconnaît mon style. Hélas! madame, depuis que le penchant le plus sot du
monde m'a conduit à jeter des billevesées sur le
papier, il ne se passe pas de mois, de semaines
et peut-être de jours où l'on ne me déclare atteint et convaincu

« D'énormité de buverie, »

c'est-à-dire, malin auteur de toutes les turpitudes et de toutes les extravagances possibles. Eh!
mon Dieu, la vie entière de dix hommes suffirait-
elle à écrire tout ce dont on me charge, à mon
grand désespoir dans ce monde, et à ma damna-
tion éternelle dans l'autre ?

» C'est sans doute beaucoup de mourir dans
l'impénitence finale ; quoique l'enfer contienne
tous les honnêtes gens de l'antiquité et une bonne
partie de ceux du temps présent, et que le paradis ne soit pas trop à rechercher, si l'on doit s'y
trouver face à face avec MM. Fréron, Nonotte, Pa-
touillet, Abraham Chaumeix, et autres saints de
même étoffe. Mais combien plus encore votre colère serait dure à supporter ! la haine des Grâces

porte malheur à l'homme de lettres, et quand il
se brouille avec Vénus et les Muses, il est perdu,
comme, par exemple, M. Dorat, qui ne cesse de
médire de ses maîtresses et qui n'écrit plus que
des puérilités.

» Je me suis bien gardé, dans ma longue carrière, de commettre une telle faute. Si parfois je
suis gaillardement tombé sur de plats rimailleurs
ou sur des pédants qui ne valaient guère mieux,
je n'ai cessé de brûler mon encens sur l'autel des
dames, et j'ai chanté toujours celles-ci, lorsque,
par cas, je n'ai pu mieux faire. A part, madame,
le respect général que je porte à votre sexe, j'en
professe un particulier pour toutes les personnes
qui s'approchent de notre souverain et qu'il in-
vestit de sa confiance ; en cela, je me montre non
moins fidèle sujet que galant Français, et je vénère le dieu que je sers dans ses amitiés constantes
comme je le ferais dans ses caprices. Ainsi, j'é-
tais loin de vous outrager et de l'insulter plus
grièvement encore, en composant un odieux ouvrage que je déteste de tout mon cœur et qui me
fait verser des larmes de sang, lorsque je songe
qu'on ne rougit pas de me l'attribuer.

» Croyez à mon respectueux attachement,
madame, non moins qu'à ma cruelle destinée,

qui me rend odieux à ceux dont je voudrais être aimé. Mes ennemis, dont une partie est au nombre des vôtres, très certainement, se relaient avec une constance affreuse pour me tenir en haleine. Voilà que tout à l'heure encore ils viennent de publier presque sous mon nom des sottises contre le pauvre président Hénault, que je chéris avec une sincère affection. Que ne m'ont-ils pas attribué pour me brouiller avec mes amis, avec mes protecteurs illustres, M. le maréchal duc de Richelieu et Leurs Majestés le roi de Prusse et la Czarine de Russie !

» Je les excuserais encore de faire sous mon nom la guerre aux étrangers, quoique ce soit là un métier de forban; mais s'attaquer, en portant ma bannière, à mon maître, à mon souverain seigneur, voilà ce que je ne leur pardonne pas, et ce qui me fera toujours élever contre eux une voix mourante ; surtout lorsque l'on vous frappe des mêmes coups, vous qui aimez la bonne littérature, vous qui me faites l'honneur de charger votre mémoire de mes faibles productions. C'est une infamie que de prétendre que je tire sur mes propres troupes.

» De toutes façons, madame, je suis vis-à-vis de vous dans une position bien délicate. Il y a

dans Versailles une famille qui me comble des
marques de son amitié. La mienne lui doit être
acquise à perpétuité ; et il me revient qu'elle a
l'infortune de ne pas goûter votre mérite, et que
des envieux, des tracassiers se placent entre vous
et elle. J'apprends qu'il y a une sorte de guerre
déclarée : l'on affirme que j'ai fourni des muni-
tions à ce camp dont j'aime et j'estime les chefs.
Plus sage, plus soumis, je me tiens hors de la
portée des coups, et ma révérence pour le maître
suprême est telle que je détourne même les yeux
pour ne point être le témoin de la bataille.

» Ne croyez donc pas, madame, qu'aucun
sentiment d'affection m'ait mis ou me mette jamais les armes à la main contre vous. Je refuserais toute proposition qui me serait faite par vos
ennemis, si leur générosité naturelle pouvait s'oublier jusque-là. Ils sont incapables, en réalité, de
commander une mauvaise action, comme je le
suis d'écouter ceux qui se montreraient assez dé-
pourvus de sens commun pour me la proposer.

» Je me persuade que vous m'avez compris et
que je suis pleinement blanchi à vos yeux. Il me
serait très agréable d'en obtenir la certitude. Je
charge M. le maréchal duc de Richelieu de vous
expliquer à ce sujet mes inquiétudes, et la grâce

que j'attends de vous, de vous qui commandez à la France, tandis que moi, je dois, pour mourir en paix, ne mécontenter personne et vivre sagement avec tous. J'achève, madame la comtesse, cette longue et stupide épître qui est, au reste, moins une lettre qu'un véritable factum, en vous priant de me croire, etc...

VOLTAIRE,
gentilhomme ordinaire du roi.

« Ferney, ce 28 avril 1769. »

« *P. S.* Mes ennemis disent partout que je ne suis pas chrétien. Je viens de leur donner un démenti en forme, en faisant mes pâques publiquement; par là, je prouve à tous mon vif désir de terminer ma longue carrière dans la religion où je suis né; et j'ai rempli cet acte important à la suite de douze accès de fièvre consécutifs, qui me faisaient craindre de mourir sans vous avoir assuré de mon respect et de mon dévouement. »

Cette apologie me fit un vrai plaisir; je fis semblant de croire à la sincérité de celui qui me l'avait adressée, quoiqu'elle ne me convainquît point de son innocence; et je fis à M. de Voltaire la réponse suivante, qu'un orgueil aussi outré que ridicule me donne la fantaisie de vous communiquer à côté de la lettre du philosophe.

« Monsieur, seriez-vous coupable par trop d'amitié pour ceux que vous chérissez, je vous pardonnerais en récompense de la lettre que vous m'adressez. A plus forte raison celle-ci doit-elle me charmer, puisqu'elle me donne la certitude que l'on vous avait calomnié indignement. Auriez-vous pu dire, sous le voile de l'anonyme, des choses désagréables à un grand roi, pour lequel, comme toute la France, vous professez un sincère amour? Cela est impossible. Auriez-vous, de gaieté de cœur, blessé une femme qui ne vous a jamais fait de mal et qui admire votre beau génie? Enfin, ceux que vous nommez vos amis seraient-ils descendus assez bas pour ne pas craindre de vous compromettre en vous faisant jouer un rôle indigne de votre haute réputation? Toutes ces hypothèses étaient déraisonnables ; je ne pouvais les admettre, et vos deux lettres ont achevé de vous justifier. Je puis maintenant me livrer sans regret à mon enthousiasme pour vous et pour vos ouvrages. Il m'aurait été trop cruel d'acquérir la certitude que celui que je regardais comme le premier écrivain du siècle s'était rendu mon détracteur sans motifs. Cela n'est pas, j'en rends grâces à la providence.

» M. le duc d'Aiguillon ne vous a pas trompé

quand il vous a mandé que je me nourrissais de vos sublimes poésies. Je suis en littérature une franche ignorante, et cependant je suis sensible aux vraies beautés dont vous semez vos ouvrages. Je compte parmi les pierres qui s'animent au gré d'Amphion ; c'est là un de vos triomphes, mais vous devez y être accoutumé.

» Croyez aussi que tous vos amis ne sont pas dans le camp ennemi. Il y en a autour de moi qui vous chérissent sincèrement, M. de Chauvelin, par exemple, MM. de Richelieu et d'Aiguillon ; ce dernier ne cesse de faire votre éloge, et si tout le monde pensait comme lui, vous seriez ici à votre place. Mais de funestes préventions, que ma franchise ne me permet pas de vous dissimuler, sont à détruire. Il y a quelqu'un qui se plaint de vous, et ce quelqu'un est à ménager, dans votre intérêt. Il voudrait que vous montrassiez plus de vénération pour ce qu'il vénère lui-même, que vos attaques ne fussent pas aussi véhémentes et aussi multipliées. Vous est-il donc impossible de le satisfaire sur ce point ? Soyez certain que vous seul, en ne gardant aucune mesure vis-à-vis de la religion, vous vous faites à vous-même un mal énorme auprès de la personne en question.

» Il vous paraîtra bizarre que je vous tienne un

pareil langage, je ne le fais que pour vous servir; ne prenez pas mes réflexions en mauvaise part. J'ai à présent une grâce à vous demander, ce sera de me compter au nombre des initiés auxquels vous envoyez les premiers les fleurs brillantes de votre poésie. Il n'en sera pas qui vous soit plus dévoué et qui garde un plus vif désir de vous en donner la preuve.

» Je suis, monsieur le gentilhomme ordinaire, avec un réel attachement, etc... »

Je montrai cette lettre à M. de Richelieu. « Eh ! pourquoi, me dit-il, ne l'avez-vous pas rassuré sur votre indiscrétion qu'il redoute ?— Parceque cette crainte m'a paru injurieuse et que je vous laisse le soin de me représenter auprès de lui. Au demeurant, poursuivis-je, il ne me semble pas nécessaire que le roi sache rien de ceci. — Vous avez là, madame, une pensée fort sage ; ce qu'il aimait le moins, c'était de voir madame de Pompadour en commerce réglé avec M. de Voltaire. »

Je vous ai raconté cet épisode de mon histoire, afin de vous dédommager des détails ennuyeux de ma présentation. Je reprends mon récit. Je vous ai dit que M. de Maupeou m'avait prévenue qu'il tâcherait d'amener madame la maréchale

22.

de Mirepoix à se rapprocher de moi, se fondant sur l'amitié qu'elle avait témoignée à madame de Pompadour, pendant tout le temps que durèrent la faveur et la vie de celle qui me précéda dans les affections de Louis XV. Je voyais avec étonnement depuis plusieurs jours qu'il ne m'en parlait plus, quand tout-à-coup on vint m'annoncer madame la maréchale de Mirepoix.

A ce nom, à ce titre, je me levai toute saisie, sans trop savoir quel pouvait être l'objet de cette visite à laquelle je n'étais pas préparée. La maréchale, qui arrivait sur les talons du valet de chambre, ne me laissa pas le temps de me livrer à trop de réflexions; elle me prit véritablement à l'improviste, et je n'eus pas le temps d'aller au-devant d'elle. « Madame la maréchale, lui dis-je en l'abordant, quel heureux hasard vous amène dans un lieu où le désir de vous connaître est si vif? — C'est là le contre-coup d'une véritable sympathie, me répondit-elle avec un sourire gracieux; car, moi aussi, je souhaitais depuis long-temps de vous voir de près, et j'ai cédé à cette envie aussitôt que j'ai eu la certitude que mes avances ne seraient pas repoussées. — Ah! madame, lui dis-je, avez-vous sérieusement manifesté une semblable crainte? elle annoncerait

beaucoup moins la méfiance que vous auriez
conçue de vous-même, que la mauvaise opinion
que vous auriez de moi. L'honneur de vos visites...
— L'honneur de mes visites ! il s'agit bien de
cela ! je veux obtenir une part dans votre amitié,
et montrer au roi que je lui suis sincèrement
attachée. — Vous me comblez, madame, m'é-
criai-je toute satisfaite, et c'est moi qui vous
conjure de m'accorder toujours votre confiance.
— Ainsi tout est décidé entre nous : je vous conviens, et vous me plaisez. Il y a long-temps que
j'avais envie de venir à vous, mais nous sommes
toutes sous le joug de la plus absurde tyrannie ;
il ne nous sera bientôt plus permis d'aller, de
venir, de parler, de nous taire, sans en avoir
obtenu au préalable la permission d'une certaine
famille. Ce joug m'a lassée, et au premier mot
du chancelier de France, je suis accourue. —
Je l'avais chargé, madame, de vous exprimer
combien je serais charmée de vous avoir lorsque
le roi m'accorde la faveur de sa présence. Il vous
aime, il est accoutumé aux agréments de votre
société ; j'aurais été au désespoir de n'être venue
ici que pour vous en priver. — C'est un bon
maître, dit la maréchale ; il est digne de tout notre
amour. J'ai été en position de le bien connaître,

car j'étais intimement liée avec madame de Pompadour, et je crois que mes conseils ne vous
seront pas inutiles. — Je vous les demande, madame la maréchale, ils me seront précieux. —
Puisque nous sommes amies, madame, dit-elle
alors en s'établissant dans une bergère, ne
trouvez pas mauvais que je prenne mes aises,
et que je me replace ici comme du temps de la
défunte. Le roi vous aime; tant mieux, vous
aurez sur lui un double empire. Il n'aimait pas
la marquise, et il se laissait dominer par elle;
car avec lui, j'en demande pardon à votre admirable beauté, l'habitude fait tout. Il faut, ma
chère comtesse, employer le double levier que
vous tenez, de vous par vos charmes, et de lui
par son usage constant de faire demain ce qu'il
fait aujourd'hui, parcequ'il le faisait la veille,
et pour cela vous ne manquerez ni de grâce ni
d'esprit. »

On m'avait beaucoup vanté madame de Mirepoix, et j'avoue qu'avant de l'entendre parler,
je ne me faisais pas une idée de ce qu'elle pouvait être. Elle avait un si grand air de franchise
et de vérité, qu'il était impossible de ne pas s'y
méprendre. La plupart du temps je ne savais
comment me défendre de ses épanchements si

naïfs et si perfides en même temps, et parfois
je me laissais aller à l'aimer franchement, tant
il me semblait qu'elle me chérissait de toute son
âme. Elle avait de la finesse dans l'esprit, du
piquant dans l'expression ; avec tout cela, elle
savait déguiser les flagorneries intéressées dont
elle ne se départait jamais, avec des tournures
si nobles et si relevées, que je n'ai rencontré,
ni avant ni après elle, aucune femme qui fût
digne de lui être comparée. C'était en une seule
personne une société entière, et certes, il n'y
avait pas moyen de s'ennuyer lorsqu'elle était là.
Son humeur était d'une égalité parfaite, qualité
qui ne s'obtient qu'aux dépens de la chaleur de
l'âme. Elle plaisait toujours, parceque son affaire
était de plaire et non d'aimer, et qu'il lui suffisait d'enthousiasmer et d'échauffer les autres,
sans qu'il lui fût nécessaire d'avoir du sentiment.
Par suite de ce penchant à l'égoïsme, elle était
le charme de la société, l'âme d'un souper, qu'elle
égayait par sa seule présence. Elle savait à merveille porter le deuil avec les affligés, et plaisanter avec ceux dont les idées étaient tournées
à la joie. Le roi avait du plaisir à la voir ; il
savait qu'elle ne songerait qu'à l'amuser, et
d'ailleurs, comme il l'avait vue du matin au soir

chez la marquise de Pompadour, son absence de
chez moi lui paraissait insupportable, et presque
contre les règles de l'étiquette du château.

Je ne saurais vous exprimer la satisfaction
qu'il éprouva, lorsqu'au premier souper qui
suivit notre liaison il la vit entrer. Il courut au-
devant d'elle comme un enfant, et il poussa un
cri de joie qui dut plaire beaucoup à la maréchale. « Vous êtes une femme accomplie, lui
dit-il d'un air qui s'accordait avec ses paroles ; je
vous trouve toujours partout où j'ai besoin de
vous, et certainement vous ne pouviez être mieux
qu'ici. Je vous demande votre amitié pour notre
chère comtesse. — Elle lui a été acquise, sire,
dès le moment où je l'ai vue de près, et je regarde ma liaison avec elle comme l'une des
chances les plus heureuses de ma vie. »

Le roi se montra de la meilleure humeur du
monde pendant tout le reste de la soirée. Il me
querella cependant du mystère dont j'avais usé
à son égard, en lui cachant la démarche agréable
de la maréchale. Je me justifiai sans peine par
le plaisir que cette surprise lui avait causé, et je
fis pour ma part des remerciements sincères au
chancelier. « —Vous ne m'en devez pas, me dit
celui-ci, la bonne maréchale se sentait mal à

son aise de n'être pas liée avec celle qui possède les affections du roi. C'est une chose indispensable pour elle de jouer un rôle dans les petits appartements, et comme le principal ne lui va plus, elle se résigne de bonne grâce à celui de confidente ; aussi est-elle accourue au premier mot. — Peu importe, répondis-je, le motif qui l'a amenée ; c'est pour moi une compagne bien autrement précieuse que madame de Béarn. — D'abord par son rang, dit le chancelier en souriant malignement, et puis en vertu de son cousinage avec la sainte Vierge. » J'avoue que j'ignorais encore ce point de l'histoire de la maison de Lévi, et je ris beaucoup de la description du tableau où l'un des seigneurs de cette maison est à genoux devant la mère de Dieu qui lui dit : *Levez-vous, mon cousin* ; et à quoi il répond : *Je suis dans mon devoir, ma cousine.* Mais je me gardai bien d'en plaisanter avec la maréchale, qui n'entendait aucunement raison sur le fait de la noblesse des aïeux de son mari, pas plus que sur celle de sa propre race.

On avait beaucoup crié dans le château contre le duc de La Vauguyon et madame de Béarn, mais ce fut bien pis lorsque la défection de la marquise de Mirepoix fut connue. C'en était fait de la cabale, car une femme du rang et de la naissance de la maréchale était pour moi une conquête des plus importantes. La princesse de Guémenée et la duchesse de Grammont en éprouvèrent le plus violent dépit. Elles le manifestèrent par des ris moqueurs, des épigrammes et des vers satiriques qui furent répandus avec profusion. Toutes ces misères l'inquiétaient peu; l'essentiel, à ses yeux, était de posséder la faveur du maître, et elle l'avait, car il lui sut bon gré de sa complaisance.

Il ne fut pas long-temps sans lui en donner une preuve non équivoque. Le duc de Duras demanda devant Louis XV et moi, à la maréchale, pourquoi elle ne portait plus ses diamants depuis quelque temps : — « Ils me représentent, dit-elle. — Comment? ils vous représentent! m'écriai-je. — Eh! oui, ma belle comtesse, ils tiennent chez un juif la place de ma signature. Le coquin n'a eu aucun respect pour la parole de l'alliée de la sainte Vierge et la fille des Beauvau. J'avais besoin de trente mille francs, et, pour l'attendrir, je lui ai donné ma parure, ne voulant pas faire porter chez lui *de la vieille vaisselle au poinçon de Paris*, ainsi qu'en désirait Madame la Ressource. »

Nous rîmes tous à ce propos qu'elle débita avec
une gaieté charmante, mais on n'alla pas au-
delà, à son grand regret probablement; car je
crois que la scène avait été préparée d'avance
entre M. de Duras et elle, soit pour la mettre à
profit dans un vrai besoin, soit pour nous tirer
une plume de l'aile. Quand je fus seule avec le
roi, il me dit · — « Cette pauvre maréchale me
fait de la peine, je voudrais l'obliger, j'ai envie
de lui donner cinq cents louis. — Que voulez-
vous qu'elle fasse de cette faible somme? vous
savez celle dont elle a besoin, il faut la lui par-
faire, ou vous tenir tranquille. Un roi ne doit
jamais obliger à demi. » Louis XV ne me répondit
pas, il fit même la grimace, et se mit à parcourir
la chambre. Allons, me dis-je, le voilà fâché. —
« Cette excellente femme aime tant Votre Majesté, sire, que vous devez lui en montrer de la
réconnaissance, ne fût-ce que pour la récompenser de sa liaison avec moi. — Eh bien! vous
lui porterez vous-même la somme que Lebel vous
remettra de ma part. Mais trente mille francs,
cela fait une grosse pile d'écus. — Ce sera en or
que je l'emporterai, je pense. — Non, mais
en bons billets. Il ne faudrait qu'un regard in-
discret pour qu'on se mît à crier qu'elle nous a

vendu ses visites. Oh! il y a ici des esprits si bien faits! »

Le lendemain, Lebel me remit un fort joli portefeuille rose brodé en argent et en cheveux blonds : il renfermait les trente mille francs en billets de caisse. Je n'eus rien de plus pressé que de passer chez la maréchale ; nous étions alors à Marly. « Quel bon vent vous amène ? me dit madame de Mirepoix. — Une galanterie royale, répliquai-je. Vous avez paru très malheureuse, et notre excellent prince vous envoie l'argent nécessaire pour retirer votre écrin. » Les yeux de la dame s'animèrent ; elle m'embrassa de grand cœur. « C'est à vous que je dois cette bonté du roi. — Oui, en partie, pour que le présent fût entier ; il ne voulait donner que la moitié de la somme. — Je le reconnais bien là ; il n'aime pas à dégarnir sa cassette. Il signerait sur le trésor public, et sans aucun scrupule, la valeur de deux fois le revenu de la France, et il ferait deux parts d'un écu de son pécule particulier. » Je rapporte textuellement ce propos ; et voilà toute la reconnaissance que madame de Mirepoix manifesta pour Louis XV. J'en fus peinée, mais je ne lui en dis rien. Elle prit le portefeuille, l'examina avec soin, et partant d'un éclat de rire : « Ah ! ah ! ah ! dit-elle en se jetant sur un fauteuil, voilà une rencontre impayable ! Regardez bien ce portefeuille, ma chère amie ; voyez-vous ces cheveux dont il est orné ? eh bien ! ils ont été sur la tête de madame de Pompadour. Elle s'en était servie elle-même pour broder avec du fil d'argent cette guirlande ; elle le donna au roi le jour de sa fête : Louis XV jura de ne jamais s'en séparer, et le voilà dans mes mains. » Puis ouvrant le portefeuille, et cherchant précipitamment, elle trouva dans une case secrète un papier qu'elle déploya en disant : « J'étais certaine qu'il l'y aurait laissé. » C'était une lettre de madame de Pompadour, que je voulus avoir, et que la maréchale me céda sans peine : les billets de caisse lui restaient. Je copie l'épître pour vous donner une idée de la sensibilité du roi.

« *Sire, je suis malade, et je le suis dangereusement peut-être. Dans la mélancolie qui me ronge, je forme le désir de vous laisser un souvenir qui me rende présente à votre mémoire. J'ai brodé ce portefeuille avec mes cheveux, acceptez-le ; ne vous en séparez jamais. Renfermez-y vos papiers les plus importants, et que son contenu prouve le cas que vous faites de lui. N'est-il pas*

1.   22*

vrai que vous accéderez à ma prière? *Signez-le*,
je vous en conjure, c'est une fantaisie de malade. » Il y avait à la suite : « *Ce gage d'attachement ne me quittera jamais.* Louis. »

CHAPITRE XXIV.

Conversation de la maréchale de Mirepoix avec la comtesse du Barri sur l'amitié des courtisans.—Intrigues de madame de Béarn.—Rencontre préméditée avec madame de Flavacourt.—Dépit de madame de Béarn. Portrait et entretien de madame de Flavacourt avec la comtesse du Barri. — Insulte de la princesse de Guémenée. — Son exil. — Explication du roi et du duc de Choiseul relativement à madame du Barri. — La comtesse d'Egmont.

Quelque grande que fût mon étourderie, je ne partageai point la gaieté folle de madame de Mirepoix. J'étais peinée de voir combien je devais peu compter sur la sensibilité du roi, ainsi que du peu d'égards de la maréchale pour madame de Pompadour, dont elle avait reçu tant de marques d'amitié. Cette bassesse de courtisan me parut si vile, que je ne pus cacher qu'imparfaitement le déplaisir que j'en éprouvai. Madame de Mirepoix s'en aperçut, et me regardant fixement. « Est-ce qu'il vous prendrait envie de faire du pathos dans le pays où nous sommes? me dit-elle ; je vous avertis que vous en seriez pour vos frais. Il faut savoir se contenter ici des apparences, et ne rien examiner jusqu'au fond. — Il n'y a donc rien de réel? lui dis-je. — Si, me répondit-elle ; mais deux choses seulement, le pouvoir et l'argent ; le reste n'est que contes bleus : personne n'a le temps d'aimer beaucoup ; il n'y a que la haine qui s'enracine et ne meurt jamais. Espérer de faire naître ici une passion véritable, une amitié à toute épreuve, c'est une erreur dont vous devez revenir. — Vous ne m'aimez donc pas? — Vous me faites là une question très malhonnête, mon bel ange, je vous en avertis. Si fait, je vous aime, et beaucoup ; je vous le prouve en me rangeant de votre côté, et en vous déclarant avec une pleine franchise que j'aime mieux vous voir à cette place qu'aucune des femmes de la cour. Mais il y a loin de là à cet héroïsme des Pylade et des Oreste ; je vous tromperais si je vous affirmais le contraire, et il n'y aurait pas de sens commun à ajouter foi à mes paroles. On a trop d'affaires, d'intrigues, de tracas, pour qu'on ait le temps de songer aux autres ; on ne vit uniquement que pour soi. Mesdames de Guéménée et de Grammont paraissent bien intimes; cela est tout simple, elles se réunissent contre l'ennemi

commun. Mais que votre place reste vacante, le
roi n'aura pas plus tôt jeté la ʼpomme à l'une
d'elles, que l'autre la détestera.»

Je ne répondis rien, contre mon habitude;
j'étais absorbée dans les réflexions pénibles que
cette conversation avait fait naître dans mon esprit. La maréchale s'en aperçut. « Nous tombe-
rions dans la philosophie, me dit-elle, si nous
approfondissions gravement ce sujet. Ne pensons
plus à cela ; d'ailleurs j'ai une nouvelle défection à vous apprendre. Madame de Flavacourt
me dit hier qu'elle regrettait beaucoup de vous
avoir méconnue, que vous valiez mieux que toutes
celles qui vous persécutent. Elle m'a paru disposée à se rapprocher de vous pour peu que vous
le soyez à la bien traiter. — Vous savez bien,
lui répondis-je, que je veux suivre vos avis. La
maison Flavacourt n'est pas à dédaigner, et je
ne demande pas mieux que d'entretenir des liaisons avec elle. — Dans ce cas, venez ce matin
vous promener dans le bosquet le plus voisin de ce
pavillon, j'y serai avec madame de Flavacourt;
nous nous rencontrerons *par hasard*, les compliments s'ensuivront, et la liaison sera faite. »

La maréchale venait à peine de me quitter,
lorsqu'on m'annonça madame de Béarn. Celle-

ci m'obsédait sans relâche. Douée d'un esprit
subtil et pénétrant, de cet esprit qui fait avancer à la cour, elle voyait avec peine que je cher-
chasse à m'entourer d'autres femmes; elle aurait voulu rester ma seule amie, pour pouvoir
m'influencer sans obstacle. Aussi vit-elle avec
peine l'apparition de madame de Mirepoix dans
mon salon ; sa mauvaise humeur fut assez sensible pour que la maréchale s'en aperçût, et
celle-ci s'en moqua ; sa position sociale, comme
femme titrée, et l'amitié du roi lui donnant la
confiance que son crédit l'emporterait toujours
sur celui de ma marraine.

Force était donc à madame de Béarn de subir
l'ascendant de la maréchale; mais elle n'en faisait pas moins tous ses efforts pour m'éloigner
de toutes les autres femmes. Elle espérait que
le roi finirait par la distinguer, et par l'appeler
dans son intimité comme mon amie; elle n'aimait pas non plus la comtesse d'Alogny, quoique
la nullité de cette dame ne dût pas la tourmenter beaucoup. Pour moi, je commençais à res-
sentir la gêne d'avoir sans cesse à mes côtés une
personne qui manifestait trop ouvertement son
désir de me soumettre à ses volontés, et j'attendais, pour me rendre libre, que le cercle des

femmes que je pouvais admettre chez moi se fût agrandi. ·

Telles étaient nos dispositions réciproques pendant notre séjour à Marly. Là madame de Béarn e surveillait avec plus de soin qu'à Versailles, craignant sans doute que la liberté de la campagne ne facilitât des rapprochements préjudicia-es à ses intérêts. Elle ne s'attendait guère ce jour-là au coup que la fortune lui préparait. Je l'engageai avec malice à venir faire un tour de promenade dans le parc, et je me gardai bien de lui annoncer la rencontre que nous devions y faire.

Nous voilà donc cheminant toutes deux, allant et venant au hasard, sans nous éloigner cependant des environs du pavillon. Madame de Béarn, inquiétée par le voisinage du château, voulait à toutes forces s'enfoncer dans le bois. J'éludais, sous de vains prétextes, lorsque tout-à-coup madame de Mirepoix et madame de Flavacourt parurent au bout d'une allée fort courte. « Tournons par ici, me dit la comtesse, voici une de nos ennemies qu'il est bon d'éviter. — Pourquoi fuir? lui répondis-je; elle est seule, nous sommes deux; et puis la maréchale de Mirepoix ne nous est pas contraire. » Et en parlant

23.

ainsi, je m'avance à leur rencontre. Madame de
Flavacourt se montra très gracieuse ; je répondis
de mon mieux à ses avances, et bien loin de nous
séparer, nous continuâmes à nous promener ensemble. Madame de Béarn vit bien que le hasard
n'était pas la seule cause de cette circonstance ;
elle dissimula autant qu'elle put. J'ai su depuis
qu'elle m'en avait voulu, surtout du mystère
dont j'avais usé à son égard dans cette occurrence.
Le silence marqué, et la bouderie qu'elle affecta
pendant tout le temps que dura cette entrevue,
et que son esprit et son usage du monde auraient
dû l'empêcher de manifester, me prouvèrent,
en cette occasion comme en beaucoup d'autres,
que la passion ne sait pas toujours se vaincre, et
qu'elle éclate quelquefois malgré toute la science
du courtisan.

Au fond, je ne m'en inquiétai guère ; j'avais
payé les bons offices de la comtesse ; j'avais la
preuve qu'en me servant elle n'avait agi que
dans ses intérêts; nous étions quittes, ce me
semble, et je ne croyais pas devoir rester iso-
lée pour lui plaire.

Lorsque nous fûmes rentrées, je vis bien à
ses murmures, à ses soupirs et à ses haussements
d'épaules, qu'elle était profondément irritée de

ce qui venait d'avoir lieu. Elle avait quelque envie de provoquer une explication ; mais comme tout cela ne pouvait tourner qu'à son désavantage, elle se contenta de me quitter plus tôt que de coutume sans me rien dire de désagréable. Son habitude n'était pas de me laisser seule, et son brusque départ me confirma dans l'idée où j'étais que cette espèce de comédie l'avait fortement contrariée.

Dans le courant de la même journée je reçus la visite de la comtesse de Flavacourt. Cette dame, dont les yeux spirituels brillaient d'un certain air de malice, se présenta à moi avec un abandon et un naturel qui déguisaient parfaitement la malignité et la perfidie de son caractère. Elle se jeta à mon cou avec autant de tendresse que de grâce, et me prenant la main comme pour me rendre plus attentive : « Je dois, madame, me dit-elle, vous expliquer le délai que j'ai mis à me rapprocher de vous, ainsi que la promptitude de cette première visite. J'étais prévenue contre vous, et je m'étais fait une fausse idée de votre personne. Ma liaison avec mesdames d'Egmont, de Brionne et de Grammont m'avait placée naturellement dans le parti qui vous est contraire : voilà pour le passé. Mais je vous

ai vue, je vous ai étudiée de loin comme de
près, et j'ai reconnu sans peine l'injustice de vos
ennemis. J'ai été fâchée d'avoir été trompée sur
votre compte; j'ai voulu réparer mes torts. Éclai-
rée par l'opinion de la maréchale de Mirepoix,
je n'ai pas hésité à me rapprocher de vous sous
ses auspices, et notre première rencontre m'a
si heureusement fourni l'occasion de vous apprécier, que je n'ai pas voulu retarder davantage le
plaisir de vous faire l'aveu de mes sentiments passés, et de ceux que vous m'inspirez à présent. »
Le ton que madame de Flavacourt mit dans
ces paroles était si gracieux et si persuasif, que
je ne pus résister au plaisir de l'embrasser. Elle
me rendit mon baiser avec la même effusion,
et ne voulut point écouter mes remerciements.
« Tout est dit entre nous, me dit-elle, oublions
le passé, et faisons comme si, nous voyant pour
la première fois, notre connaissance datait d'aujourd'hui. — L'affabilité avec laquelle vous vous
êtes présentée à moi, lui répondis-je, ne me
permet pas de croire que je vous connais seulement de ce matin; je suis dans une illusion telle
que je ne puis m'empêcher de regarder notre
liaison récente comme une ancienne amitié. »
Après avoir échangé quelques propos du même

genre, nous causâmes de ma situation actuelle
vis-à-vis des autres femmes de la cour. « On
vous hait pour deux raisons, me dit la comtesse;
d'abord parceque vous avez fait une conquête
que tout le monde vous envie; ensuite parceque
vous n'êtes pas des nôtres. Il n'y a ici aucune
famille qui puisse s'appuyer sur vous en vertu
des droits du sang ou des alliances qui en tiennent lieu. Vous avez évincé une femme qui plus
que toute autre pouvait prétendre à votre heureuse fortune; c'est la sœur du principal ministre, qui traîne après elle, comme Lucifer, plus
de la troisième partie du ciel, car tous les courtisans sont dans la dépendance de son frère.
D'un autre côté, nous n'avons pas l'habitude de
rester si long-temps en opposition avec la volonté du roi. Une pareille résistance ne nous est
pas naturelle; elle nous pèse, elle nous fait mal,
la faveur du maître étant tout notre bien. Nous
ne sommes quelque chose que par lui, et quand
il faut le combattre, nous n'en avons ni le courage ni la persévérance. Aussi vous pouvez être
bien certaine que la plupart des femmes qui
vous boudent ne le font qu'à contre-cœur; et
si vous ajoutez à cela qu'elles sont sans cesse en
butte aux murmures et aux plaintes de leurs

maris, de leurs fils, de leurs frères et de leurs amants, vous vous convaincrez facilement qu'elles n'aspirent qu'à trouver un moyen de faire accorder les égards que l'on doit aux Choiseul, et la terreur qu'ils inspirent, avec le besoin que l'on a de votre protection et de l'amitié du roi. La cabale ne bat plus que d'une aile, et je ne sais pas où elle en sera au commencement de l'hiver prochain. Ne vous inquiétez donc plus de ce qu'elle peut faire ; tenez-vous tranquille; continuez surtout à plaire au maître, et vous triompherez de la foule aussi aisément que vous avez vaincu la résistance de Mesdames. »

Tel était le langage de la comtesse de Flavacourt; il s'accordait, comme vous le voyez, avec celui de madame de Mirepoix, et je devais d'autant plus y croire, qu'il était le fruit de leur expérience et de leur profonde habitude des mœurs de la cour. Leur exemple me prouvait, aussi bien que leurs paroles, que tous ceux qui s'approchaient du roi ne pouvaient s'accoutumer longtemps à la position où il plaçait ceux qu'il ne voyait pas de bon œil.

Cependant Louis XV prouvait tous les jours de plus en plus combien j'avais de pouvoir sur son esprit. Il assistait publiquement à ma toi-

lette, il se promenait avec moi, il me quittait le
moins possible, et il cherchait par ses soins em-
pressés à me consoler des impertinences dont
on continuait à m'accabler. L'anecdote suivante
vous prouvera avec quel peu de ménagement
il traitait les personnes qui avaient l'audace de
m'offenser trop ouvertement.

Un jour, à Marly, j'arrive dans le salon; une
place était vide auprès de la princesse de Guémenée, je vais la prendre; à peine suis-je assise,
que ma voisine se lève, en disant : « Quelle horreur! » et elle va se réfugier à l'extrémité opposée de la pièce. J'étais confuse; cette offense
était trop publique pour que je pusse en contenir
le ressentiment, et quand même j'aurais voulu
le faire, la chose n'était guère possible. Le comte
Jean, qui en fut le témoin, et mes belles-sœurs,
qui l'apprirent de lui, ne l'auraient pas soufferte.
Je fus donc obligée de m'en plaindre au roi, qui
sur-le-champ envoya à la princesse de Guémenée
l'ordre de quitter Marly, et d'aller auprès de la
princesse de Marsan, gouvernante des enfants
de France, et dont elle avait la survivance.

Jamais châtiment plus juste ne produisit un
plus grand effet. On cria contre moi avec une
nouvelle violence; il semblait que toute la no-

blesse de France eût été immolée du même coup.
A entendre la clameur universelle, on aurait cru
que la princesse avait été jetée dans la plus obscure prison d'état. Cette manifestation de la
bonté du roi à mon égard me fit beaucoup de
mal sans doute, en fournissant à mes ennemis
l'occasion de m'accuser d'un esprit vindicatif.
Mais pouvais-je en agir autrement? devais-je me
laisser accabler impunément, et convenait-il à
la dignité de mon protecteur auguste que je fusse
insultée aussi ouvertement par ses sujets, ses
courtisans, ses commensaux, jusque dans l'intérieur de sa maison.

Toutefois cette grande colère de la noblesse
n'empêcha pas que la famille Choiseul n'é-
prouvât un mouvement d'effroi. Elle venait de
recevoir une faveur signalée. Le gouvernement
de Strasbourg, considéré comme la clé de la
France et de l'Alsace, avait été donné en survivance au comte de Stainville, frère du duc de
Choiseul. Certes, ce choix-là était une bien
grande preuve de l'indulgence du roi, et le
moment était mal pris pour payer d'ingratitude
un bienfait aussi important. Cela n'empêcha
point la duchesse de Grammont et toutes les
femmes de sa maison, ou qui étaient ses alliées,

de continuer à intriguer contre moi. Il était naturel de croire que le roi ne souffrirait pas plus
long-temps un pareil état de choses, et que s'il
venait à s'en fâcher, je ne ferais rien pour cal-
mer sa colère.

Les choses en étaient là, lorsqu'un matin, à
la suite de son travail accoutumé, le duc de
Choiseul demanda au roi une audience particulière. « Je vous l'accorde à l'instant même,
lui dit le prince; qu'avez-vous à m'apprendre ?
— Je voulais exprimer à Votre Majesté combien
m'est pénible la situation où je me trouve vis-à-
vis de quelques membres de ma famille. Toutes
les femmes, et ma sœur à leur tête, font assaut de
vivacité dans une querelle qui m'est étrangère,
et dont j'ai déclaré ne pas vouloir me mêler. —
Vous faites très bien, monsieur le duc, dit le
roi avec une froide gravité; je suis très mécontent de tout ce qui se passe, et je suis décidé à ne
pas le souffrir plus long-temps. » La sécheresse
de ce dicours fit une impression profonde sur
M. de Choiseul; il s'efforça de la déguiser. « Il
est difficile, sire, répondit-il, de faire entendre
raison aux dames. — Toutes ne sont pas dans
ce cas, reprit le roi; votre femme, par exemple,
est un modèle de raison et de sagesse; elle a

une prudence et une mesure parfaites. C'est la femme forte de l'Écriture.»

Cet éloge flatteur et mérité que le roi se plaisait à faire de la duchesse toutes les fois qu'il en trouvait l'occasion, était d'autant plus pénible pour M. de Choiseul, que sa conduite n'était pas irréprochable envers une femme dont il était le seul à ne pas apprécier les vertus. C'était là une satire directe de la conduite de sa sœur, dont le roi connaissait l'ascendant sur son ministre. Celui-ci répliqua au roi que le bonheur de sa femme était la sauvegarde de toute la famille, et qu'il regrettait beaucoup que la duchesse de Grammont n'eût pas droit aux mêmes éloges. « Je vous prie, lui dit le prince, de l'engager à changer de langage, et à se conduire avec moins de hardiesse, si elle ne veut me forcer à l'en faire repentir. — C'est là, sire, une mission pénible à remplir, et des paroles bien rigoureuses à lui rapporter. — Tant pis pour elle, reprit le roi en élevant la voix; si elle a de l'amitié pour vous, c'est dans cette circonstance qu'elle doit vous le prouver; que votre intérêt lui ferme la bouche. »

Le duc n'eut pas de peine à comprendre la menace indirecte que ce langage renfermait; il se hâta de renouveler l'expression des regrets que lui causaient tous ces commérages désagréables. « Et ajoutez *inconvenants*, dit Louis XV. Je suis content de vous, Duc, et de vos services. Je viens de vous en donner la preuve en accordant à votre frère au-delà de son droit; mais n'ai-je pas celui d'exiger qu'on respecte mes amitiés? Il me semble que si vous parliez un peu haut dans votre famille, on vous écouterait.—Ceci me fait craindre, Sire, que Votre Majesté ne pense que je ne suis pas sincère dans l'expression des regrets que j'ai pris la liberté de lui faire entendre tout à l'heure.—Mon Dieu, monsieur le duc, vous n'aimez certainement pas madame du Barri. — Je ne l'aime ni ne la hais, sire; mais je vois avec peine qu'elle reçoit chez elle tous mes ennemis. — A qui la faute, si tant est que la chose soit ainsi? à vous seul, qui n'avez pas voulu paraître dans son salon; elle vous y aurait vu avec plaisir, et je ne vous ai pas caché que j'eusse été charmé de vous y rencontrer. » Ces derniers mots firent tressaillir le duc, ses yeux s'animèrent; il réfléchit un instant, puis il dit au roi : « Sire, est-il absolument nécessaire au bien du service que je tâche de conquérir la bienveillance de madame la comtesse du Barri?—Non. —Votre

Majesté aurait-elle en moi plus de confiance ? —
Non. — Hé bien, alors, sire, permettez que les
choses restent comme elles sont. Il m'en coûte-
rait trop de me brouiller avec ma famille, puisque aussi bien ce sacrifice ne vous est pas utile,
et qu'il ne changerait rien à ma position auprès
de vous. »

Quelque pénible que fût pour le roi une pareille résolution, il n'en fit rien apercevoir au
duc, il dissimula le ressentiment qu'elle lui
causait et se contenta de lui répondre : « Duc
de Choiseul, je ne prétends pas vous imposer
des chaines; je vous ai parlé en ami bien plus
qu'en souverain. Maintenant, je reviens à ce
que vous me disiez d'abord, et j'accepte avec
confiance la promesse que vous me faites de
ne pas tourmenter une dame que j'aime infi-
niment. »

C'est ainsi que se termina une conversation
dont le duc, avec un caractère moins superbe,
aurait pu tirer un grand parti. Ce devait être la
dernière planche de salut qui lui était offerte
dans le naufrage qui le menaçait. Il la dédai-
gna; l'occasion de la saisir ne se présenta pas
de nouveau. Je ne doute pas que s'il eût voulu
se réunir franchement à moi, je ne l'eusse bien

traité. Louis XV, satisfait de sa condescendance
à mon égard, l'aurait conservé à la tête de son
ministère; mais son orgueil l'emporta, il ne sut
pas secouer le joug que la duchesse de Grammont lui avait imposé; il recula devant l'idée de
lui apprendre qu'il signait sa paix avec moi, et
ce ne fut pas là une des moindres causes de sa
disgrâce.

Le voyage de Marly amena une foule d'intrigues entre des gens qui croyaient s'envelopper
d'un profond mystère, et dont nous connaissions
toutes les actions, la police étant très active autour des habitations royales, surtout depuis le
funeste attentat du régicide Damiens. Pour la
maintenir dans une surveillance perpétuelle,
on l'obligeait à examiner attentivement les
amours des seigneurs et des dames de la cour.

La fille du duc de Richelieu, la comtesse
d'Egmont, dont l'âge n'excusait plus les folies,
aimait avec passion les aventures scabreuses.
Elle allait les chercher à Paris, lorqu'elle n'en
trouvait pas à Versailles. Elle n'en était pas pour
cela plus indulgente à mon égard. Cette dame
ne se contentait pas toujours des grands seigneurs. Elle cherchait ses amants dans toutes les
classes; et, plus d'une fois, de simples mortels,

des gens du plus bas étage obtinrent la préférence sur les demi-dieux. Sa conduite à cet égard
était le résultat d'une longue expérience de la
chose. Elle avait l'habitude de sortir à pied ;
elle parcourait ainsi les rues de Paris ; elle entrait dans les boutiques, et là, quand son œil
était frappé par la vue d'une belle taille jointe
à de larges épaules, à des formes nerveuses et à
une physionomie un peu agréable, elle mettait
en jeu des ressorts qui lui étaient familiers pour
nouer une intrigue dont les suites, d'abord
agréables à celui qui en était l'objet, finissaient
souvent par lui devenir bien funestes. L'aventure suivante vous donnera une idée du savoir-
faire de madame d'Egmont, et de la manière
dont elle se débarrassait de ses adorateurs lors
qu'elle avait épuisé avec eux la coupe des plaisirs.

FIN DU TOME PREMIER.

TABLE DES SOMMAIRES

DU TOME PREMIER.

FIN DE LA TABLE DU TOME PREMIER.

CPSIA information can be obtained
at www.ICGtesting.com
Printed in the USA
LVHW082052200420
654139LV00015B/257